Jennißen
Verwalterabrechnung nach dem WEG

Die Verwalterabrechnung nach dem Wohnungseigentumsgesetz

von

Dr. Georg Jennißen

Dipl.-Betriebswirt
Rechtsanwalt

3., völlig neubearbeitete Auflage

C.H.BECK'SCHE VERLAGSBUCHHANDLUNG
MÜNCHEN 1995

Die Deutsche Bibliothek – CIP-Einheitsaufnahme

Jennißen, Georg:
Die Verwaltungsabrechnung nach dem Wohnungseigentums-
gesetz / von Georg Jennißen. – 3., völlig neubearb. Aufl. –
München : Beck, 1995
ISBN 3-406-39616-X

ISBN 3 406 39616 X

Satz und Druck: Appl, Wemding
Gedruckt auf säurefreiem Papier;
hergestellt aus chlorfrei gebleichtem Zellstoff

Vorwort zur 3. Auflage

Auch die nunmehr erscheinende 3. Auflage ist gegenüber der Vorauflage wesentlich erweitert worden. Da die Diskussion zur Problematik der Kostentragungslast bei Eigentümerwechsel auch in den letzten drei Jahren vehement geführt wurde, habe ich diese Kapitel vertieft und präzisiert. Die hierzu von mir vertretene sogenannte „Aufteilungstheorie" wurde noch stärker dogmatisch untermauert und die unterschiedlichen Auswirkungen der Theorien für die Praxis anhand von Beispielen verdeutlicht. Dabei wurden die Gestaltungsmöglichkeiten durch Vereinbarung und Beschluß besonders untersucht.

Das Wesen der wohnungseigentumsrechtlichen Abrechnung und die Frage, ob Jahresabgrenzungspositionen gebildet werden müssen oder dürfen, wurden umfangreich erörtert.

Das Kapitel über die Beitreibung rückständiger Wohngelder wurde neu gestaltet und ebenso wie einige andere Kapitel detaillierter gegliedert.

Das Buch soll dem Praktiker Hilfestellung bei der Fertigung einer ordnungsgemäßen Jahresabrechnung und dem Juristen vertiefende Anregungen zur Entscheidungsfindung abrechnungsrechtlicher Probleme geben.

Köln, im Frühjahr 1995 — Dr. Georg Jennißen

Vorwort zur 1. Auflage

Gerichtliche Auseinandersetzungen über wohnungseigentumsrechtliche Fragen haben in ihrer Anzahl in den letzten Jahren stark zugenommen. Ein Großteil der Streitigkeiten betrifft das immer diffiziler werdende Problem der Verwalterabrechnung. Die folgende Darstellung soll u. a. einen Überblick über den derzeitigen Stand der Rechtsprechung zu diesem Problemkreis geben. Die Auseinandersetzung mit den diversen Rechtsprechungstendenzen ist ein wesentlicher Schwerpunkt dieser Arbeit.

Soweit Vorschläge für die Erstellung einer Jahresabrechnung gemacht werden, sollen diese als Anregung, und nicht als Patentlösung verstanden werden.

Dem erfahrenen Verwalter sollen die Ausführungen als Vertiefung und dem „Anfänger" als Hinführung auf die ordnungsgemäße Jahresabrechnung dienen.

Köln, im Frühjahr 1986 — Georg Jennißen

Vorwort zur 2. Auflage

[illegible]

Vorwort zur 1. Auflage

[illegible]

Inhaltsübersicht

Inhaltsverzeichnis

Abkürzungsverzeichnis

a. A.	anderer Ansicht
a. a. O.	am angegebenen Ort
Abs.	Absatz
AG	Amtsgericht
AGBG	Gesetz zur Regelung des Rechts der Allgemeinen Geschäftsbedingungen (AGB-Gesetz)
AktG	Aktiengesetz
Anm.	Anmerkung
AO	Abgabenordnung
Aufl.	Auflage
BayObLG	Bayerisches Oberstes Landesgericht
BayObLGZ . . .	Sammlung von Entscheidungen des Bayerischen Obersten Landesgerichtes in Zivilsachen
BB	Der Betriebsberater
BGB	Bürgerliches Gesetzbuch
BFH	Bundesfinanzhof
BGH	Bundesgerichtshof
BlGBW	Blätter für Grundstücks-, Bau- und Wohnungswesen
BRAGO	Bundesgebührenordnung für Rechtsanwälte
BStBl	Bundessteuerblatt
BV	Berechnungsverordnung
Beschl. v.	Beschluß vom
bzgl.	bezüglich
bzw.	beziehungsweise
DB	Der Betrieb
ders.	derselbe
dies.	dieselbe
DIN	Deutsche Industrienorm
DWE	Der Wohnungseigentümer
DWW	Deutsche Wohnungswirtschaft
EStG	Einkommensteuergesetz
FG	Finanzgericht
ggf.	gegebenenfalls
HeizKV	Heizkostenverordnung
i. d. R.	in der Regel
i. S.	im Sinne
i. S. d.	im Sinne des
KG	Kammergericht
KO	Konkursordnung

Lfg. . . . . Lieferung
LG . . . . Landgericht
lt. . . . . laut

MDR . . . . Monatsschrift für Deutsches Recht
m. E. . . . . meines Erachtens
MHG . . . . Miethöhegesetz
Min. Erl. . . . . . . Ministererlaß
MwSt . . . . Mehrwertsteuer

NJW . . . . Neue Juristische Wochenschrift
NJW-RR . . . . . NJW-Rechtsprechungs-Report Zivilrecht
NMV . . . . Neubaumietenverordnung
Nr. . . . . Nummer

OFD . . . . Oberfinanzdirektion
OLG . . . . Oberlandesgericht
OLGZ . . . . . . Entscheidungen des Oberlandesgerichts in Zivilsachen

PiG . . . . Partner im Gespräch

Rnr. . . . . Randnummer
Rpfl. . . . . Der deutsche Rechtspfleger

UStG . . . . Umsatzsteuergesetz

vgl. . . . . vergleiche

WE . . . . Wohnungseigentum
WEG . . . . Gesetz über das Wohnungseigentum und das Dauerwohnrecht (Wohnungseigentumsgesetz)
WM . . . . Wohnungswirtschaft und Mietrecht

Ziff. . . . . Ziffer
Zit. . . . . Zitat
ZMR . . . . Zeitschrift für Miet- und Raumrecht
ZPO . . . . Zivilprozeßordnung
ZVG . . . . Gesetz über die Zwangsversteigerung und die Zwangsverwaltung
z. Zt. . . . . zur Zeit

Literaturverzeichnis

Bader. Das Stimmrecht in der Versammlung; in: Partner im Gespräch, Band 25, Versammlung der Wohnungseigentümer, Hamburg 1987, 67 ff. (zit.: PiG)

Bärmann/Pick. Kommentar zum Wohnungseigentumsgesetz, 13. Aufl., München 1994 (zit.: Bärmann/Pick, WEG)

Bärmann/Pick/Merle. Kommentar zum Wohnungseigentumsgesetz, 6. Aufl., München 1987 (zit.: Bärmann/Bearbeiter)

Bärmann/Seuß. Praxis des Wohnungseigentums, 3. Aufl., München 1980 (zit.: Bärmann/Seuß)

Bärmann. Für und wider die Novelle zum Wohnungseigentumsgesetz, Rpfleger 1977, 233 ff.

ders. Erwerberhaftung im Wohnungseigentum für rückständige Lasten und Kosten; in: Partner im Gespräch, Band 19, Hamburg 1985

ders. Die Wohnungseigentümergemeinschaft. Ein Beitrag zur Lehre von den Personenverbänden; in: Partner im Gespräch, Band 22, Hamburg 1986

ders. Zur Theorie des Wohnungseigentumsrechts, NJW 1989, 1057 ff.

Baumbach/Lauterbach/Albers/Hartmann. Zivilprozeßordnung, 53. Aufl., München 1995 (zit.: Baumbach/Lauterbach)

Bassenge. Aktuelle Fragen aus Rechtsprechung und Rechtspraxis zum Wohnungseigentum, 2. Aufl., Köln 1985

Bielefeld. Die Anwendungen der Heizkostenverordnung im Bereich des Wohnungseigentums unter besonderer Berücksichtigung der Problematik bei vermieteten Eigentumswohnungen; in: Partner im Gespräch, Band 18: Aktuelle Probleme im Wohnungsrecht, Hamburg 1985, 173 ff.

ders. Eigentümerwechsel – Wer ist Eigentümer?, DWE 1986, 105 ff.

ders. Wer zahlt bei Eigentümerwechsel?, DWE 1988, 112 ff.

ders. Die Heizkostenverordnung wird geändert, DWE 1989, 11 ff.

v. Blumenthal. Haftung des Wohnungseigentums-Erwerbers für rückständige Beiträge? ZMR 1983, 399 ff.

Brosch. Das Wohngeld und die Instandhaltungsrückstellung für Eigentumswohnungen, BB 1973, 1068 f.

Brox/Walker. Zwangsvollstreckungsrecht, 3. Aufl., Köln 1990

Brych. Darlehensaufnahme durch Wohnungseigentümergemeinschaften, NJW 1988, 1068 f.

Bub. Heiz- und Warmwasserkosten, (HeizkV) in: Partner im Gespräch, Band 17: Lasten und Kosten, Hamburg 1985, 153 ff.

Deckert. Die Eigentumswohnung, vorteilhaft erwerben, nutzen und verwalten, Loseblattsammlung, München ab 1981 ff. (zit.: Die Eigentumswohnung)

ders. Verwaltung gemeinschaftlicher Rückstellungen und Gelder in: Partner im Gespräch, Band 21: Verwaltungsvermögen der Wohnungseigentümer

ders. Anmerkungen zur wohnungseigentumsrechtlichen Beschlußentscheidung des BGH vom 24.03. 1983 -VII ZB 28/82- und zum generellen Thema: Hausgeldschuldnerschaft bei Veräußerung einer Eigentumswohnung, ZfBR 1983, 163 ff.

ders. Lasten und Kosten des gemeinschaftlichen Eigentums; in: Partner im Gespräch, Band 17: Lasten und Kosten, Hamburg 1985, 131 ff.

ders. Wichtige neue Grundsatzentscheidung des BayObLG zum Abrechnungswesen, WE 1987, 102 ff.

ders. Gesamt- und Einzelabrechnung des Wohnungseigentums-Verwalters; in: Partner im Gespräch, Band 18: Aktuelle Probleme im Wohnungseigentumsrecht, Hamburg 1985, 149 ff.

Demmer. Die Verordnung über die verbrauchsabhängige Abrechnung der Heiz- und Warmwasserkosten aus wohnungseigentumsrechtlicher Sicht, MDR 1981, 529ff.

Erlebach. Ordnungsmäßige Verwaltung der Geld- und Bankkonten und Aufnahme von Darlehen in: Partner im Gespräch, Band 27: Das Rechnungswesen des Verwalters, Hamburg 1988, 83ff.

Erman. Handkommentar zum Bürgerlichen Gesetzbuch, 2. Band, 9. Aufl. 1993

Finger. Wohnungseigentümer in faktischer Rechtsgemeinschaft, BauR 1984, 108ff.

Fischer/Lutter/Hommelhoff. GmbH-Gesetz, Kommentar, 12. Auflage, Köln 1987

Flume. Allgemeiner Teil des Bürgerlichen Rechts, I. Band, Teil 1, Die Personengesellschaft, Berlin, Heidelberg, New York 1983

Hadding. Zum Rückgriff des ausgeschiedenen haftenden Gesellschafters einer OHG oder KG; in: Festschrift für Walter Stümpel, Berlin 1985

Hägerle. Zur Anwendbarkeit des Wohnungseigentumsgesetz auf die werdende Wohnungseigentümergemeinschaft, Diss. Tübingen 1975

Happ. Zur Haftung des Erwerbers einer Eigentumswohnung für die Schulden seines Rechtsvorgängers, DWE 1988, 76ff.

Hauger. Besondere Pflichten des Verwalters im Hinblick auf die Abrechnung bei Eigentümerwechsel; in: Partner im Gespräch, Band 27, Hamburg 1988, 121ff.

dies. Lasten- und Kostentragungspflicht der Wohnungseigentümer bei Eigentumswechsel in: Partner im Gespräch, Band 18: Aktuelle Probleme im Wohnungseigentumsrecht, Hamburg 1985, 77ff.

dies. Vorauszahlung und Jahresabrechnung in: Partner im Gespräch, Band 25, Versammlung der Wohnungseigentümer, Hamburg 1987, 219ff.

dies. Wer zahlt bei Eigentümerwechsel? Anmerkung zum Beschluß des OLG Stuttgart vom 18.7. 1988, DWE 1989, 48ff.

Heinrichs. Das amtsgerichtliche Verfahren in Wohnungseigentumssachen nach §§ 43ff. Wohnungseigentumsgesetz, NJW 1974, 125ff.

Henkes/Niedenführ/Schulze. Handbuch und Kommentar zum Wohnungseigentumsgesetz, Heidelberg 1991

Jennißen. Probleme in der Rechtsanwendung der Heizkostenverordnung vom 23.2. 1981, ZMR 1982, 228f.

ders. Die Auswirkungen des Eigentümerwechsels auf die Verpflichtung zur Lasten- und Kostentragung nach dem Wohnungseigentumsgesetz, Diss. Münster 1991

Korff. Befreiung von Schwimmbadkosten für Nichtschwimmer? DWE 1980, 82f.

Larenz. Methodenlehre der Rechtswissenschaft, 6. Aufl., Berlin 1991

ders. Allgemeiner Teil des deutschen Bürgerlichen Rechts, 7. Aufl., München 1989 (zit.: AT)

ders. Lehrbuch des Schuldrechts, Band 1, Allgemeiner Teil, 14. Aufl., München 1987 (zit.: Schuldrecht)

Lefèvre. Die Heizkostenabrechnung, Gladenbach 1986

Maul. Abrechnungspflichten des Verwalters von Eigentumswohnungen, DB 1980, 937ff.

Merle. Das Wohnungseigentum im System des bürgerlichen Rechts (Schriften zum bürgerlichen Recht, Band 52), Berlin 1979 (zit.: System)

ders. Bestellung und Abberufung des Verwalters nach § 26 des Wohnungseigentumsgesetzes, Berlin 1977 (zit.: Verwalter)

Merle-Trautmann. Zur Verfahrenszuständigkeit in Wohnungseigentumssachen, NJW 1973, 118ff.

Moritz. Entstehung und personale Erstreckung der „Gemeinschaft der Wohnungseigentümer“, JZ 1985, 216ff.

Müller, Horst. Pflicht des Wohnungseigentümers zur Lasten- und Kostentragung; in: Partner im Gespräch, Band 17: Lasten und Kosten, Hamburg 1985, 173ff.

ders. Praktische Fragen des Wohnungseigentums, München 1985

Münchener Kommentar zum Bürgerlichen Gesetzbuch. Band 4 Sachenrecht (§§ 854 – 1296); Wohnungseigentumsgesetz, Erbbaurechtverordnung, 3. Aufl., München 1992 (zit.: Münch-Komm/Bearbeiter)

Palandt. Kommentar zum Bürgerlichen Gesetzbuch, 54. Aufl., München 1995

Peruzzo. Heizkostenabrechnung nach Verbrauch – Kommentar zur Verordnung über die verbrauchsabhängige Abrechnung der Heiz- und Warmwasserkosten, 4. Aufl. 1989

Pfennig-Duske. Zur Unwirksamkeit von Beschlüssen wegen Verstoßes gegen die §§ 26, 25 WEG, ZMR 1976, 289ff.

Pick. Die Haftung des Erwerbers von Wohnungseigentum für rückständige Lasten und Kosten des Veräußerers; in: Partner im Gespräch, Band 18: Aktuelle Probleme im Wohnungseigentumsrecht, Hamburg 1985, 65ff.

Rodenberg/Sobota. Die Nebenkosten im Wohnungsmietrecht, 2. Aufl., Stuttgart 1985

Roth. Die Einrede des bürgerlichen Rechts, München 1988

Röll. Die Rechtsprechung des BGH zur faktischen Gemeinschaft und ihre Auswirkungen auf die Praxis des Wohnungseigentums, NJW 1989, 1070ff.

ders. Der „werdende“ Wohnungseigentümer, Rpfleger 1986, 169ff.

ders. Handbuch für Wohnungseigentümer und Verwalter, 3. Aufl., Köln 1983 (zit.: Handbuch)

ders. Die gemeinschaftlichen Kosten und Lasten als Probleme des Wohnungseigentümers, NJW 1976, 1473ff.

ders. Die Kosten und Lasten bei Veräußerung einer Eigentumswohnung während des Wirtschaftsjahres, NJW 1983, 153f.

ders. Die Jahresabrechnung des Verwalters nach dem Wohnungseigentumsgesetz, WE 1987, 146ff.

Sauren. Wohnungseigentumsgesetz (WEG), München 1989 (zit.: Sauren)

ders. Auskunftspflicht des Verwalters, WE 1989, 4ff.

ders. Alles wieder offen? Anmerkung zur Haftung bei Eigentümerwechsel während des Wirtschaftsjahres und zum Vorlagebeschluß des Kammergerichtes vom 24.10. 1988, DWE 1989, 42ff.

ders. Der „werdende“ Wohnungseigentümer, Rpfleger 1985, 261ff.

ders. Nochmals: Der „werdende“ Wohnungseigentümer. Rpfleger 1986, 169, 171

ders. Die Mehrwertsteueroption der Wohnungseigentümergemeinschaft BB, 1986, 436ff.

Schiffhauer. Neuere Rechtsprechung auf dem Gebiete des Zwangsversteigerungsrechts, BlGBW 1981, 88ff.

ders. Anmerkung zum BGH-Beschluß v. 13.10. 1983 -VII ZB 4/83- Rpfleger 1984, 70ff.

Schmid, Michael. Auswirkungen der Heizkostenverordnung auf Wohnungseigentümergemeinschaft, BIGBW 1981, 105ff.

ders. Zur Verteilung der Lasten und Kosten des gemeinschaftlichen Eigentums in Wohnungseigentümergemeinschaften, BlGBW 1980, 203ff.

ders. Das Einsichtsrecht in die Verwaltungsunterlagen einer Wohnungseigentümergemeinschaft, BlGBW 1982, 45

Schmidt, Friedrich. Die Bedeutung des Besitzübergangs bei Veräußerungen von Wohnungseigentum in: „Festschrift für Seuß“, S. 241ff.

ders. Werdende Wohnungseigentümer, WE 1987, 171f.

Schmidt, Karsten. Gesellschaftsrecht, Köln, Berlin, Bonn, München 1986

Schöner. Das Stimmrecht des Nießbrauchers in der Versammlung der Wohnungseigentümer, DNotZ 1975, 78ff.

Schultz. Verjährung und Fälligkeit, JZ 1973, 718ff.

Seuß. Ordnungsmäßige Buchführung; in: Partner im Gespräch, Band 27, Das Rechnungswesen des Verwalters, Hamburg 1988, 13ff.

ders. Die Eigentumswohnung, 9. Aufl., München 1988

Soergel. Kommentar zum Bürgerlichen Gesetzbuch, Band 4, Schuldrecht III, §§ 705–853 BGB, 11. Aufl., Stuttgart 1985; Band 6, Sachenrecht §§ 854–1297 BGB 12. Aufl., 1989

Spielberger. Pflichten des Verwalters zur steuerlichen Aufbereitung von Abrechnungen in: WE 1988, 79ff.

ders. Nur Instandhaltungskosten sind Werbungskosten; in: WE 1989, 83ff.

Staudinger, v. Kommentar zum Bürgerlichen Gesetzbuch mit Einführungsgesetz und Nebengesetzen 13. Aufl., Berlin 1993, Erstes Buch §§ 1–240 BGB

Sternel. Mietrecht, 3. Aufl., Köln 1988

Storck. Der Eintritt des Erwerbers von Wohnungseigentum in laufende Verpflichtungen der Gemeinschaft und des Veräußerers; in: Partner im Gespräch, Band 29, Hamburg 1989

Stürner/Weber. Anmerkungen zum BGH-Beschluß v. 24.3. 1983 – VII ZB 228/82 – JZ 1983, 620

Trautmann. Die Verfahrenszuständigkeit in Wohnungseigentumssachen, Diss. Mainz 1973

Weitnauer. Wohnungseigentumsgesetz Kommentar zum WEG, 7. Aufl., München 1988 (zit.: Weitnauer)

ders. Faktische Wohnungseigentümer; in: Partner im Gespräch, Band 25, Versammlung der Wohnungseigentümer, Hamburg 1987, 213ff.

ders. Stimmrechtsprobleme; in: Partner im Gespräch, Band 27, Das Rechnungswesen des Verwalters, Hamburg 1988, 261ff.

ders. Anmerkungen zum BGH -B. v. 27.06. 1985 -VII ZB 16/84- JZ 1986, 193ff.

Wieser. Die Forderung als Anrecht und Zuständigkeit; in: JR 1967, 321ff.

Zeller/Stöber. Zwangsversteigerungsgesetz Kommentar zum ZVG der Bundesrepublik Deutschland, 14. Aufl., München 1993

I. Einleitung

Die Verwalterabrechnung nach dem Wohnungseigentumsgesetz wurde in den zurückliegenden 4 Jahrzehnten (das Wohnungseigentumsgesetz trat am 20.3.1951 in Kraft) überwiegend als eine vereinfachte **Abrechnung** abqualifiziert, die keine besonderen Anforderungen an den Verwalter stelle. Diese Auffassung dürfte zumindest in den letzten Jahren nicht mehr zutreffen. Hierzu hat der Wandel der Eigentumswohnung vom eigengenutzten Wohnraum zur Kapitalanlage beigetragen. Während der Gesetzgeber bei Schaffung des Wohnungseigentumsgesetzes (WEG) zunächst nur den Fall vor Augen hatte, daß die Wohnungseigentümer Eigennutzer sind, wurde insbesondere in den siebziger und achtziger Jahren mehr und mehr Wohnungseigentum als Kapitalanlage geschaffen. Hierdurch entstand zunächst aus dem bisherigen Zwei-Personen-Verhältnis Verwalter/Wohnungseigentümer ein Drei-Personen-Verhältnis Verwalter/Wohnungseigentümer/Endmieter. Im Bereich der **Bauherrenmodelle** kam noch die Besonderheit hinzu, daß aus diesem Drei-Personen-Verhältnis sogar ein Vier-Personen-Verhältnis wurde. In die Kette Eigentümer/Mieter wurde der gewerbliche **Zwischenmieter** eingeschaltet. Formaljuristisch hat dies kaum Konsequenzen. Die Aufgaben des Verwalters richten sich weiterhin nach dem Wohnungseigentumsgesetz und sind somit grundsätzlich unabhängig von der mietrechtlichen Konzeption zu sehen. 1

Bedeutung der Verwalterabrechnung

Dieses Vier-Personen-Verhältnis hat aber die tatsächlichen Anforderungen der Eigentümer an den Verwalter vertraglich bzw. konkludent wachsen lassen. Es entspricht sehr oft der Mentalität der Kapitalanleger und auch den werbemäßigen Anpreisungen bei dem Vertrieb einer solchen Kapitalanlage, daß die Eigentümer von einer Art Full-Service ausgehen, der sie in jeder Hinsicht entlastet und insbesondere von eigenen Abrechnungspflichten gegenüber den Mietern freistellt. 2

Die Jahresabrechnung erfüllt keinen Selbstzweck, sondern muß die konkreten Besonderheiten des Objektes und der Eigentümergemeinschaft berücksichtigen. Dementsprechend hat der Verwalter eine Jahresabrechnung zu erstellen, die den Anforderungen der jeweiligen Eigentümer und somit seiner Auftraggeber gerecht wird. Dies hat zur Konsequenz, daß der Verwalter die Tatsache der Vermietung im Rahmen seiner Jahresabrechnung bedenken muß. Diese Konsequenz folgt u.a. auch aus der Einführung der Heizkostenverordnung, die die Jahresabrechnung insgesamt wesentlich beeinflußt. Ideal ist eine **Abrechnung,** die der Eigentümer ohne größeren Auf- 3 wand als Abrechnung gegenüber seinem Mieter verwenden kann und die somit sowohl wohnungseigentumsrechtlichen als auch mietrechtlichen Anforderungen standhält. Die Eigentümer besitzen meist keine oder nur geringe Fachkenntnisse und wünschen eine Abrechnung nach dem Wohnungseigentumsgesetz, die sie ohne eigenes Rechenwerk an den jeweiligen Mieter weitergeben können. Im Bereich der Bauherrenmodelle sind viele Eigentümer dem Irrglauben erlegen, daß Verwalter und gewerblicher Zwischenmieter jede eigene Abrechnungsleistung des Eigentümers entbehrlich machen. Zutreffend ist allerdings, daß die Eigentümer hinsichtlich der eigenen Abrechnung gegenüber dem jeweiligen Mieter vollständig von der Abrechnungsleistung des Verwalters abhängig sind. Rechnet der Verwalter nur mit erheblicher Verzögerung ab, droht für den Eigentümer im Rechtsverhältnis zu seinem Mieter die Verwirkung seiner Nebenkostenforderung. Differenziert der Verwalter in seiner Jahresabrechnung nicht ausreichend, fehlt dem Eigentümer die Basis, seinerseits die notwendigen Differenzierungen in der Nebenkostenabrechnung gegenüber dem Mieter vorzunehmen. Durch die gestiegenen Anforderungen und Wünsche der Eigentümer an die Jahresabrechnung mehren sich die Fälle, in denen Verwalter wegen unzureichender oder unklarer Abrechnung verklagt oder sogar aus dem Vertrag entlassen werden. Die zahlreiche Rechtsprechung der letzten Jahre zum Abrechnungswerk des Verwalters hat Klarheit in manches Problem gebracht. Die Entscheidungen waren aber nicht immer in ihrer praktischen Umsetzbarkeit verwalterfreundlich, so daß die Anforderungen für den Verwalter abrechnungstechnisch gestiegen sind.

II. Gesetzliche Grundlagen der Verwalterabrechnung

1 **Rechtsgrundlage in § 28 WEG und § 675 BGB**

§ 28 Abs. 3 WEG stellt lapidar fest, daß der Verwalter nach Ablauf des Kalenderjahres eine Abrechnung zu erstellen hat. Neben dieser speziellen Rechtsgrundlage finden auch die Grundsätze des allgemeinen Geschäftsbesorgungsvertrages nach § 675 BGB in Verbindung mit § 666 BGB Anwendung. Hiernach ist der Beauftragte (Verwalter) verpflichtet, dem Auftraggeber (Eigentümer) die erforderlichen Nachrichten zu geben, auf Verlangen über den Stand des Geschäfts Auskunft zu erteilen und nach der Ausführung des Auftrages Rechenschaft abzulegen.

2 Der Umfang der **Rechenschaftspflicht** wird wiederum durch § 259 Abs. 1 BGB konkretisiert. Danach ist der Verwalter verpflichtet, über eine mit Einnahmen und Ausgaben verbundene Verwaltung Rechenschaft zu führen und dem Berechtigten eine die geordnete Zusammenstellung der Einnahmen oder Ausgaben enthaltende Rechnung mitzuteilen und, soweit Belege erteilt zu werden pflegen, diese vorzulegen.

3 **Rechnungslegungspflicht**

Das Wohnungseigentumsgesetz differenziert in § 28 Abs. 3 und 4 zwischen der **Jahresabrechnung** und der **Rechnungslegungspflicht.** Die Rechnungslegungspflicht nach § 28 Abs. 4 WEG kann den Verwalter zwar jederzeit, aber nur aufgrund eines Mehrheitsbeschlusses treffen. Dieser Anspruch gem. § 28 Abs. 4 WEG entspricht dem **Auskunftsanspruch** nach §§ 675, 666 BGB. Während somit die Abrechnung eine regelmäßig wiederkehrende Pflicht des Verwalters ist, zu deren Erfüllung es keiner besonderen Aufforderung durch die Wohnungseigentümer bedarf, ist die Rechnungslegung nach § 28 Abs. 4 WEG eine außerordentliche Pflicht des Verwalters bei entsprechendem Verlangen der Wohnungseigentümer. Während die Jahresabrechnung neben einer Gesamtkostenaufstellung auch die Verteilung der Kosten je Wohnungseigentum enthalten muß, ist die **Rechnungslegungspflicht** nur eine Art Darlegungspflicht der gesamten wirtschaftlichen Verhältnisse der Eigentümergemeinschaft und bedarf keiner Einzelabrechnung bezüglich eines jeden Wohnungseigentümers (KG MDR 81, 407). Die Eigentümergemeinschaft nimmt hinsichtlich des Rechnungslegungsanspruchs die Stellung einer Mitgläubigerschaft nach § 432 BGB ein (Weitnauer, § 28 Rdn. 20).

4 Während § 28 Abs. 3 und 4 WEG die Verpflichtung des Verwalters zur Jahresabrechnung enthält, regelt § 16 Abs. 2 WEG die Verpflichtung der Eigentümer, die Kosten und Lasten gemeinsam zu tragen. Gleichfalls sieht § 16 Abs. 2 WEG einen gesetzlichen Verteilungsmaßstab in Form der Miteigentums-

anteile vor. Vorbild des § 16 Abs. 2 WEG ist § 748 BGB, wonach jeder Teilhaber den anderen Teilhabern gegenüber verpflichtet ist, die Lasten des gemeinschaftlichen Gegenstandes sowie die Kosten der Erhaltung, der Verwaltung und einer gemeinschaftlichen Benutzung nach dem Verhältnis seines Anteils zu tragen.

III. Datenerfassung

1 **Stammdatenerfassung** Die Erstellung einer ordnungsgemäßen Jahresabrechnung beginnt bereits zum Zeitpunkt der Objektübernahme durch den Verwalter. Hier gilt es für den Verwalter, zunächst die Stammdaten und Informationen zu erfassen, die er im Laufe der Verwaltungstätigkeit und insbesondere im Hinblick auf die zu erstellenden Abrechnungen benötigt. Eine sorgfältige Stammdatenerfassung ebnet den Weg für eine korrekte Jahresabrechnung.

2 Bereits bei Übernahme eines neuen Objektes durch den Verwalter sind wesentliche Daten festzuhalten. Als Anlage I ist eine Checkliste abgedruckt, die beispielgebend zeigt, welche Daten bei der Erstbegehung eines neuen Objektes erfaßt werden müssen.

3 Für den Verwalter sind bei einem Neubau nicht nur die Zählerstände im Zeitpunkt der Abnahme des Gemeinschaftseigentums, sondern auch die Zählernummern für Wasser, Gas und Strom von Bedeutung. Durch Registrierung der Zählerstände vermag der Verwalter die als Baukosten zu behandelnden Anteile vor Bezugsfertigkeit von effektiven Gemeinschaftskosten nach Bezugsfertigkeit zu differenzieren. In der Regel hat bis zur Bezugsfertigkeit der Bauunternehmer den gesamten Baustrom, Wasser- und sonstigen Energieverbrauch zu tragen. Diese Kosten sind zumindest Bestandteil einer schlüsselfertigen Erstellung.

4 Darüber hinaus sind die Zählernummern für den Verwalter von Bedeutung, da er nur hieran eine Zuordnung der Zähler zum Verbrauchsbereich vornehmen kann. Sind beispielsweise mehrere Stromzähler vorhanden, ist es im Hinblick auf die Verteilung der Stromkosten für Aufzug, Heizung, Tiefgarage und sonstige Anlagen erforderlich, beim jeweiligen Versorgungswerk bzw. beim einbauenden Unternehmer nach der Zuordnung der einzelnen Zähler zu fragen.

5 Neben der Erfassung des Heizsystems kommt es im Hinblick auf die zu erstellende **Heizkostenabrechnung** auch auf das Verbrauchserfassungssystem an. Genaue Marke, Typ der Geräte (Verdunster oder Wärmezähler), korrekte Montage der Geräte und auch die Zählerstände sind festzuhalten. Letzteres dient der eigenen Kontrolle der von der Heizkostenverteilungsfirma zugrundegelegten Daten. Zudem ist das Einbaudatum entscheidend, um die Erneuerung oder **Eichfristen** beachten zu können.

6 **Stammdatenerfassung nach Teilungserklärung**

Die weiteren wesentlichen Stammdaten, die der Verwalter im Zeitpunkt der Objektübergabe erfassen muß, sind in der Regel aus der Teilungserklärung ersichtlich. Hierzu gehören die Namen und Anschriften der Eigentümer, die Miteigentumsanteile und die Quadratmeter der Wohnungen. Die Ermittlung der effektiven Heizfläche (Wohnungsfläche abzüglich Balkone oder Terrassen) läßt sich meist aus der Teilungserklärung nicht ermitteln. Hierzu muß der Verwalter zusätzliche Bauzeichnungen oder Wohnflächenberechnungen beim bauleitenden Architekten anfordern.

7 **Mietererfassung**

Auch wenn grundsätzlich der Verwalter nicht mit dem Sondereigentum konfrontiert wird, so dient es doch der Vervollständigung seiner Unterlagen, wenn er eine Liste über die Wohnungsnutzer bzw. Mieter erstellt. Diese Mieterliste benötigt der Verwalter vor allem im Hinblick auf die **Heizkostenabrechnung.**[1]

Die Heizkostenverteilungsfirmen orientieren sich bei ihrer Datenerfassung und der Ablesung in den einzelnen Wohnungen nach den Namen der tatsächlichen Nutzer. Sie lassen sich auch von diesen die Erfassungsergebnisse vor Ort gegenzeichnen. Die Namen der Eigentümer sind bei vermieteten Wohnräumen sekundär, da sie letztendlich nicht die Verbraucher sind. Der Heizkostenverteilungsfirma sind in der Regel die Namen der Eigentümer unbekannt. Da gewöhnlich eine Durchnumerierung der Wohnungen kein absoluter Maßstab ist – oft sind die Wohnungen in Teilungserklärung, Prospekten oder nach dem System der jeweiligen Verwaltung unterschiedlich numeriert –, bieten nur die Mieternamen eine Gewähr dafür, daß keine Übermittlungs- bzw. Kommunikationsfehler auftreten. Im übrigen geht die **Heizkostenverordnung** begrifflich auch nicht von einer Kostenverteilung je Eigentümer, sondern je „Nutzer" aus.

---

[1] Im übrigen benötigt der Verwalter außerhalb des hier relevanten Bereichs die Mieternamen möglicherweise im Zusammenhang mit der technischen Verwaltung oder bei Maßnahmen zur Durchsetzung der Hausordnung.

IV. Objektbuchhaltung und Bankkonto

1. Anforderungen an die Objektbuchhaltung

a) Weichenstellung für die Jahresabrechnung

1 **Kontrolle der Prämissen**

Bereits im Zeitpunkt der Errichtung der Objektbuchhaltung werden die Weichen für die Jahresabrechnung gestellt. Dies ist vor allem bei EDV-mäßiger Buchführung ein wesentlicher Zeitpunkt, weil erfahrungsgemäß die fortlaufende Arbeit mit dem Computer allzuoft dazu verführt, die eigenen Prämissen nicht mehr zu überprüfen und hierdurch Schwachstellen des eingegebenen Programms für das konkrete Objekt zu übersehen. Bei jedem Objekt gibt es Besonderheiten, die im Rahmen der Buchhaltung zu berücksichtigen sind. Je früher diese Besonderheiten erkannt werden, desto eher können sie im Rahmen der **Buchführung** umgesetzt werden, so daß sich zeitaufwendige Korrekturen vermeiden lassen. Gerade bei der Buchhaltung mit elektronischer Datenverarbeitung zeigt die Erfahrung, daß die durchdachte Anlage der jeweiligen Objektbuchhaltung spätere Schwierigkeiten vermeidet. Die elektronische Datenverarbeitung erspart Zeit in der Jahresabrechnung, insbesondere bei der Verteilung der Kosten, der Durchführung der einzelnen Rechenprozesse und dem Ausdruck der **Abrechnung.** Die EDV-Buchhaltung verführt andererseits aber auch dazu, eigene Denkvorgänge zu vernachlässigen und dem Wunderwerk der Technik zuviel Glauben zu schenken.

b) Zielsetzung des Kontenplans

2 **Differenzierung zwischen Bestands- und Erfolgskonten**

Die Buchführung ist eine Zeitabschnittsrechnung. Sie hat die Aufgabe, Stand und Veränderung des Gemeinschaftsvermögens sowie die fortlaufende Entwicklung der Einnahmen und Ausgaben zu verzeichnen. Während nach den Grundsätzen einer geordneten **Buchführung** am Jahresende die Aufstellung einer **Bilanz** und einer Gewinn- und Verlustrechnung möglich sein muß, wird eine soweit angelegte Buchführung dem Verwalter nach dem Wohnungseigentumsgesetz nicht auferlegt. Nach der Rechtsprechung ist die **Abrechnung** nach dem Wohnungseigentumsgesetz kein Jahresabschluß im Sinne einer Bilanz und einer Gewinn- und Verlustrechnung, sondern eine **Einnahmen- und Ausgabenrechnung** mit der Aufteilung des Ergebnisses auf die einzelnen Wohnungseigentümer (OLG Frankfurt, Beschluß vom 20.6. 1984, 20 W 602/83; BayObLG NJW-RR 1987, 595).

3 Dieser Auffassung kann jedoch nur teilweise gefolgt werden. Sicherlich ist die Erstellung einer Bilanz und einer Gewinn- und Verlustrechnung nicht erforderlich. Erforderlich dürfte je-

doch eine Differenzierung zwischen Bestands- und Erfolgskonten sein, um die notwendige Transparenz der wirtschaftlichen Vorgänge herzustellen. Bei den **Bestandskonten** ist wiederum zwischen den einzelnen Bankkonten, Rücklagen, Forderungs- und Verbindlichkeitskonten zu unterscheiden. Die buchhalterische Erfassung dieser Konten folgt auch aus der Aufforderung der Rechtsprechung, daß in der Jahresabrechnung Auskunft über die Kontostände (OLG Frankfurt WE 1986, 138; KG NJW-RR 1987, 1160), Summe der gesamten Wohngeldzahlungen und sonstigen Einnahmen (OLG Hamm OLGZ 1975, 158; OLG Frankfurt OLGZ 1984, 333) und die Entwicklung der Instandhaltungsrücklage inklusive Zinserträge (KG DWE 1986, 27) gegeben werden muß. Diese Angaben sollten am Jahresende in einer Art **Status** über das Vermögen und die Entwicklung der Eigentümergemeinschaft insgesamt zusammengefaßt werden. Die Eigentümer haben ein erhebliches Informationsinteresse zu der Frage, wie sich der jeweilige Endbestand seit dem dazugehörenden Anfangsbestand entwickelt hat. Da der Verwalter in der Regel keine Bargeschäfte vornehmen wird, bietet die Entwicklung des Bankkontos die Möglichkeit zur Verprobung der ausgewiesenen Einnahmen und Ausgaben. Auch wenn die Bildung von Jahresabgrenzungspositionen überwiegend nicht gefordert wird (so ablehnend Weitnauer, § 28 Rdn. 15; Seuß, PiG 27, S. 41), so bietet die Einrichtung solcher Konten die einzige Möglichkeit, Rechenschaft über die schwebenden Posten im weitesten Sinne abzulegen. Im Abrechnungszeitraum noch nicht geleistete Wohngelder der Miteigentümer für diese Periode sollten als Forderung, noch nicht geleistete Zahlungen für bereits empfangene Leistungen als Verbindlichkeiten deklariert werden können (Maul, DB 1980, 937, 939).

4 **Differenzierung nach Umlagefähigkeit**

Im Bereich der Einnahmen- und Ausgabenkonten (Erfolgskonten) kann es im Hinblick auf die spätere Jahresabrechnung sinnvoll sein, zwischen umlagefähigen und nichtumlagefähigen Kostengruppen zu unterscheiden. Ebenfalls sollten die Einnahmen entsprechend in Gruppen eingeteilt werden, so daß den nichtumlagefähigen Kosten die betreffenden Vorauszahlungen gemäß dem Wirtschaftsplan gegenübergestellt werden können.

5 Wieweit die Unterteilung bei den Ausgabenkonten im Einzelfall reicht, ist von der jeweiligen Sachlage abhängig. Je größer die Anlage ist, desto unterschiedlicher und zahlreicher dürften die einzurichtenden Ausgabenkonten sein. Eine Differenzierung der Jahresabrechnung setzt eine detaillierte Buchführung voraus.

6 Auf der Einnahmenseite sollte für jeden Wohnungseigentümer ein separates Wohngeldkonto geführt werden. Hierdurch lassen sich am Jahresende die Vorauszahlungen des einzelnen

Eigentümers exakt bestimmen. Während des Wirtschaftsjahres kann ein Zahlungsverzug schnell festgestellt und die notwendigen Maßnahmen veranlaßt werden. Dies setzt wiederum voraus, daß die Buchführung zeitnah geführt wird. Die Zahlungen sind auch dann dem Wohngeldkonto des einzelnen Eigentümers gutzuschreiben, wenn durch Vereinbarung zwischen dem Eigentümer und dem Mieter festgelegt wurde, daß der Mieter einen Teil seiner Miete zur Deckung der Wohngeldlast des Eigentümers unmittelbar an den Verwalter überweist. Bei diesem in der Praxis häufig anzutreffenden abgekürzten Zahlungsweg spielt für die Buchhaltung des Verwalters der Name des Absenders keine Rolle. Der Verwalter orientiert sich ausschließlich am verpflichteten Eigentümer und nicht an der Person des zahlenden Mieters.

c) Allgemeine Anforderungen

7 Verständlichkeit und Nachprüfbarkeit

Die Buchführung muß allgemein so beschaffen sein, daß sie in Form einer geordneten Gegenüberstellung aller Einnahmen und Ausgaben unter Beifügung der Belege für die Wohnungseigentümer bei einer diesen zumutbaren Sorgfalt verständlich und nachprüfbar ist (BayObLGZ 1975, 369, 373; 1985, 63, 65; BayObLG WM 1987, 101). Dazu müssen sich die Geschäftsvorfälle in ihrer Entstehung und Abwicklung verfolgen lassen. Die **Buchführung** dient nicht nur der Information über die wirtschaftliche Entwicklung der Eigentümergemeinschaft, sondern auch der Beweiskraft über die ordnungsgemäße Tätigkeit des Verwalters. Die Anforderungen an die Ausgestaltung der Buchführung hängen im wesentlichen von der Art und Größe des Verwaltungsobjektes ab. Der Grundsatz der Wirtschaftlichkeit kaufmännischen Handelns rechtfertigt es jedoch nicht, daß Grundprinzipien der Ordnungsmäßigkeit verletzt und die Zwecke der Buchführung erheblich gefährdet werden. Die Buchführung ist so einzurichten, daß die Wohnungseigentümer in der Lage sind, ihre Prüfungsbefugnis (§ 28 Abs. 5, § 29 Abs. 3 WEG) selbst auszuüben (BayObLGZ 1975, 369, 372).

8 Mangelhaftigkeit

Bei mangelhafter Buchführung ist zwischen formellen und materiellen Mängeln zu unterscheiden. Formelle Mängel führen nur dann zum Verlust der Beweiskraft und zur Begründung möglicher Schadensersatzansprüche, wenn die Nachprüfung innerhalb angemessener Zeit nicht gewährleistet ist. Bei materiellen Mängeln kommt es auf das sachliche Gewicht des Mangels an. Bei der Beurteilung der Ordnungsmäßigkeit ist das individuelle Gesamtbild zu würdigen. Das sachliche Ergebnis hat dabei Vorrang vor der Form. Aufzeichnungen sind so vorzunehmen, daß der Zweck, den sie für die **Verwalterabrechnungen** erfüllen sollen, erreicht wird.

9 Beleganlage

Für die Belegaufbereitung gilt selbstverständlich auch der allgemeine Grundsatz: „Keine Buchung ohne Beleg.“ Nachprüfbarkeit der Jahresabrechnung ist nur bei geordneter und nachvollziehbarer Beleganlage möglich. Sinnvoll ist die Ablage der Rechnung zum dazugehörigen Bankbeleg. Die Umsatzpositionen auf den Bankbelegen werden durchnumeriert und auf die dazugehörigen Rechnungen übertragen. Hierdurch wird die schnelle Überprüfbarkeit der Buchführungsvorgänge anhand der dazugehörigen Belege gewährleistet.

10 Die Buchführungsarbeiten müssen zeitnah erfolgen. Es entspricht keiner ordnungsgemäßen Verwaltung, wenn die Buchführung eines Jahres im März des darauffolgenden Jahres noch nicht abgeschlossen ist (BayObLG ZMR 1985, 212).

Das Erfordernis einer zeitnahen Buchführung ermöglicht es dem Verwalter ebenfalls, die Vorgaben des **Wirtschaftsplans** laufend zu überprüfen. Häufig entsteht ein Trugschluß in den Sommermonaten, wenn wegen geringer Heizkosten das Gemeinschaftskonto einen größeren Haben-Bestand ausweist. Dieser kann darüber hinwegtäuschen, daß die Heizkosten des nächsten Winters oder etwa in Kürze anstehende öffentliche Abgaben tatsächlich nicht mehr finanziert werden können.

2. Einrichtung des Bankkontos

a) Das laufende Verwaltungskonto

11
Fremdkonto/ Treuhandkonto

Für jede Eigentümergemeinschaft muß ein separates Bankkonto angelegt werden. Nach § 27 Abs. 4 WEG ist der Verwalter verpflichtet, Geld der Wohnungseigentümer von seinem Vermögen getrennt zu verwalten. Hierzu bieten sich zwei Möglichkeiten an:

- das offene Treuhandkonto
- das offene Fremdkonto

Bei einem offenen **Treuhandkonto** tritt der Verwalter als Treuhänder auf und ist als Kontoinhaber anzusehen. Das Konto wird auf den Namen des Verwalters eröffnet und mit einem Zusatz versehen, aus dem der Treuhandcharakter des Kontos erkennbar wird. Als Beispiel sei die Bezeichnung „Treuhandkonto für Eigentümergemeinschaft Hauptstraße" genannt.

Beim offenen **Fremdkonto** wird das Konto auf die Wohnungseigentümergemeinschaft eröffnet. Der Verwalter tritt lediglich als Verfügungsberechtigter auf. In der Praxis wird häufig für das offene Fremdgeldkonto die umgedrehte Formulierung gegenüber dem offenen Treuhandkonto verwendet. Im Vordergrund der Kontobezeichnung steht der Name der Eigentümergemeinschaft mit einem das Vertretungsverhältnis verdeutlichenden Zusatz (Beispiel: Eigentümergemeinschaft Hauptstraße, vertreten durch Hausverwaltung XY). Bei streng formaler Behandlungsweise müssen alle Wohnungseigentümer im Kontoeröffnungsantrag namentlich aufgeführt

werden, da die Gemeinschaft als solche keine eigene Rechtspersönlichkeit hat (so auch Erlebach, PiG 27, 83, 87). Folge ist die Notwendigkeit für die Bank, regelmäßig das Grundbuch einzusehen, um zu prüfen, ob sich die Liste der Wohnungseigentümer verändert hat. Diese Überlegungen machen das offene Fremdkonto wenig praktikabel.
Während somit für das offene Treuhandkonto die größere Praktikabilität spricht, besteht sein Nachteil darin, daß es nicht absolut pfändungs- und konkurssicher ist.
Gegen Pfändungen durch Gläubiger des Verwalters steht den Wohnungseigentümern als Treugeber die Drittwiderspruchsklage zu, d.h. sie müssen ihren Anspruch im Zweifel erst gerichtlich geltend machen. Im Falle des Konkurses des Verwalters müssen die Wohnungseigentümer das **Aussonderungsrecht** gemäß § 43 KO betreiben. Nach Ansicht des Reichsgerichts (RGZ 84, 214) bestand ein Aussonderungsrecht des Treugebers jedoch nur dann, wenn der Treuhänder das Treugut aus dem Vermögen des Treugebers übertragen erhalten hat. Der Bundesgerichtshof hat von diesem Grundsatz der Unmittelbarkeit eine Ausnahme für den Fall gemacht, daß von dritter Seite Geld auf ein sog. Anderkonto eingezahlt oder überwiesen wird, das offenkundig zu dem Zweck bestimmt ist, fremde Gelder zu verwalten (BGH NJW 1954, 1190). Die Überweisung von Geldbeträgen auf ein nicht als Anderkonto eingerichtetes Postscheckkonto hat der BGH genügen lassen, sofern die den Zahlungen zugrundeliegenden Forderungen nicht in der Person des Treuhänders, sondern unmittelbar in der Person des Treugebers entstanden waren (BGH NJW 1959, 1225). In diesen Fällen hat der BGH die Voraussetzungen für ein Aussonderungsrecht gem. § 43 KO als gegeben angesehen.
Beim offenen Fremdkonto ist hingegen das Guthaben der Wohnungseigentümergemeinschaft vor Zugriffen der Gläubiger des Verwalters vollkommen geschützt. Der Verwalter sollte aus den vorgenannten Gründen in der Praxis das offene Fremdkonto anlegen.
Welchen Charakter das vom Verwalter angelegte Konto hat, **12**
ob es sich also in der rechtlichen Wertung um ein offenes Treuhand- oder Fremdkonto handelt, ist nach dem erkennbaren Willen des Kontoeröffnenden und somit des Verwalters zu entscheiden (BGH III ZR 171/84 vom 26.9. 1985). Um sicherzustellen, daß der Wille des Verwalters, beispielsweise ein offenes Fremdkonto errichten zu wollen, von der kontoführenden Bank erkannt wird, sollte sich der Verwalter den Charakter des Kontos von der Bank schriftlich bestätigen lassen.
Bei der Bezeichnung eines Kontos „Verwalter X wegen Hauptstraße" dürfte weder der Wille, ein offenes Treuhandkonto noch ein offenes Fremdkonto eröffnen zu wollen, hin-

reichend erkennbar werden. Ein solches Konto wäre als verdecktes Treuhandkonto in der rechtlichen Konsequenz einem Eigenkonto des Verwalters gleichzustellen. In diesem Fall erfüllt der Verwalter die Verpflichtung nach § 27 Abs. 4 WEG nicht, was seiner Entlastung entgegenstehen dürfte.
Röll weist mit Recht darauf hin, daß ein gemeinsames Konto für mehrere Eigentumswohnanlagen nicht zulässig sei (Röll, Handbuch, S. 148 f.). Die Begründung ergibt sich nicht aus dem Wohnungseigentumsgesetz, sondern aus der Notwendigkeit einer ordnungsgemäßen Verwaltung. Andernfalls ist die Gefahr nicht unerheblich begründet, daß Buchungen vermengt und Liquiditätsengpässe einzelner Gemeinschaften durch Liquiditätsüberschüsse anderer Gemeinschaften unzulässig ausgeglichen werden. Zudem lassen sich die Ausgaben und Einnahmen der Gemeinschaft in einem solchen Fall nicht mehr anhand des Bankkontos überprüfen (vgl. Röll ebenda).

b) Das Rücklagenkonto

13 **Verzinsungspflicht der Rücklage**

Gemäß § 21 Abs. 5 Nr. 4 gehört die Ansammlung einer angemessenen Instandhaltungsrückstellung zu den Anforderungen an eine ordnungsgemäße Verwaltung. Fraglich ist jedoch, ob für die angesammelte **Instandhaltungsrücklage** ein separates Bankkonto angelegt werden muß oder ob die Beträge auch auf dem laufenden Verwaltungskonto angesammelt werden können. Das Kammergericht hält ein einziges Bankkonto für ausreichend (KG NJW-RR 1987, 1160 ff.). Als Begründung wird angeführt, daß § 27 Abs. 4 nicht die Verpflichtung begründe, zwei getrennte Bankkonten zu führen. Den Zweck, die Instandhaltungsrücklage ausschließlich für Instandhaltungs- und Instandsetzungsarbeiten zu erhalten, könne der Verwalter auch durch zwei getrennte Buchungskonten erreichen. Eine größere Sicherheit, daß die Instandhaltungsrücklage nicht zu fremden Zwecken verwandt wird, könne durch die Führung getrennter Bankkonten nicht begründet werden.

14 Diese Auffassung des Kammergerichts berücksichtigt jedoch nicht hinreichend, daß es zu den vertraglichen Nebenpflichten des Verwalters gehört, das Vermögen der Gemeinschaft möglichst wirtschaftlich zu betreuen. Die Wirtschaftlichkeit erfordert eine höhere verzinsliche Anlage der Rücklage, soweit hierdurch die Rücklage nicht indisponibel wird. Beim laufenden Verwaltungskonto dürfte es sich in der Regel um ein nur niedrig zu verzinsendes (z. B. 0,5 %) Kontokorrentkonto handeln, das keine hinreichenden Früchte trägt. Als eine wirtschaftlich sinnvolle Anlage wäre hingegen die Einrichtung eines monatlich kündbaren Festgeldkontos für die Rücklagenbeträge anzusehen.
Auch kann aus der weitergehenden Auffassung des Kammergerichts in der gleichen Entscheidung (NJW-RR 1987, 1160)

nicht gefolgert werden, daß selbst die Verpflichtung in der Gemeinschaftsordnung, die Rücklage sei auf einem gesonderten Konto der Gemeinschaft anzulegen, nicht die Anlage eines separaten Bankkontos erfordere. Die zitierte Formulierung läßt eine gegenteilige Auslegung zu. Andernfalls hätte es einer Hervorhebung dieser Rechtsfrage in der Gemeinschaftsordnung nicht bedurft.

V. Abstimmung der Kostenverteilungsschlüssel

1. Gesetzliche und vertragliche Grundlagen

1 **Festlegung in der Gemeinschaftsordnung**

Neben der Stammdatenerfassung ist zur Vorbereitung der Jahresabrechnung die Festlegung der Verteilungsmaßstäbe von wesentlicher Bedeutung. Welcher **Verteilungsmaßstab** anzuwenden ist, bestimmt zunächst die Gemeinschaftsordnung. Diese stellt eine Art Grundgesetz dar, die verbindlich zu beachten ist.

2 **Besonderheit in der Mehrhausanlage**

Eine Besonderheit ist bei der Gemeinschaftsordnung in einer Mehrhausanlage zu beachten. Bestimmt hier die Gemeinschaftsordnung, daß die jeweils an einem Haus allein zur Sondernutzung berechtigten Wohnungseigentümer die auf sie entfallenden ausscheidbaren Kosten allein zu tragen haben, so betrifft dies nur die von vornherein ausscheidbaren Kosten (BayObLG WE 1994, 148). „Ausscheidbar" sind nach Ansicht des BayObLG (BayObLG a. a. O.) nur solche Kosten und Lasten, die von vornherein von den übrigen Kosten und Lasten absonderbar sind und ohne weiteres bestimmten Sondernutzungsberechtigten allein zugeordnet werden können.
Wird eine Wohnanlage mit mehreren Häusern über mehrere Anschlüsse mit Fernwärme versorgt, kommt eine getrennte Abrechnung und Beschlußfassung über die Heizkosten nicht in Betracht, wenn dies nicht in der Gemeinschaftsordnung oder durch bestandskräftigen Eigentümerbeschluß angeordnet ist (BayObLG WE 1994, 304). Dies gilt auch, wenn mit dem Fernwärmeversorgungsunternehmen zwei verschiedene Bezugsverträge bestehen, da diese Verträge nur das Verhältnis zwischen den Wohnungseigentümern und dem Fernwärmeversorgungsunternehmen betreffen.
Soweit die Gemeinschaftsordnung keine Erläuterungen zu den Verteilungsschlüsseln enthält, ist die Eigentümerversammlung berufen, diese festzulegen. Bei neuen Eigentümergemeinschaften sollte sich die konstituierende Versammlung wesentlich auf dieses Thema konzentrieren. Auf keinen Fall kann der Verwalter die Verteilungsschlüssel „im Alleingang" festlegen.

3 **Verhältnis der Teilungserklärung zum WEG**

Sind die Verteilungsschlüssel weder in der Gemeinschaftsordnung noch durch Beschluß festgelegt, so ist auf die gesetzliche Regelung des § 16 Abs. 2 WEG zurückzugreifen.

4

§ 16 Abs. 2 WEG sieht vor, daß jeder Wohnungseigentümer gegenüber den anderen Wohnungseigentümern verpflichtet ist, die Lasten des gemeinschaftlichen Eigentums sowie die Kosten der Instandhaltung, Instandsetzung, sonstigen Verwaltung und eines gemeinschaftlichen Gebrauchs des gemeinschaftlichen Eigentums nach dem Verhältnis seines Anteils zu tragen. Die Worte „nach dem Verhältnis seines Anteils" begründen den gesetzlichen Verteilungsmaßstab der Miteigentumsanteile. Der Vorschrift des § 16 Abs. 2 WEG versuchen die meisten Gemeinschaftsordnungen gerecht zu werden, indem sie die gesetzliche Regelung nahezu wortwörtlich übernehmen. Gemeinschaftsordnungen sind aber auch in diesem Punkt abdingbar und sollten ggf. den besonderen Umständen des Einzelfalles angepaßt werden. Im Wohnungseigentum ist eine Vielzahl von Kostenverteilungsschlüsseln denkbar, die nur nach den jeweiligen speziellen Gegebenheiten und Verhältnissen ausgewählt werden können. Der gesetzliche Verteilungsschlüssel ist grundsätzlich abdingbar. Fraglich ist lediglich, welche Voraussetzungen bzw. Stimmrechtsverhältnisse diese Abänderung erfordert.

5
Abänderung des Verteilungsschlüssels durch Beschluß der Eigentümergemeinschaft

Eine Abänderung des in der Gemeinschaftsordnung vorgesehenen Verteilungsschlüssels bedarf einer Vereinbarung im Sinne des § 10 Abs. 1 WEG. Ein Mehrheitsbeschluß reicht hierzu nicht aus (vgl. OLG Stuttgart, Die Justiz 1981, 208; ebenso OLG Celle DWE 1987, 62; OLG Frankfurt läßt hingegen einen einstimmigen Beschluß genügen). Läßt die Gemeinschaftsordnung eine Abänderung der Verteilungsschlüssel unter erleichterten Bedingungen ausdrücklich zu (beispielweise, daß die Abänderung der Verteilungsschlüssel durch Mehrheitsbeschluß mit einer Mehrheit von 75 % der abgegebenen Stimmen möglich sein soll, zustimmend: BayObLG, Beschluß v. 30. 10. 1984, 2 Z 90/83), so ist dies zulässig. Eine erneute Abänderung ist jedoch nicht ohne die gleiche qualifizierte Mehrheit möglich (BayObLG WE 1989, 145).

Teilweise wird gefordert, daß der Umstand, die gesetzliche Regelung bzw. die Regelung der Gemeinschaftsordnung sei unzweckmäßig, nicht genügt, um sie auszuschalten (Weitnauer, § 16 Rdn. 13 c). Eine nach den Stimmrechtserfordernissen der Gemeinschaftsordnung erfolgte Abänderung des Verteilungsschlüssels setze voraus, daß hierzu ein sachlicher Grund vorliege und einzelne Wohnungseigentümer gegenüber dem früheren Rechtszustand nicht unbillig benachteiligt würden (BGH WM 1985, 354 f.). Die gleichen Grundsätze seien auch anzuwenden, wenn die Wohnungseigentümer von der Ermächtigung bereits Gebrauch gemacht haben und nunmehr den im Beschluß festgelegten Verteilungsschlüssel erneut durch Mehrheitsbeschluß abändern wollen (BayObLG WE 1992, 261). Es sei somit ein dreifaches erforderlich: das Erreichen der notwendigen Mehrheit, das Vorliegen eines sachlichen Grundes und keine unbillige Benachteiligung eines Wohnungseigentümers durch den Veränderungsbeschluß. Diese Entscheidung des BGH berücksichtigt zwar das Vertrauen des einzelnen Wohnungseigentümers darauf, daß Änderungen der Gemeinschaftsordnung nicht ohne weiteres möglich sind und die jeweilige Mehrheit die einmal getroffene Vereinbarung nicht nach Belieben abändern kann (BGH, ebenda). Dennoch fehlt es für das Merkmal des „sachlichen Grundes" an einer Stütze im Gesetz und es ist zudem nicht einzusehen, warum die Wohnungseigentümer nicht mit der notwendigen Mehrheit Veränderungen beschließen dürfen (so auch Sauren § 10 Anm. 5b). Die Anforderungen an den sachlichen Grund engen das Selbstbestimmungsrecht der Wohnungseigentümer unangemessen ein.

Soll die Abänderung des gesetzlichen oder vereinbarten Ver- **6**
teilungsschlüssels durch die Eintragung im Grundbuch zum Inhalt des Sondereigentums gemacht werden, so müssen Inhaber von Grundpfandrechten an stärker belasteten Wohnungseigentumseinheiten gem. § 877 BGB zustimmen (BayObLG, Beschluß v. 30. 10. 1984, 2 Z 90/83). Es stellt auch eine Änderung des Verteilungsschlüssels dar, wenn eine Sonderregelung für eine zulässige Nutzung (z. B. Umzugspauschale) eingeführt wird (Bassenge, S. 48; OLG Stuttgart MDR 1981, 587; a. A. LG Wuppertal Rpfleger 1978, 23).

Erfüllt eine Abänderung des Verteilungsschlüssels nicht die **7**
Voraussetzungen (notwendige Mehrheit), so ist der Abänderungsbeschluß innerhalb eines Monats anfechtbar, § 23 Abs. 4 WEG. Unterbleibt eine Anfechtung, so ist der Verteilungsschlüssel für die betreffende Abrechnung verbindlich (BayObLG NJW 1981, 690; NJW-RR 1986, 179). Die Verteilungsschlüssel können sodann in der nächsten Eigentümerversammlung erneut zur Disposition gestellt werden. Im Zweifel geschieht dies konkludent durch Beschlußfassung über die Jahresabrechnung selbst. Der einzelne Eigentümer kann dann die Jahresabrechnung aus Gründen unsachlicher Verteilungsschlüssel anfechten. Dem steht der frühere Beschluß über die Kostenverteilungsquoten nicht entgegen, da dieser seiner Natur nach für die Vergangenheit die letzte Abrechnung und für die Zukunft nur den Wirtschaftsplan betrifft (KG WM 1986, 355).

Wird hingegen jahrelang abweichend von der Gemeinschaftsordnung abgerechnet, ohne daß dies angefochten wurde, so kann hieraus dennoch nicht auf eine die Gemeinschaftsordnung ändernde Vereinbarung geschlossen werden (BayObLG NJW 1986, 385).

8

Abänderung des Verteilungsschlüssels durch gerichtliche Entscheidung

Wird ein Kostenverteilungsschlüssel nach § 16 Abs. 2 WEG durch gerichtliche Entscheidung abgeändert, so ist der abgeänderte Kostenverteilungsschlüssel erst bei den danach gefaßten Eigentümerbeschlüssen zugrundezulegen (KG Berlin DWE 1992, 156; WE 1992, 342). Vor der rechtskräftigen Änderung des Kostenverteilungsschlüssels sind hingegen die Miteigentumsanteile maßgebend (vgl. BayObLG NJW-RR 1987, 714).

Ein Anspruch auf Änderung des Kostenverteilungsschlüssels kann vor rechtskräftiger Entscheidung darüber auch nicht einredeweise geltend gemacht werden. Es gilt dann vielmehr noch die in der Gemeinschaftsordnung mit Vereinbarungscharakter getroffene Regelung, da diese noch nicht wirksam – durch Vereinbarung aller Wohnungseigentümer oder durch eine diese ersetzende rechtskräftige gerichtliche Entscheidung – abgeändert worden ist (vgl. BayObLG NJW-RR 1990, 1493; KG Berlin DWE 1992, 156; WE 1992, 342).

9 Auch ein einzelner Wohnungseigentümer kann eine Abänderung des Verteilungsschlüssels gerichtlich erzwingen. Aus dem Grundsatz von Treu und Glauben (§ 242 BGB) kann ein Wohnungseigentümer die Zustimmung der übrigen Eigentümer zu einem Wechsel des Verteilungsschlüssels verlangen (so auch Bielefeld, DWE 1976, 9, 12; BayObLG NJW-RR 1992, 342). Voraussetzung ist eine Regelung, die den Einzelnen oder eine Minderheit unangemessen benachteiligt, und daß der bestehende Verteilungsschlüssel eine willkürliche Ausnutzung der Majoritätsverhältnisse darstellt. Dies kann der Fall sein, wenn der Eigentümerbeschluß oder die Vereinbarung den einzelnen Eigentümer unbillig trifft und die außergewöhnlichen Umstände des Einzelfalls nicht hinreichend berücksichtigt werden (BayObLG WE 1988, 19, 20). Dem Richter ist es somit nicht auf Antrag eines einzelnen Wohnungseigentümers gestattet, einen vereinbarten oder wirksam beschlossenen Verteilungsschlüssel durch einen vermeintlich billigeren oder angemesseneren zu ersetzen (OLG Karlsruhe OLGZ 78, 175, 176).

2. Mögliche Verteilungsschlüssel

10 Je größer das Objekt, desto zahlreicher sind die in Betracht kommenden Verteilungsschlüssel: Beispielsweise sind denkbar:

Verteilung nach:

- Miteigentumsanteilen
- Wohnflächen mit Balkonfläche
- Wohnflächen ohne Balkonfläche
- umbauter Raum
- Anzahl der Wohnungen
- Anzahl der Einstellflächen
- tatsächlicher Verbrauch
- tatsächliche Nutzung
- Personenzahl
- Kombinationen mehrerer Verteilungsmaßstäbe.

Jede praktikable Kostenverteilung führt gewisse Unbilligkeiten mit sich. Eine klare und einfache Abrechnung wird durch eine Vielzahl von Verteilungsschlüsseln erschwert. Die meisten Verteilungsschlüssel gehen von einer pauschalen Kostenverteilung ohne Rücksicht auf deren Verursachung aus. Die Eigentümer werden hierdurch nicht zur Sparsamkeit angehalten. Die Kostenverteilung nach dem Verursachungsprinzip setzt das Vorhandensein besonderer Kostenerfassungsgeräte voraus. Neben den entstehenden Zusatzkosten ist die Tauglichkeit der Geräte (beispielweise der Heizkostenverteiler) ein häufiger Streitpunkt innerhalb der Gemeinschaft (vgl. zur Gesamtproblematik der Verteilungsschlüssel: Schmid, BLGBW 1980, 203ff.; Bielefeld, DWE 1976, 9ff.). Die Kostenverteilung nach der Wohnungsgröße (z.B. Miteigentumsanteil oder Quadratmeter-Wohnfläche) unterstellt bei einigen Kosten den unzutreffenden Zusammenhang zwischen Fläche und Kostenverursachung. Der in diesen Fällen gerechtere Maßstab der Personenzahl erweist sich in der Praxis allerdings als unpraktikabel. **11** **Praktikabilität**

Auch bei vermietetem Wohnraum sind die Eigentümer grundsätzlich frei in der Auswahl der Verteilungsschlüssel (Bärmann/Pick, § 16 Rdn. 119). Unter dem Gesichtspunkt der möglichst unproblematischen Übertragbarkeit der eigentumsrechtlichen WEG-Abrechnung auf die mietrechtliche Nebenkostenabrechnung kann eine Berücksichtigung der mietrechtlichen Zulässigkeit des Verteilungsschlüssels auch wohnungseigentumsrechtlich relevant sein. Soweit die Gemeinschaftsordnung es zuläßt, ist die Anpassung der Verteilungsschlüssel an die mietrechtlichen Erfordernisse in der Praxis erstrebenswert. **12** **Verteilungsschlüssel und Nebenkostenabrechnung**

Die Mietgesetze schreiben keinen bestimmten Verteilungsschlüssel vor. Allgemein wird in Rechtsprechung und Literatur nur gefordert, daß der Verteilungsmaßstab gerecht sein muß (vgl. u.a. Sternel, II, Rdn. 68). Was sachgerecht ist, muß der Einzelfallentscheidung vorbehalten bleiben. In der Regel dürfte der Quadratmeterschlüssel die einzig praktikable Formel darstellen. Eine Verteilung nach Kopfzahl scheidet auch im Mietrecht überwiegend aus. In größeren Wohnanlagen kann sich der Verwalter sehr häufig keinen Überblick darüber verschaffen, wie viele Personen in den einzelnen Wohnungen wohnen. Die Fluktuation ist groß. Oft ist eine Person Mietvertragspartei und auch nur alleine behördlich angemeldet, während tatsächlich mehrere Personen die Wohnung nutzen. Der WEG-Verwalter hat hierauf keinen Einfluß und kennt auch meist weder den Inhalt des Mietvertrages noch die Mieter persönlich. Insbesondere ist er nicht in der Lage, die Richtigkeit des Personenzahlschlüssels bei größeren Objekten regelmäßig zu überwachen. **13**

14 Die Vermieter haben gegenüber den Mietern ein Bestimmungsrecht nach billigem Ermessen, soweit hinsichtlich des Verteilungsmaßstabs nichts im Mietvertrag vereinbart und der gewählte Maßstab nicht unbillig im Sinne der §§ 315, 316 BGB ist. Das Ermessen gewährt grundsätzlich die Wahlfreiheit zwischen mehreren Größen innerhalb des Ermessensrahmens und weist seine Entscheidung keine Ermessensfehler auf, so ist sie gemäß § 315 Abs. 3 Satz 1 BGB verbindlich. Auch das Gericht ist daran gebunden. Es darf sein eigenes Ermessen nicht an die Stelle des Vermieterermessens setzen (OLG Hamm WM 1983, 315 f., mit weiteren Nachweisen).

15
Abrechnung nach Miteigentumsanteilen

Die Abrechnung nach Miteigentumsanteilen ist mietrechtlich kaum brauchbar. Der Mieter kann sich in der Regel nichts unter dem Begriff „Miteigentumsanteil" vorstellen. Außerdem kann er sehr häufig die Berechnung der Miteigentumsanteile nicht nachvollziehen. Die leichte Nachvollziehbarkeit ist aber Voraussetzung für eine ordnungsgemäße Nebenkostenabrechnung. Bei Kapitalanlage-Modellen kommt das Problem hinzu, daß die Miteigentumsanteile ausschließlich nach dem Gesamtaufwand berechnet werden. Wer demzufolge eine teure Wohnung (bezogen auf Quadratmeter) erstellen läßt, die sich durch Sonderausstattungsmerkmale kennzeichnet, hat einen hohen Gesamtaufwand und schließlich auch einen hohen Miteigentumsanteil. Bei der Aufwandsabhängigkeit der Miteigentumsanteile entsprechen diese nicht mehr dem Quadratmeterverhältnis der Wohnfläche. Wohnfläche und Miteigentumsanteil können nicht mehr unbedingt in Relation zueinander gesetzt werden. Mietrechtlich kann eine Kostenverteilung nicht nach Ausstattungsmerkmalen bzw. Baukosten der Wohnung anerkannt werden.

16 Die meisten Gemeinschaftsordnungen sehen auch heute dennoch eine Verteilung der Kosten nach Miteigentumsanteilen vor. Diese Festlegung stellt für den Verwalter eine nahezu unüberwindbare Hürde dar, die dem Wunsch der Eigentümer nach einer mietrechtlich besseren Kostenverteilung entgegensteht. Da nach herrschender Rechtsprechung die Verteilungsschlüssel – wie oben dargestellt – nur unter engen Voraussetzungen abgeändert werden können, wird der Verwalter gegebenenfalls seine Abrechnung mit einem mietrechtlich untauglichen Verteilungsmaßstab erstellen müssen.

17
Abrechnung nach Quadratmeterschlüssel

Besteht ausnahmsweise die Möglichkeit, den Verteilungsschlüssel unter erleichterten Bedingungen zu bestimmen, dürfte der Quadratmeterschlüssel in der Regel zu empfehlen sein. Die Verteilung der verbrauchsabhängigen Kosten (Wasser, Entwässerung, Müllabfuhr etc.) nach dem Quadratmeterschlüssel ist auch nicht schlechthin unbillig. Diesem Schlüssel liegt die Erwägung zugrunde, daß die Wohnungsgrößen in der Regel in einem untereinander vergleichbaren Verhältnis zu der Anzahl der in den Wohnungen lebenden Personen stehen (OLG Hamm WM 1983, 315f.). Somit kann davon ausgegangen werden, daß die Wohnungseigentümer durch die Wahl des Quadratmeterschlüssels die Voraussetzungen für eine möglichst unproblematische Übertragung der Abrechnung nach dem Wohnungseigentumsgesetz auf die Nebenkostenabrechnung mit den Mietern schaffen.

3. Einzelne Probleme der Kostenverteilungsschlüssel

a) Der Verteilungsschlüssel nach der Heizkostenverordnung

18 Verhältnis der HeizkV zur Gemeinschaftsordnung

Der „Grundgesetzcharakter" der Gemeinschaftsordnung ist mit Einführung der Heizkostenverordnung (HeizkV) teilweise durchbrochen worden. Die Heizkostenverordnung ist grundsätzlich hinsichtlich der Verbrauchserfassung und der Heizkostenverteilung vorrangig gegenüber § 16 Abs. 2 WEG. Verfassungsrechtlich ist allerdings der Vorrang einer Verordnung vor dem höherrangigen Gesetz bedenklich (die Bedenken teilend: Schmid, BlGBW 1981, 105). Eindeutig ist jedoch der Vorrang in § 3 HeizkV formuliert, indem dort die Vorschriften dieser Verordnung auch auf das Wohnungseigentum ausgedehnt werden, und zwar unabhängig davon, ob durch Vereinbarung oder Beschluß der Wohnungseigentümer abweichende Bestimmungen über die Verteilung der Kosten der Versorgung mit Wärme und Warmwasser getroffen worden sind. Die Ermächtigung für einen derart weitgehenden Eingriff in das Wohnungseigentumsrecht ist durch § 5 Abs. 4 EnEG gegeben (Peruzzo, S. 11).

Nach § 3 Satz 2 HeizkV entscheiden die Wohnungseigentümer über die Anbringung und Auswahl der Ausstattung zur Verbrauchserfassung sowie über die Verteilungsschlüssel nach den §§ 6 bis 9b und 11 analog den Regelungen, die für die Verwaltung des gemeinschaftlichen Eigentums im Wohnungseigentumsgesetz enthalten oder durch Vereinbarung der Wohnungseigentümer getroffen worden sind. Aus diesem Wortlaut der Vorschrift folgt, daß der Verwalter eine Abrechnung der Heizkosten im Sinne dieser Verordnung nicht aus eigener Kompetenz vornehmen darf, sondern daß hierfür zunächst ein Beschluß der Wohnungseigentümer erforderlich ist (so auch BayObLG NJW-RR 1986, 1076f.). Andernfalls würden die Eigentümer ihres Selbstbestimmungsrechtes beraubt, insbesondere die Quoten der verbrauchsabhängigen Heizkostenanteile gem. § 7 HeizkV und der Warmwasseranteile gem. § 8 HeizkV festzulegen. Sieht die Gemeinschaftsordnung keine Regelung vor, so wird der Verwalter in Erfüllung einer ordnungsgemäßen Verwaltung die Einführung der verbrauchsabhängigen Heizkostenabrechnung unverzüglich zur Abstimmung stellen.

19 Unterläßt er dies, so ist fraglich, ob der einzelne Wohnungseigentümer die verbrauchsabhängige Abrechnung i. S. der Heizkostenverordnung verlangen kann. Nach einer Entscheidung des AG Kerpen (NJW-RR 1986, 241 f.) sei dies nicht generell zu bejahen, sondern bedürfe einer sorgfältigen Abwägung der Interessen aller Eigentümer im Einzelfall. Dazu gehöre auch eine vernünftige Kosten- und Nutzenanalyse, die Berechnung des Verhältnisses von Aufwand und Ersparnis sowie der jeweiligen Amortisationsmöglichkeiten. Auch wenn mit dieser Entscheidung die grundsätzlichen Zweifel zu teilen sind, ob das Verfahren der verbrauchsabhängigen Heizkostenabrechnung überhaupt sinnvoll und praktikabel ist, so sind die weiteren Entscheidungsgründe jedoch nicht akzeptabel. § 4 Abs. 1 HeizkV legt unmißverständlich die Pflicht der Wohnungseigentümer fest, den anteiligen Verbrauch an Wärme und Warmwasser zu erfassen. Hier ist den Wohnungseigentümern kein Ermessensspielraum überlassen worden. Demzufolge hat auch der einzelne Eigentümer einen Anspruch auf Einbau von Verbrauchserfassungsgeräten und verbrauchsabhängiger Abrechnung. Ein durch Mehrheitsbeschluß ausgesprochener Verzicht auf die Heizkostenverbrauchserfassung verstößt gegen §§ 1, 3, 4, 5 und 12 HeizkV und damit gegen die Grundsätze ordnungsgemäßer Verwaltung. Er ist daher anfechtbar (OLG Düsseldorf DWE 1989, 29).

Beschließen die Wohnungseigentümer einen Heizkostenverteilungsschlüssel, der nicht von den §§ 7 und 8 HeizkV gedeckt ist, so ist dennoch der Beschluß nicht nichtig, sondern nur nach § 23 Abs. 4 WEG anfechtbar (so auch BayObLG WM 1986, 27 f.). Andererseits enthält § 3 HeizkV keine Ermächtigung, den in einer Gemeinschaftsordnung festgelegten Heizkostenverteilungsschlüssel, der sich im Rahmen der §§ 7, 8 HeizkV hält, durch Mehrheitsbeschluß zu ändern (BayObLG WM 1989, 344; NJW-RR 1990, 1102).

20 Die §§ 7 und 8 der HeizkV sehen hinsichtlich der Kostenverteilung gewisse Bandbreiten vor. Danach sollen mindestens 50 %, höchstens jedoch 70 % der Kosten nach dem erfaßten Verbrauch der Nutzer und die übrigen Kosten nach der Wohn- oder Nutzfläche oder nach dem umbauten Raum verteilt werden. Die Bestimmung der Kostenverteilung innerhalb dieser Bandbreiten obliegt der Eigentümerversammlung. Da nach §§ 7 und 8 HeizkV neben dem verbrauchsabhängigen Teil auch die übrigen Kosten umgelegt werden müssen, haben die Wohnungseigentümer ebenfalls darüber zu entscheiden, ob hierfür die Wohn- oder Nutzfläche oder der umbaute Raum zugrunde zu legen ist; soweit die Gemeinschaftsordnung die Verteilung der Heizkosten nach Miteigentumsanteilen vorsieht, ist zu beachten, daß diese der Wohn- oder Nutzfläche entsprechen können, aber nicht – wie bereits dar-

gestellt – zwingend entsprechen müssen. Der Verwalter muß sich über die Gemeinschaftsordnung in diesem Punkt hinwegsetzen und die Abrechnung ausschließlich nach den Vorschriften der Heizkostenverordnung vornehmen, falls die Gemeinschaftsordnung hierzu im Widerspruch steht und sich die Begriffe Miteigentumsanteile und Wohn- oder Nutzfläche nicht decken. Zu dieser Abweichung von der Gemeinschaftsordnung bedarf es keines Beschlusses. Die §§ 7 und 8 HeizkV sind insoweit zwingend. Der Wohnflächenschlüssel sollte auch dann maßgebend sein, wenn im Haus unterschiedliche Raumhöhen bestehen (LG Hamburg WM 1987, 89f.).

21 Vereinbarungen über Verbrauchsanteile

Verwirrend stellt sich die Regelung in § 10 HeizkV dar, wonach rechtsgeschäftliche Bestimmungen, die höhere Verbrauchsanteile als 70% vorsehen, unberührt bleiben. Es erhebt sich die Frage, ob die Eigentümerversammlung auch außerhalb der §§ 7 und 8 HeizkV den Verbrauchsanteil festlegen darf. Die Worte „unberührt bleiben" sprechen dafür, daß hier nur Altvereinbarungen gemeint sind. Dies bedeutet, daß auch anderslautende Vereinbarungen in den Gemeinschaftsordnungen weiterhin Bestand haben und Verteilungsquoten über die 70%ige Bandbreite der §§ 7 und 8 HeizkV vorsehen dürfen (vgl. hierzu auch Jennißen, ZMR 1982, 228f.), wenn sie vor Inkrafttreten der Heizkostenverordnung zum 1.3. 1981 bereits bestanden.

22

Entgegen dem Wortlaut der Verordnung gilt gleiches jedoch auch für Vereinbarungen nach dem 1.3. 1981. Sinn und Zweck der Verordnung, durch verbrauchsabhängige Kostenerfassung Energieeinsparungen zu fördern, erfordern die unumstößliche Festsetzung der 50%-Marge als Untergrenze. Es soll den Eigentümern aber nicht verwehrt sein, einen höheren Prozentsatz als 70% auch in Zukunft zu beschließen (so die amtliche Begründung zu § 10 HeizkV, BR-Drucks. 632/80). Je größer der Verbrauchsanteil ist, je mehr wird das Verbraucherverhalten zur Energieeinsparung gelenkt. Ein Überschreiten der 70%-Grenze ist durch einstimmigen Eigentümerbeschluß zulässig (bestätigt durch OLG Düsseldorf NJW 1986, 386), während ein Unterschreiten der 50%-Grenze unstreitig unstatthaft ist. Ein Beschluß, der den Verbrauchsanteil unter 50% festlegt, ist aber nur nach § 23 Abs. 4 WEG anfechtbar und nicht nichtig (BayObLG WM 1986, 27f.). Zu berücksichtigen ist aber, daß Werte innerhalb der Bandbreite auch gegen den Willen der Nutzer (Mieter) kraft gesetzlicher Ermächtigung und Verpflichtung von den Wohnungseigentümern durchgesetzt werden können. Höhere Werte bedürfen hingegen der Zustimmung der Nutzer (Mieter) (Jennißen, ZMR 1982, 228, 229).

23
Änderung des Verteilungsschlüssels

§ 6 Abs. 4 HeizkV legt fest, daß der Gebäudeeigentümer den einmal gewählten Verteilungsschlüssel der §§ 7 bis 9 HeizkV nur einmalig für künftige Abrechnungszeiträume ändern kann. Auch Eigentümergemeinschaften können den Verteilungsschlüssel der Heizkosten nicht durch Mehrheitsbeschluß mehrfach ändern (KG NJW-RR 1988, 1167). Die Einmaligkeit der Änderung ist auch insoweit zwingend, §§ 3, 6 Abs. 3 HeizkV. Voraussetzung der Änderung ist, daß

- nicht mehr als drei Abrechnungszeiträume nach der erstmaligen Festlegung des Verteilungsschlüssels vergangen sind;
- eine Vorerfassung nach Nutzergruppen eingeführt wird, oder
- bauliche Maßnahmen zur Energieeinsparung durchgeführt wurden.

Die zeitliche Einschränkung des § 6 Abs. 4 Ziff. 1 HeizkV auf drei Abrechnungszeiträume wirkt wie eine faktische Ausschlußfrist, wonach eine Abänderung des verbrauchsabhängigen Kostenanteils durch Beschluß unzulässig wird. Auch wenn § 6 Abs. 4 HeizkV nur von dem eingeschränkten Wahlrecht des Gebäudeeigentümers gegenüber den Nutzern spricht, so gilt diese Vorschrift ebenso uneingeschränkt für das Wohnungseigentum. Dies folgt aus der begrifflichen Gegenüberstellung in § 1 Abs. 2 Ziff. 3 HeizkV, wo die Gemeinschaft der Wohnungseigentümer dem Gebäudeeigentümer und der einzelne Wohnungseigentümer dem Mieter gleichgestellt werden.
Welcher Verteilungsmaßstab letztendlich als gerecht anzusehen ist, kann nur für den Einzelfall beantwortet werden. Eine hundertprozentige Verteilung der Energiekosten nach Verbrauch dürfte in den meisten Fällen die individuellen Gegebenheiten der Gebäudestruktur genausowenig berücksichtigen wie die Tatsache, daß ein nicht unerheblicher Teil der Heiz- und Warmwasserkosten unabhängig von der individuellen Nutzung entsteht (so z. B. Wartungskosten). Die Aufteilung des Verbrauchs- und des Grundkostenanteils ist einheitlich für alle Wohnungseigentümer durchzuführen.

24
Einheitlichkeit der Heizkostenabrechnung

Es ist unzulässig, innerhalb einer Eigentümergemeinschaft unterschiedliche Abrechnungsmaßstäbe anzuwenden. § 6 Abs. 1 und § 7 Abs. 1 HeizkV begründen das Prinzip der einheitlichen **Heizkostenabrechnung** gegenüber allen Wohnungseigentümern einer Gemeinschaft (KG WM 1986, 29). Es ist auch sinnvoll, die Abrechnung einheitlich im Rechtsverhältnis der Eigentümer untereinander einerseits und zwischen dem Eigentümer und seinen Mietern andererseits vorzunehmen. Andernfalls müßte der Eigentümer bei unterschiedlichen Abrechnungsschlüsseln die Heizkostenabrechnung selbst erstellen, was aufgrund des komplizierten Verordnungssystems kaum realistisch sein dürfte (vgl. zur Problematik der HeizkV aus wohnungseigentumsrechtlicher Sicht auch Demmer, MDR 1981, 529 ff.).

b) Kostenverteilung bei teilgenutzten Gegenständen

25 Kriterium der tatsächlichen Nutzung

Ein besonderes Problem stellt die Kostenverteilung derjenigen Gegenstände dar, die nicht von allen Wohnungseigentümern benutzt werden. Bärmann will diese Kosten immer nach dem Maß der Nutzung verteilen, wenn die Sachen zur Nutzung in verschiedenem Grad bestimmt sind. Es sei festzustellen, ob die gemeinschaftlichen Sachen, deren Erhaltungskosten verteilt werden sollen, allen Eigentümern im Verhältnis des Wertes ihres Eigentums dienen. Wenn nicht, dann empfehle sich die Verteilung nach dem Maße der Nutzung (Bärmann/Pick, § 16 Rdn. 120). Der Auffassung Bärmanns kann meines Erachtens nur teilweise gefolgt werden. Sicher ist eine möglichst differenzierende Betrachtung begrüßenswert. Teilweise sind jedoch hierfür besondere Meßeinrichtungen erforderlich, die nur mit erhöhtem Aufwand installiert und abgerechnet werden können. Das Kriterium der tatsächlichen Nutzung ist im einzelnen auch wenig überprüfbar. Da nach § 16 Abs. 2 WEG grundsätzlich alle Wohnungseigentümer nach dem Verhältnis ihres Anteils an den Kosten zu beteiligen sind, kann dieser Grundsatz einseitig durch Erklärung des einzelnen Eigentümers, daß er bestimmte Gegenstände nicht nutze, nicht aufgegeben werden. Eine Abänderung ist nur durch Vereinbarung zwischen den Wohnungseigentümern möglich. Die Teilungserklärung kann als eine solche Vereinbarung anderslautende Regelungen enthalten. Regelt der Wortlaut nicht alle Einzelfälle, ist eine Auslegung möglich. Die Auslegung setzt eine Regelungslücke voraus. Eine solche besteht nicht, wenn die Teilungserklärung generell eine Kostenverteilung für alle Betriebskosten nach Miteigentumsanteilen vorsieht (BGH NJW 1984, 2576).

26 Aufzug

Einen häufigen Streitfall im Bereich der teilgenutzten Einrichtungen stellt der Aufzug dar. Die Kosten des Fahrstuhls in einem Haus einer Mehrhausanlage sind allgemein umlegbar (BGH NJW 1984, 2576). An dieser Auffasssung ändert sich auch dann nichts, wenn einzelne Eigentümer die Aufzugsanlage nicht benutzen, sei es, daß ihr Haus keinen Aufzug hat oder daß es sich um eine Parterrewohnung ohne Nutzungsrecht am Keller oder an Dachkammern handelt (OLG Düsseldorf DWE 1986, 28). Ein allgemeiner Grundsatz, wonach ein Wohnungseigentümer Kosten für solche Einrichtungen nicht zu tragen hat, die ihm persönlich keinen Nutzen bringen, besteht nicht (BGH a. a. O.; BayObLG WM 1992, 155). Auch läßt sich die Abgrenzung, wer den Aufzug letztendlich benutzt und wer nicht, nicht nachhaltig führen. Parterreeigentümer oder Eigentümer eines Nebenhauses von den Kosten freizustellen, würde in gleicher Konsequenz bedeuten, die Kosten je Etage zu staffeln (so zutreffend Bärmann/Seuß, S. 177). Dies widerspräche jedoch dem Grundgedanken des § 16 Abs. 2 WEG. Die Eigentümergemeinschaft stellt eine Solidargemeinschaft unter dem Grundsatz anteiliger Kostentragungslast dar. Von diesem Grundsatz ohne Erfordernis aus der Gemeinschaftsordnung abzuweichen, ist nur bei eklatanten Mißverhältnissen zulässig. Die Solidarhaftung aller Miteigentümer steht im Vordergrund.

c) Kostenverteilung bei Tiefgaragenplätzen

27 Bei fehlender Identität zwischen Wohnungs- und Tiefgarageneigentümern stellt sich die Sachlage im Ergebnis nicht anders dar. Bei der Verteilung der Gesamtkosten sind zwar die verminderten Anteile der Nur-Wohnungseigentümer zu berücksichtigen. Die Tiefgaragenkosten sollten möglichst separat ermittelt und – wenn dies die Gemeinschaftsordnung zuläßt – nur den Eigentümern der Tiefgarage in Rechnung gestellt werden. Dies bereitet zwar einen erhöhten Verwaltungsaufwand, den sich der Verwalter aber in Form einer gesonderten Vergütung je Einstellplatz vertraglich abdecken lassen kann. Andererseits kann es nicht mehr als gerechte Kostenverteilung angesehen werden, die oft hohen Instandhaltungs- und Wartungskosten der Tiefgarage auch den Nur-Wohnungseigentümern in Rechnung zu stellen. Die Nur-Wohnungseigentümer haben sich nicht am Bau der Tiefgarage beteiligt. Ihnen kann hieran weder ein Sondereigentums- noch Sondernutzungsrecht zufallen. Ihr Wohnungseigentum unterliegt mangels eines Garagenplatzes einem verminderten Nutz- und Mietwert. Dem entspricht eine verminderte Kostentragungslast. Dieses Ergebnis ist jedoch nicht zu erzielen, wenn die Gemeinschaftsordnung keine entsprechende Regelung vorsieht. Dann bleibt es bei dem allgemeinen Grundsatz, daß alle Gemeinschaftskosten nach Miteigentumsanteilen gem. § 16 Abs. 2 zu verteilen sind.

d) Die Verteilung von gerichtlichen Verfahrenskosten

28 § 16 Abs. 5 WEG stellt fest, daß Kosten eines Verfahrens nach § 43 nicht zu den Kosten der Verwaltung gehören. Hiervon scheint § 16 Abs. 4 WEG eine Ausnahme zu definieren, da dort „insbesondere Kosten eines Rechtsstreits gemäß § 18 und der Ersatz des Schadens im Falle des § 14 Nr. 4" zu Kosten der Verwaltung erklärt werden.

Die Klarstellung in § 16 Abs. 4 ist insoweit erforderlich, als § 43 WEG auch das **Entziehungsverfahren** nach § 18 mit umfaßt und ohne diese Ausnahmeregelung die Kosten eines solchen Verfahrens ebenfalls nicht zu den Verwaltungskosten gehören würden.

§ 16 Abs. 5 WEG bewirkt nun, daß die Kosten eines Rechtsstreits nach § 47 WEG von den Streitparteien zu tragen sind und nicht auf die Gemeinschaft schlechthin verteilt werden dürfen. Das BayObLG (WE 1987, 125f.; WM 1991, 443, 444; WE 1992, 174) stellt jedoch fest, daß diese Verfahrenskosten auch nicht in die Jahresabrechnung einzustellen sind. Über diese Kosten sei vielmehr gesondert abzurechnen.
Durch diese Entscheidung wird unnötig ein Scheinproblem aufgebaut. Zuzugeben ist, daß die Kosten eines Rechtsstreits nach § 43 WEG nur auf die Streitparteien und nur im Verhältnis der richterlichen Entscheidung verteilt werden dürfen. Ist beispielsweise Antragsteller nur ein Wohnungseigentümer und sieht die richterliche Entscheidung vor, daß die Antragsgegner die Verfahrenskosten zu tragen haben, so kann der Verwalter in der Jahresabrechnung nicht Verfahrenskosten auch dem obsiegenden Antragsteller anteilig in Rechnung stellen. Andernfalls würde er die Gerichtsentscheidung umgehen. An dieser Feststellung könnten ohne die Regelung in § 16 Abs. 5 gewisse Zweifel bestehen, da § 16 Abs. 2 grundsätzlich alle Kosten, die mit dem gemeinschaftlichen Eigentum verbunden sind, der anteiligen Kostentragung zuweist. Daß nun diese Kosten überhaupt nicht in die Jahresabrechnung aufgenommen werden dürfen, ist aber nicht zwingend. Dieses Problem läßt sich hinreichend über die Verteilungsschlüssel lösen. Der Verwalter darf eben nur einen **Verteilungsschlüssel** analog der richterlichen Entscheidung wählen.

29
Kostenverteilung und richterliche Entscheidung

Dürften die Kosten jedoch überhaupt nicht mehr in der Jahresabrechnung erscheinen, so müßte der Verwalter diese Kosten stets durch Sonderumlagen erheben – eine m. E. unnütze Förmelei –. § 16 Abs. 5 stellt in keiner Weise die Forderung auf, daß diese Verfahrenskosten nicht im Rahmen der Jahresabrechnung abgerechnet werden dürften. Er stellt lediglich klar, daß Kosten eines Verfahrens nach § 43 WEG nicht nach § 16 Abs. 2 WEG auf alle Wohnungseigentümer nach dem Verhältnis ihrer Miteigentumsanteile aufgeteilt werden dürfen, sondern daß für die Tragung der Verfahrenskosten allein die gerichtliche Kostenentscheidung maßgeblich sein soll. Aufgrund dieser Auslegung des § 16 Abs. 5 WEG hat nunmehr auch das BayObLG in zwei neueren Entscheidungen (BayObLGZ 1992, 210; BayObLG DWE 1994, 29, 30) in Abweichung von seiner bisherigen Rechtsprechung dargelegt, daß die Kosten eines Wohnungseigentumsverfahrens nach § 43 WEG in die Jahresgesamtabrechnung eingestellt werden müssen, wenn der Verwalter die dafür erforderlichen Geldmittel dem gemeinschaftlichen Konto entnommen hat. Diese Auffassung führt auch in der Praxis zu sachgerechteren Ergebnissen. So stellt Deckert mit Recht die Frage, wie der Verwalter gerade in Großgemeinschaften notwendige Vorschußko-

sten in der gesetzten Zeit per Rundschreiben anfordern oder bis zum Eingang aller Beträge auf eigenes Risiko vorfinanzieren soll (Deckert, WE 1987, 102ff.). Nach der hier vertretenen Auffassung genügt es demnach, wenn der Verwalter die in der Jahresrechnung eingestellten Prozeßkosten hinreichend erkennbar – entsprechend der gerichtlichen Entscheidung – zur Verteilung bringt. Ein Hinweis in einem etwaigen Erläuterungsbericht ist sinnvoll. Als Verteilungsschlüssel für die Kosten der Rechtsverfolgung kommt das Kopfprinzip in Betracht, sofern es sich um Kosten der Rechtsverfolgung im Sinne des § 16 Abs. 5 WEG handelt, da diese nach dem Wortlaut des Gesetzes nicht zu den Kosten der Verwaltung im Sinne des § 16 Abs. 2 WEG gehören. Deckert (WE 1987, 102ff.) zieht diesen Schluß auch aus einer analogen Anwendung von § 100 Abs. 1 ZPO.
Unproblematisch sind hingegen die Kosten eines Rechtsstreits zu behandeln, die der Verwalter nach entsprechender Ermächtigung mit Handwerkern, Lieferanten oder sonstigen Dritten im Namen der Gemeinschaft führt. Diese Ausgaben sind Kosten der Gemeinschaft und nicht von § 16 Abs. 5 WEG erfaßt. Sie können unstreitig Bestandteil der Jahresabrechnung sein und anteilig umgelegt werden.

e) Differenzierung zwischen Wohnungen und Gewerbeflächen

30 Sind in einer Eigentumsanlage neben Wohnungen auch Gewerbeflächen vorhanden, so können sich ebenfalls **Kostenverteilungsprobleme** ergeben. Insbesondere durch erhöhte Müllabfuhr-, Wasser- oder Reinigungskosten, die durch die Gewerbeeinheiten verursacht werden, können Probleme bei der Ermittlung eines sachgerechten Verteilungsschlüssels entstehen. Sind entsprechende Meßvorrichtungen zur Erfassung des außergewöhnlichen Verbrauchs vorhanden (vgl. zur mietrechtlichen Behandlung des Problems auch AG Hamburg, WM 1982, 162), so reduziert sich das Problem. Ohne besondere Meßeinrichtung kann der „erhöhte Gemeingebrauch" nur geschätzt und auf der Basis dieser Schätzung verteilt werden. Es ist grundsätzlich Sache der Gemeinschaftsordnung, die Verteilungsquote verbindlich festzulegen. Andernfalls bedarf die Einführung eines differenzierenden Verteilungsschlüssels eines einstimmigen Beschlusses. Wird die gewerbliche Nutzung hingegen erst nachträglich eingeführt, so ist zu berücksichtigen, daß diese Nutzungsänderung ebenfalls nur einstimmig genehmigt werden kann. Dann aber haben es die übrigen Eigentümer in der Hand, die Genehmigung von der Zustimmung zu einer Veränderung des Verteilungsschlüssels bei den Kosten abhängig zu machen, die durch die gewerbliche Nutzung eine Erhöhung nach sich ziehen (vgl. auch zu dieser Problematik: Schmid, BlGBW 1980, 203, 205). Dies darf jedoch

nicht willkürlich gefordert werden. Schmid weist zu Recht darauf hin, daß dort, wo durch eine gewerbliche Nutzung starker Publikumsverkehr und daraus resultierend eine größere Verschmutzung oder höhere Aufzugskosten entstehen, ein erhöhter Kostenbeitrag des betreffenden Eigentümers sachgerecht ist (Schmid, ebenda). In diesem Fall bietet sich eine angemessene Pauschalierung des Kostenanteils für erhöhte Instandhaltungsmaßnahmen an.
Wenn in einer Gemeinschaftsordnung die Nutzungsänderung von Wohn- und Gewerberaum möglich ist, ohne daß gleichzeitig für diesen Fall eine Änderung des Verteilungsschlüssels geregelt wird, kann die Änderung durch Mehrheitsbeschluß herbeigeführt werden (LG Bremen WM 1994, 396). Voraussetzung ist jedoch, daß die Abänderung der Billigkeit entspricht und nicht zu einer mutwilligen Mehrbelastung der Teileigentümer führt.

f) Sonstige Einzelfälle

Soweit sich in Wohnungseigentumsanlagen Schwimmbäder oder Saunen im Gemeinschaftseigentum befinden, wird die Frage diskutiert, ob solche Miteigentümer, die das Bad nicht benutzen, einen Anspruch darauf haben, von den anteiligen Lasten und Kosten befreit zu werden. Im Grunde kann hier nichts anderes gelten, als zur Aufzugsproblematik dargelegt wurde. Soweit die Einrichtung für die Miteigentümer objektiv benutzbar ist, müssen diese sich an der Kostenlast beteiligen, unabhängig von der Häufigkeit der Nutzung oder dem Bestehen subjektiver Hindernisse (z.B. Krankheit), das Schwimmbad oder die Sauna je benutzen zu können (so auch Korff, DWE 1980, 82, 83). **31 Schwimmbäder**

Anders ist die Situation zu beurteilen, wo gemeinschaftliche Einrichtungen zum entgeltlichen Gebrauch überlassen werden können. Dies kommt bei Luxuseinrichtungen in Betracht (Waschmaschinen, Saunen, Partyräume). Diese Gebrauchsgegenstände bzw. Sondereinrichtungen können mit **Münzzählern** versehen werden, so daß die Nutzung von der Zahlung des jeweiligen Eigentümers abhängig gemacht werden kann. Zu bedenken ist aber, daß die Anschaffungskosten ebenso wie etwaige Fehlbeträge aus der laufenden Nutzung von der Gemeinschaft nach dem allgemeinen Verteilungsschlüssel zu tragen sind. **32 Münzzähler**

Einer Kostenverteilung nach dem Grad der Nutzung will auch die gelegentlich anzutreffende Regelung einer **Umzugspauschale** gerecht werden. Diese stellt einen pauschalierten Instandhaltungsbeitrag dar, der bei Wechsel des Wohnungsnutzers ausgelöst wird. Sie soll den Umstand berücksichtigen, daß Schäden am gemeinschaftlichen Eigentum durch Umzüge häufiger verursacht werden, ohne daß der Schädiger kon- **33 Umzugspauschale** kret ausfindig gemacht werden kann. Vorteil dieser Regelung ist die Befreiung von Beweisschwierigkeiten und die Ermöglichung einer schnellen Schadensbeseitigung. Von erheblichem Nachteil ist aber die Tatsache, daß hier eine verschuldensunabhängige Haftung begründet wird. Bei Vermietung des Wohnraums an sogenannte gewerbliche **Zwischenmieter** ist auch zu berücksichtigen, daß der Eigentümer von einem Wechsel des Untermieters kaum Kenntnis erhält und diesen Wechsel weder verursacht hat noch sonst wirtschaftlich an ihm partizipiert. Er haftet für einen Umstand, der außerhalb seiner Vertragsbeziehungen liegt. Nicht zuletzt wegen dieser Bedenken kann die Einführung einer sogenannten Umzugspauschale nur einstimmig erfolgen, es sei denn, die Gemeinschaftsordnung läßt eine Änderung des Verteilungsschlüssels mit Stimmenmehrheit zu (AG Wennigsen WM 1985, 355 f.).

34 **Verwaltungskosten** Häufig sehen Gemeinschaftsordnungen die Verteilung der Verwaltungskosten nach Wohnungseinheiten bzw. Einstellplätzen vor. Dann wird jede Einheit unabhängig von ihrer Größe mit der gleichen Verwaltungsgebühr belastet. Dies scheint auch i.d.R. sachgerecht zu sein, da der Verwaltungsaufwand für jede Wohnungseinheit gleichermaßen anfallen dürfte.

35 **Hausmeisterkosten** Gleiches wird gelegentlich ebenfalls bei den Hausmeisterkosten gefordert. Auch wenn die Gemeinschaftsordnung eine solche Kostenverteilung im Einzelfall zulassen sollte, stellt sie sich nicht als sachgerecht dar. Der Hausmeister betreut technisch das Gemeinschaftseigentum, an dem der einzelne Wohnungseigentümer entsprechend seiner Miteigentumsanteile beteiligt ist. Die Tätigkeit des Hausmeisters ist von der Größe der Anlage abhängig. An die Größe (Miteigentumsanteil) sollte daher auch die Kostentragung gebunden sein.

36 Demgegenüber übt der Verwalter Aufgaben aus (z.B. im Bereich Eigentümerversammlung, Jahresabrechnung, Wirtschaftsplan), deren Arbeitsumfang in erster Linie nicht von der Größe der Anlage bestimmt wird. Die Höhe der Hausmeister- und Verwaltungskosten wird somit durch unterschiedliche Faktoren bestimmt, was in unterschiedlichen Verteilungsschlüsseln ihren Niederschlag finden sollte.

37 Bei der Erfassung der Verteilungsschlüssel stellen die sogenannten Hobbyräume häufig ein weiteres Problem dar. Der Hobbyraum ist ein Raum, der nicht den Anforderungen des Bauordnungsrechts (vgl. u.a. § 61 Abs. 2 Satz 1 i.V.m. § 59 Abs. 1–4 Bauordnung Nordrhein-Westfalen) entspricht, weil er in seiner gesamten Tiefe unter der Erde liegt. Bei der Behandlung dieser Räume ist zu differenzieren: Ist in diesem Raum ein Heizkörper angeschlossen, so ist er zumindest in der Heizkostenabrechnung mit voller Fläche anzusetzen.

Werden die übrigen Kosten lt. Gemeinschaftsordnung nach Miteigentumsanteilen verteilt, so ergeben sich ebenfalls keine

Probleme. Erfolgt die Kostenverteilung allerdings nach Wohnflächenanteilen, so ist zu prüfen, ob der Hobbyraum mit seiner vollen oder nur mit seiner halben Nutzungsfläche anzusetzen ist. In entsprechender Anwendung der II. Berechnungsverordnung (II. BV) auf den Bereich des freifinanzierten Wohnungsbaus sind gemäß § 44 Abs. 1 Nr. 2 nur zur Hälfte zu berücksichtigen: „die Grundflächen von Räumen und Raumteilen mit einer lichten Höhe von mindestens 1 m und weniger als 2 m von nach allen Seiten geschlossenen Räumen". Danach ist der Hobbyraum mit seiner vollen Fläche anzusetzen bei Räumen mit normalen Außenfenstern und nur mit der halben Fläche bei Räumen mit kleinen (vergitterten) Kellerfenstern (vgl. auch zur mietrechtlichen Problematik dieser Frage: AG Solingen WM 1982, 164).

Beschließen die Wohnungseigentümer als Ersatz für eine re- **38**
paraturbedürftige **Gemeinschaftsantennenanlage** den Anschluß der Wohnanlage an das Breitbandkabelnetz, so sind die Umrüstungskosten wie auch die Anschluß- und laufenden Gebühren Kosten i. S. d. § 16 Abs. 2 WEG, die von den Wohnungseigentümern nach dem Verhältnis ihrer Miteigentumsanteile zu tragen sind, wenn nicht in der Gemeinschaftsordnung ein anderer Schlüssel festgelegt ist (OLG Celle WM 1987, 97 f.).

VI. Inhalt des Wirtschaftsplans

1. Grundlagen

Während des laufenden Geschäftsjahres ist vom Verwalter der **Wirtschaftsplan** zu erstellen und dieser der Eigentümerversammlung zur Beschlußfassung vorzulegen (Beispiel eines Wirtschaftsplanes in der Anlage III). Der Wirtschaftsplan stellt eine Art Haushaltsplan der Eigentümergemeinschaft dar (Bärmann/Pick, § 28 Rdn. 7). Nach § 28 Abs. 1 WEG hat der Wirtschaftsplan folgendes zu enthalten: 1 **Inhalt und Vorausberechenbarkeit**

- die voraussichtlichen Einnahmen und Ausgaben bei der Verwaltung des gemeinschaftlichen Eigentums;
- die anteilmäßige Verpflichtung der Wohnungseigentümer zur Lasten- und Kostentragung;
- die Beitragsleistung der Wohnungseigentümer zu der in § 21 Abs. 5 Nr. 4 WEG vorgesehenen Instandhaltungsrückstellung.

Da der Wirtschaftsplan eine vorausschauende Kostenkalkulation darstellt, sind ihm mehr oder weniger erhebliche Abweichungen von den tatsächlichen Werten immanent. Insbesondere wird der Verwalter kaum vorhersehen können, wie bei größeren Wohnanlagen die Verbrauchsgewohnheiten der Eigentümer bzw. Mieter sein werden. Der Verwalter braucht bei der Erstellung des Wirtschaftsplanes nicht zwischen verbrauchsabhängigen und verbrauchsunabhängigen Kosten zu differenzieren. Insbesondere ist der Leerstand einer Wohnung nicht zu berücksichtigen (AG Köln DWE 1989, 36). Die Heizkosten werden zudem durch die Beschaffenheit des Hauses und des Heizsystems erheblich beeinflußt. Die Öl- und Gaspreisentwicklung läßt sich nicht immer vorhersehen. Teilweise sind geplante Tarifänderungen der öffentlichen Versorgungsträger bei Erstellung des Wirtschaftsplans nicht bekannt. Ebensowenig sind stets alle Reparaturaufwendungen erkennbar. Auch andere Positionen sind nur schwer vorauszuberechnen. Die Höhe der Versicherungsprämien ist von Sondereinrichtungen wie Aufzug und Fußbodenheizung abhängig. Die zu kalkulierenden Stromkosten steigen durch den Betrieb eines Aufzugs oder von Hebebühnen in der Garage nicht unerheblich. Diese Besonderheiten sind gerade beim ersten Wirtschaftsplan eines Neubaus nur sehr schwierig zu kalkulieren. Die Genauigkeit des Wirtschaftsplans steht allerdings auch in unmittelbarem Zusammenhang mit den Berufserfahrungen des Verwalters. 2

3
Identität zwischen Jahresabrechnung und Wirtschaftsplan

Während der erste Wirtschaftsplan für einen Neubau mangels vorliegender Erfahrungswerte voller Spekulationen steckt, werden die folgenden auf dem jeweiligen Zahlenmaterial der letzten Jahresabrechnung aufbauen. Oft stellt so der Wirtschaftsplan lediglich eine Abschrift der Jahresabrechnung dar, eine Tatsache, die die Bedeutung des Wirtschaftsplans minimiert. Der Wirtschaftsplan unterscheidet sich in diesen Fällen der Kostenfortschreibung von der letzten Jahresabrechnung häufig nur in zwei Punkten:

- die Gesamtkostenbeträge werden ab- oder aufgerundet,
- die anteiligen Kosten des jeweiligen Eigentümers können unter Außerachtlassung von verbrauchsbezogenen Werten (z.B. bei den Heizkosten) generell nach Miteigentumsanteilen oder dem sonst in der Gemeinschaftsordnung vorgesehenen Verteilungsschlüssel kalkuliert werden.

M.E. ist beim Wirtschaftsplan eine anteilmäßige Zurechnung der Einzelkosten nicht erforderlich. Ausreichend ist lediglich die Darstellung des Anteils des jeweiligen Eigentümers an der Gesamtkostensumme. Diese Auffassung findet auch keinen Widerspruch im Wortlaut des § 28 Abs. 1 Ziff. 2, da dort nur der Anteil des Eigentümers an den Gesamtkosten gemeint ist. Die nach § 28 Abs. 1 Ziff. 1 vorzunehmende Darstellung der voraussichtlichen Einnahmen und Ausgaben kann wie folgt erfolgen:

kalkulierte Gesamtkosten
./. Sondereinnahmen (z.B. aus der Vermietung gemeinschaftlichen Eigentums oder Münzzählern von Waschmaschinen)
Zwischensumme = zu erhebende Wohngeldsumme

Liegen keine Sondereinnahmen vor, entsprechen die Gesamtkosten den gesamten Wohngeldforderungen, da die angesetzten Wohngeldforderungen immer zu einer Kostendeckung führen müssen. Andernfalls legt der Verwalter einen fehlerhaften Wirtschaftsplan vor, der gegen die Grundsätze ordnungsgemäßer Verwaltung verstößt.

4 Soll in der nächsten **Eigentümerversammlung** auch über größere Instandhaltungsmaßnahmen beschlossen werden, hängt die Aufstellung des Wirtschaftsplans vom Fingerspitzengefühl des Verwalters ab. Dies gilt insbesondere dann, wenn die Maßnahmen umstritten sind und sich verschiedene Lösungsmöglichkeiten mit unterschiedlichem finanziellen Einsatz anbieten. Dann wird gerade bei größeren Gemeinschaften der Verwalter das Beschlußergebnis nicht vorhersehen können. Sicherlich entbindet ihn diese Unsicherheit nicht von der Erstellung eines Wirtschaftsplans (so auch LG Wuppertal, Beschluß vom 16.3. 1988, 6 T 168/88). Das Problem dürfte sich praktikabel

dadurch lösen lassen, daß der Verwalter diese eventuellen **Instandhaltungsmaßnahmen** zunächst nicht in den Wirtschaftsplan mit einkalkuliert. Die Finanzierung dieser Instandhaltungsmaßnahmen sollte dann bei positiver Beschlußfassung durch Erhebung einer Sonderumlage sichergestellt werden. Die Tagesordnung der Eigentümerversammlung muß eine solche Beschlußfassung allerdings vorsehen, damit die Sonderumlage wirksam erhoben werden kann.

2. Kostenkalkulation

5 Kostenaufteilung nach Umlagefähigkeit

Der Wirtschaftsplan ist die Grundlage für die Bemessung der nach § 28 Abs. 1 Satz 2 Nr. 2, Abs. 2 WEG zu zahlenden Wohngeldvorschüsse. Der Wirtschaftsplan sollte eine großzügige Vorausschätzung enthalten (OLG Hamm OLGZ 1971, 96, 104). Eine zu geringe Vorausschätzung könnte die Liquidität der Eigentümergemeinschaft im laufenden Wirtschaftsjahr gefährden.

5a Ausgangskalkulation

Ebensowenig sinnvoll ist es, Ausgaben in den Wirtschaftsplan aufzunehmen, die voraussichtlich nicht eintreten werden (so auch OLG Hamm, OLGZ 1971, 97, 104). Ob Forderungen (Außenstände) in den Wirtschaftsplan aufzunehmen sind, hängt davon ab, ob damit zu rechnen ist, daß sie eingezogen werden können (BayObLG DWE 1987, 59).

In der Praxis wird vielfach nach der Faustregel vorgegangen, daß im ersten Wirtschaftsplan für die Kostengruppe „Umlagefähige Kosten" 3,00 DM je Quadratmeter Wohnfläche und Monat und für die Kostengruppe „Nicht umlagefähige Kosten" 1,00 DM je Quadratmeter und Wohnfläche kalkuliert werden. Die Kostenaufteilung könnte dann beispielsweise wie folgt aussehen:

Umlagefähige Kosten:	**je Quadratmeter**
Wasserversorgung	0,15 DM
Kanal	0,08 DM
Heizung	1,60 DM
(in der Praxis schwanken die Heizkosten zwischen 1,00 DM und 2,50 DM je Quadratmeter)	
Fahrstuhl	0,20 DM
Müllabfuhr und Straßenreinigung	0,12 DM
Treppenreinigung	0,10 DM
Garten	0,15 DM
Hausmeister	0,20 DM
Versicherung	0,27 DM
Schornsteinfeger	0,01 DM
Gemeinschaftsantenne	0,02 DM
Gemeinschaftsstrom	0,10 DM
Summe	3,00 DM

Nicht umlagefähige Kosten:	**je Quadratmeter**
Verwaltergebühr incl. Mehrwertsteuer	0,45 DM
Kosten des Geldverkehrs und der Eigentümerversammlung	0,05 DM
Instandhaltungsbeiträge	0,50 DM
Summe	1,00 DM

6 Daß der Wirtschaftsplan eine bloße Kalkulation enthält und in keiner Weise die tatsächlich entstehenden Kosten exakt wiedergeben muß, ist eine banale Tatsache, die leider oft von den Eigentümern mißverstanden wird. Ein entsprechender Hinweis des Verwalters in der Eigentümerversammlung bzw. ein Vermerk im Protokoll ist hier meist sachdienlich. Genauso erübrigt sich sehr häufig nicht der Hinweis, daß die Wohngeldzahlungen nur als Vorauszahlungen auf die zu erstellende Jahresabrechnung anzusehen sind.

6a Wechselnde Wohngeldbeträge

Die kalkulierten Jahreskosten sollten gleichmäßig auf die Monate verteilt werden. Es ist sachlich jedoch nicht zu beanstanden, wenn der Verwalter die monatlichen Wohngeldbeträge unterschiedlich hoch festsetzt, um die Einnahmen besser den tatsächlichen Ausgabenabschlüssen anpassen zu können. Das Landgericht Frankfurt zieht in einer Entscheidung (DWE 1992, 85) dort eine Zulässigkeitsgrenze, wo dies monatlich wechselnde Wohngeldbeträge mit zum Teil nur geringfügigen Unterschieden zur Folge hat. Es entspricht nicht den Grundsätzen einer ordnungsgemäßen Verwaltung, die Eigentümer unverhältnismäßig mit dieser Art der Wohngelderhebung zu belasten. Nur wenn durch die unterschiedliche Festsetzung der einzelnen Wohngeldbeträge je Monat Liquiditätsengpässe oder gar eine Kreditaufnahme verhindert werden, ist diese Form des Wirtschaftsplans zulässig.

7 Startgeld

Neue Eigentümergemeinschaften werden unmittelbar nach Bezugsfertigkeit mit erheblichen Ausgaben belastet. So sind bereits im voraus die Versicherungsprämien zu zahlen, obschon der Verwalter bis zum Zahlungstag in der Regel keine oder erst wenige Wohngeldraten vereinnahmt hat. Ebenso wird der Hausmeister zu Anfang mit einer Grundausrüstung auszustatten sein, die auch größere Positionen wie Staubsauger, Rasenmäher, Werkzeugkasten etc. enthalten kann. Während der Wirtschaftsplan die jährlich anfallenden Kosten gleichmäßig über 12 Monate verteilt, fallen die Ausgaben beim Verwalter gerade zu Anfang in starkem Umfange an. Um hier die Zahlungsfähigkeit sicherzustellen, fordert Röll mit Recht, daß zur Deckung des bei Bezugsfertigkeit der Wohnungsanlage einmalig auftretenden besonderen Geldbedarfs der Verwalter ein Startgeld anfordern sollte (Röll, Handbuch, Anm. 2.4.1). Dieses Startgeld könnte beispielsweise in der Erhebung einer 13. Monatsrate für das 1. Kalenderjahr gesehen werden, wobei diese zusätzliche Rate in den Anfangsmonaten abgefordert wird.

3. Abweichen vom Wirtschaftsplan

a) Bindung des Verwalters

8 Umfang der Vollmacht des Verwalters

Der Wirtschaftsplan bestimmt den wirtschaftlichen Handlungsspielraum des Verwalters. Dies bedeutet jedoch nicht, daß der Verwalter an die einzelnen Wertvorgaben streng gebunden ist. Verbrauchskosten (Wasser, Strom, Gas etc.) und öffentliche Gebühren können variieren, ohne daß der Verwalter hierauf Einfluß hat. Insoweit stellt der Wirtschaftsplan lediglich in seiner Summe den wirtschaftlichen Grenzwert dar.

Problematisch sind Kostenüberschreitungen, wenn sie im Bereich der **Instandhaltungskosten** anfallen. Die Befugnis, den Wirtschaftsplan zu überschreiten, ist mit der Frage untrennbar verbunden, ob die Auftragserteilung als solche als ordnungsgemäße Verwaltung anzusehen oder ob ein Beschluß der Eigentümerversammlung erforderlich ist. Der Verwalter ist zu solchen Abweichungen legitimiert, die auch jeder einzelne Wohnungseigentümer ohne Zustimmung der anderen treffen könnte, § 21 Abs. 2 WEG. Dabei handelt es sich um Notmaßnahmen, die keinen zeitlichen Aufschub dulden und zur Erhaltung des Objektes in seiner Substanz und seinem wirtschaftlichen Wert unbedingt notwendig sind.

b) Kreditaufnahme

9

Zwangsläufig drängt sich die Frage auf, inwieweit der Verwalter Kreditmittel aufnehmen darf, wenn die im Wirtschaftsplan kalkulierten Beträge unvorhergesehen nicht ausreichen. Dies kann nicht nur auf der Kostenseite sondern auch durch Ausfälle bei den Wohngeldeinnahmen verursacht sein. Die Begleichung von größeren Öl- oder Gasrechnungen, Versicherungszahlungen am Anfang des Jahres oder Jahreszahlungen bei den öffentlichen Gebühren können zu vorübergehenden Liquiditätsengpässen führen. Hierdurch bedingte kurzfristige Kontoüberziehungen sind als Ausfluß ordnungsgemäßer Verwaltung anzusehen, wenn abzusehen ist, daß die Kreditmittel beispielsweise in ein oder zwei Monaten zurückgeführt sein werden.

10 Legitimation des Verwalters

Tritt die Kontoüberziehung als Folge fehlender Wohngeldzahlungen ein, ist der Verwalter entgegen der bisher an dieser Stelle in der Vorauflage vertretenen Auffassung nicht ohne einen ihn hierzu legitimierenden Beschluß berechtigt, einen Kredit aufzunehmen oder das Verwaltungskonto zu überziehen. Den Bankverbindlichkeiten stehen dann zwar Wohngeldforderungen gegenüber, die der **Verwalter** unter Ansatz der

anfallenden Kreditzinsen bei den säumigen Eigentümern beitreiben wird. Wird dies erfolgreich durchgeführt, entsteht der Gemeinschaft kein Schaden. Da dieser Weg aber die Unsicherheit enthält, ob und wann die fehlenden Wohngeldbeträge beigetrieben werden können, ist für eine solche Handlung des Verwalters ein legitimierender Beschluß erforderlich. Dieser kann mit einfacher Stimmenmehrheit getroffen werden. Nach einer Entscheidung des OLG Hamm entspricht ein solcher Beschluß nur dann den Grenzen ordnungsgemäßer Verwaltung, wenn die Kreditaufnahme auf die Fälle vorübergehender, dringend notwendiger und nicht anders ausgleichbarer Überziehung des Gemeinschaftskontos beschränkt und der Kreditrahmen der Höhe nach auf die Summe der Wohngeldzahlungen aller Wohnungseigentümer von drei Monaten eingeengt wird (OLG Hamm WE 1992, 136). Werden diese Kriterien überschritten, ist ein einstimmiger Beschluß erforderlich.
Zur Aufnahme längerfristiger Kredite größeren Umfangs, insbesondere zur Durchführung von Instandhaltungsmaßnahmen, ist der Verwalter ebenfalls nicht legitimiert. Begründet wird das mit den schutzwürdigen Interessen der Wohnungseigentümer, die aufgrund der gesamtschuldnerischen Haftung einem nicht zumutbaren Risiko ausgesetzt wären (Erlebach, PiG 27, 89f.). Der Verwalter muß über solch umfangreiche Instandhaltungsmaßnahmen, die in Abweichung vom **Wirtschaftsplan** durchgeführt werden sollen, einen Beschluß über das „Ob" der Maßnahme und über die Art der Finanzierung herbeiführen.
Nach Brych ist eine Einstimmigkeit in der Beschlußfassung über die Finanzierungsart nicht erforderlich, da nach § 27 Abs. 2 Nr. 1 WEG der Verwalter berechtigt ist, Tilgungsbeträge und Hypothekenzinsen anzufordern, in Empfang zu nehmen und abzuführen, soweit es sich um gemeinschaftliche Angelegenheiten der Wohnungseigentümer handelt (Brych, NJW 1988, 1068f.). Dieser Auffassung kann nicht zugestimmt werden. Zunächst folgt aus § 27 Abs. 2 Nr. 1 WEG – wie Brych auch selbst an gleicher Stelle darlegt – nur der Rückschluß, daß das Gesetz die Möglichkeit der gemeinschaftlichen Aufnahme von Darlehen sieht, ohne jedoch die Stimmverhältnisse für einen solchen Beschluß festzulegen. Zu dieser Frage schweigt das Gesetz. Die Risiken, die aus einer gesamtschuldnerischen Haftung für den einzelnen Eigentümer entstehen, erzwingen die Einstimmigkeit des Beschlusses. Niemand sollte gegen seinen Willen zur Haftung für fremde Schulden gezwungen werden können, wenn die Kreditaufnahme nicht dringend notwendig, kurzfristig und der Höhe nach auf max. drei Wohngeldbeträge aller Eigentümer beschränkt ist.

11
Finanzierung von Instandhaltungsarbeiten

Bei vorzunehmenden Instandhaltungsarbeiten sollten Wirtschaftsplan und Sonderumlage als Finanzierungsmittel ausreichen, die, von Notmaßnahmen abgesehen, dem Verwalter hinreichende Möglichkeiten eröffnen. Das Ergebnis der Einstimmigkeit behindert auch die Gemeinschaft nicht unzumutbar, da der einzelne Eigentümer nicht daran gehindert ist, den auf ihn entfallenden Anteil einer etwaigen Sonderumlage selbst bei seiner Hausbank finanzieren zu lassen. Demgegenüber dürfen Notmaßnahmen konsequenterweise auch im Rahmen einer **Kreditaufnahme** zu Lasten der Eigentümergemeinschaft finanziert werden. Der **Verwalter** ist aber in diesen Fällen gehalten, bei der nächsten Eigentümerversammlung die Ablösung der Kreditmittel durch Erhebung einer Sonderumlage beschließen zu lassen, um in diesen Notfällen nachträglich die Finanzierung zu sichern.

VII. Inhalt der Jahresabrechnung

1. Grundlagen

1 **Inhaltsanforderungen**

Gem. § 28 Abs. 3 WEG hat der Verwalter nach Ablauf des Kalenderjahres eine Abrechnung aufzustellen. Ein Beispiel für eine Jahresabrechnung ist in der Anlage IV dargestellt. Die maßgeblichen Anforderungen an eine Jahresabrechnung können wie folgt gegliedert werden:

1. Zwingende Inhaltsanforderungen:
   Gesamtkosten
   Einzelkosten
   Gesamteinnahmen
   Einzeleinnahmen
   Verteilungsschlüssel je Ausgabenposition
   Entwicklung des Bankkontos
   Entwicklung des Rücklagenkontos
2. Noch abdingbare Anforderungen:
   Differenzierung zwischen umlage- und nichtumlagefähigen Kosten
   Führung eines Soll/Ist-Vergleichs zwischen Wirtschaftsplan und Jahresabrechnung
   Bildung von Abgrenzungspositionen
   Erläuterung von außerordentlichen Positionen und der Grundlagen der Abrechnung

2 Wie diese Abrechnung im einzelnen zu gestalten ist, regelt das Gesetz nicht. Somit waren die Gerichte gefordert, die Grundsätze ordnungsgemäßer Verwalterabrechnungen zu konkretisieren.

Im einzelnen wurde entschieden, daß die Abrechnung übersichtlich, verständlich und nachprüfbar sein muß (OLG Hamm Rpfl. 1975, 255; KG DWE 1986, 27). Die Gliederung der Jahresabrechnung soll nach Möglichkeit der des Wirtschaftsplans entsprechen (Weitnauer, 28 Rdn. 11). In der Jahresabrechnung sind die Einnahmen und Ausgaben gegenüberzustellen (KG Berlin DWE 1992, 81). Hierbei handelt es sich um eine an die Jahresabrechnung zu stellende Mindestanforderung, aber nicht um eine Verpflichtung zur Wahl einer bestimmten Art der Abrechnung. Auch die Aufnahme der zum Zeitpunkt der Abrechnung offenen Verbindlichkeiten einer Wohnungseigentümergemeinschaft in die Jahresabrechnung ist nicht zu beanstanden (LG Berlin DWE 1992, 83). Erstellt der Verwalter also eine am Prinzip der Bilanzierung ausgerichtete Abrechnung, so kann diese gerechter und sicherer sein, als die nur am Zeitpunkt tatsächlicher Einnahmen und Ausgaben orientierte Abrechnung. Weigert sich aber ein Verwalter hartnäckig, Jahresabrechnungen entsprechend den gesetzlichen Vorschriften in der Auslegung durch die hierzu berufenen Gerichte vorzunehmen, so kann er sich hierdurch als ungeeignet erweisen (BayObLG WE 1993, 276).

Die Jahresabrechnung ist einmal als Gesamtabrechnung, zum anderen als Einzelabrechnung zu erstellen. Inhalt der jährlichen Gesamtabrechnung ist eine Zusammenstellung aller Einnahmen und Ausgaben der Wohnungseigentümergemeinschaft, während die Einzelabrechnung den Anteil des einzelnen Wohnungseigentümers an den Gesamtkosten und Einnahmen enthält. Einzel- und Gesamtabrechnung können jedoch in einem zusammengefaßt werden.

3
Sondereigentum

Tätigt der Verwalter Ausgaben, die nicht die Verwaltung des gemeinschaftlichen Eigentums, sondern Sondereigentum betreffen, gehören diese zwar in die Jahresabrechnung, sind aber in den Einzelabrechnungen nur auf diejenigen Wohnungseigentümer umzulegen, deren Sondereigentum betroffen ist.

Dies gilt auch für Ausgaben des Verwalters zu Lasten des Gemeinschaftskontos zur Deckung der Kosten eines gerichtlichen Verfahrens. Sie gehören ebenfalls als tatsächlich getätigte Ausgaben in die Jahresabrechnung, sind allerdings in den Einzelabrechnungen bei schon ergangener gerichtlicher Kostenentscheidung nur auf die betroffenen Wohnungseigentümer umzulegen (KG Berlin DWE 1992, 81).

Das Ergebnis der Jahresabrechnung ist der Ausweis der Gesamt- bzw. Einzelforderungen oder -verbindlichkeiten.

Häufig wird in der Praxis die Angabe der gesamten Wohngeldeinnahmen unterlassen. Das OLG Frankfurt weist jedoch darauf hin, daß es nicht ausreicht, wenn nur die einzelne Vorauszahlung des jeweiligen Eigentümers aufgeführt wird (OLG Frankfurt OLGZ 1984, 333). Der Gesamtbetrag der gezahlten Wohngeldvorschüsse stellt die wesentliche Einnahme der Gemeinschaft dar, und seine Angabe ist daher unerläßlich, um einen Überschuß oder Fehlbetrag feststellen zu können. Es kann für eine ordnungsgemäße Jahresabrechnung auch nicht ausreichend sein, den Eigentümer hinsichtlich der Einnahmen auf den Wirtschaftsplan oder auf eine spätere Auskunft des Verwalters zu verweisen (a.A. OLG Köln Beschl. v. 21.1. 1991 –16 Wx 79/90–). Die Jahresabrechnung muß selbst alle notwendigen Informationen über den wirtschaftlichen Stand der Eigentümergemeinschaft geben. Eine bloße Errechenbarkeit, wie sie anhand von Soll, Rückstand und Überzahlung erläutert werden könnte, genügt nicht (OLG Frankfurt OLGZ 1984, 333; ebenso OLG Hamm Rpfl. 1975, 255; a.A. OLG Celle, Beschluß vom 30.1. 1983, 4 W 191/82, wonach die Aufstellung der Gesamteinnahmen nicht notwendiger Bestandteil der Jahresabrechnung ist). Bei den Gesamteinnahmen und -ausgaben sind die tatsächlich geleisteten Zahlungen anzugeben. Dies gilt ohne Rücksicht darauf, ob

sie zu Recht oder zu Unrecht getätigt worden sind (BayObLG 1993, 281).
Beschließt nun die Wohnungseigentümergemeinschaft, Salden aus der Jahresabrechnung auf neue Rechnung vorzutragen, so entspricht dies nicht ordnungsgemäßer Verwaltung. Gleiches gilt für den Fall der Beschlußfassung über eine Jahresabrechnung, die einen nachgetragenen Saldo enthält (LG Düsseldorf WM 1994, 399). Unzureichend ist die Angabe der Sollbeträge, wie sie nach dem Wirtschaftsplan geschuldet werden, um dann Fehlbeträge als Forderungen oder Verbindlichkeiten auszuweisen (so auch BayObLG WE 1989, 178).

4
Einzel-/Gesamtabrechnung

Die Jahresabrechnung kann in zwei Abrechnungsabschnitten, bestehend aus einer Gesamtabrechnung und den Einzelabrechnungen, vorgelegt werden. Übersichtlicher ist es jedoch, wenn beide Abrechnungsteile in einem Formular zusammengefaßt werden.
Nicht ausreichend ist es, wenn nur über die Gesamtabrechnung abgestimmt wird. Gesamt- und Einzelabrechnung müssen gemeinsam in der Eigentümerversammlung vorliegen und zur Beschlußfassung gestellt werden (BayObLGZ 1987, 86 ff. und WE 1989, 178). Wird über die Einzelabrechnung nicht abgestimmt, werden diese nicht verbindlich und etwaige Nachzahlungsbeträge nicht fällig (BayObLG WE 1989, 178). Es ist auch nicht akzeptabel, zunächst nur über die Gesamtabrechnung abzustimmen, um dann in einer späteren Versammlung die Einzelabrechnungen nachzuschieben und selbständig beschließen zu lassen (a. A. OLG Köln, Beschluß vom 21.1. 1991 –16 Wx 79/90–). Die Tragweite der Gesamtabrechnung vermag oft der einzelne Eigentümer nur zu übersehen, wenn er auch erfährt, wie hoch seine anteilige Belastung ist. Erst die ausgewiesenen Nachzahlungsbeträge fördern kritische Fragen der Eigentümer nach den Kostenursachen und deren Verhältnismäßigkeit. Ob die Gesamtkosten untypisch hoch in ihren einzelnen Werten liegen, vermag insbesondere der Neu-Eigentümer nur zu übersehen, wenn er seinen Kostenanteil erfährt. Würde die Gesamtabrechnung getrennt beschließbar sein, hätten die später zu beschließenden Einzelabrechnungen nur noch die richtige Anwendung der Verteilungsschlüssel zum Gegenstand. Der Einwand gegen die Kostenhöhe wäre nach Ablauf der Anfechtungsfrist (§ 23 Abs. 4 WEG) ausgeschlossen. Dieses Ergebnis befriedigt nicht, da der Einwand solange möglich sein muß, wie das einzelne **Abrechnungsergebnis** noch nicht fällig ist.
Die Kostenansätze in der Gesamt- und Einzelabrechnung müssen sich decken. Beträge, die nicht in der Gesamtabrechnung enthalten sind, können nicht Gegenstand der Einzelabrechnungen sein (BayObLG WM 1990, 616).

Neben der Entwicklung der Erfolgskonten erfordert die Jahresabrechnung auch eine Darstellung der Bestandskosten. Zur Anfertigung ordnungsmäßiger Jahresabrechnungen gehört es somit auch, den Stand des Kontos darzulegen, auf dem die Hausgeldzahlungen eingehen bzw. die Reparaturkostenrücklage angesammelt wird (OLG Hamm OLGZ 1975, 160). Teilweise wird sogar die Angabe der Vermögenswerte und Schulden gefordert (OLG Frankfurt WE 1986, 138). Zudem müssen die Zinserträge des Rücklagenkontos ausgewiesen werden (KG DWE 86, 27). Die Entwicklungsdarstellung dieser Bestandskonten ermöglicht im Zusammenhang mit dem Ausweis der Gesamtkosten und Gesamteinnahmen die rechnerische Nachprüfbarkeit der Jahresabrechnung und liefert einen ersten Hinweis dafür, daß die wirtschaftliche Betreuungstätigkeit des Verwalters ordnungsgemäß ist.
Die Jahresabrechnung muß bei jeder einzelnen Ausgabenposition den Verteilungsschlüssel erkennen lassen.

5

Abdingbare Anforderungen

Nach Maul (DB 1980, 937f.) hat der Verwalter über die Einnahmen- und Ausgabenrechnung hinaus folgende Informationen zu geben, die die Transparenz der Jahresabrechnung erhöhen:

- Der Verwalter hat zwischen umlagefähigen und nichtumlagefähigen Kosten zu entscheiden.
- Außerordentliche Posten sind vom Verwalter zu erläutern.
- Die Führung eines Soll/Ist-Vergleiches ist angebracht. Die Ist-Daten der Jahresabrechnung sollen den Wertvorgaben aus dem Wirtschaftsplan zu Vergleichszwecken gegenübergestellt werden. Dabei dürfen nicht geplante Aufwendungen oder Mehraufwendungen bei Einzelposten auf keinen Fall zu Posten verschoben werden, bei denen sie nicht auffallen oder das zutreffende Ist kleiner als das Soll ist. Solche Vorgänge müssen über die korrekte Abrechnung transparent gemacht werden.

6

Maul geht mit seinen Forderungen bewußt über den bisherigen Stand von Rechtsprechung und Literatur hinaus. Im Sinne einer aussagekräftigen Jahresabrechnung und der möglichst leichten Überprüfbarkeit der wirtschaftlichen Verwaltungstätigkeit sind diese Anforderungen jedoch begrüßenswert. Der Interpretation der Jahresabrechnung kommt in der Praxis eine wesentliche Bedeutung zu. Wenn der Verwalter als Anhang zur Jahresabrechnung eine umfangreiche Erläuterung abgibt, erspart ihm dies nicht nur die Beantwortung etwaiger Rückfragen, sondern ermöglicht den Eigentümern eine sorgfältige Vorbereitung der Beschlußfassung über die Jahresabrechnung. Den vermietenden Wohnungseigentümern wird hierdurch erst die Basis geschaffen, aus einer hinreichenden Sachkenntnis über die Kosten gegenüber den Mietern abzurechnen und diesen gegenüber etwaige Nachfragen beantworten zu können. Zwar führen diese Anforderungen zu einem erhöhten Buchführungsaufwand und zu erhöhten Qualifikationsanforderungen an den Verwalter, die sich dieser aber durch ein erhöhtes Honorar vergüten lassen kann. An dieser Stelle zahlt sich in der Praxis meist aus, wenn sich die Eigentümergemeinschaft nicht für einen besonders preiswerten Verwalter entscheidet.

7 Rechtsfolgen einer mangelhaften Jahresabrechnung

Auch wenn keine genaue Form der Abrechnung in der Rechtsprechung vorgeschrieben wird, so muß die Abrechnung doch so verständlich sein, daß die Eigentümer diese ohne Einschaltung eines Wirtschaftsprüfers nachvollziehen können (BayObLG, Beschluß vom 17. 7. 1972, 2 Z 16/72). Der Verwalter haftet den Eigentümern auf Schadensersatz, wenn seine Abrechnungen unklar und nur durch ein Sachverständigengutachten erläutert bzw. aufgeklärt werden können (BayObLG Rpfl. 1975, 436). Eine unklare Buchführung stellt selbst dann keine vertragsgemäße Leistung des Verwalters dar, wenn sachliche Fehler der Abrechnung durch einen Gutachter letztlich nicht festgestellt werden (BayObLG, ebenda). Bei unklarer Buchführung hat der Verwalter die Kosten der Sachaufklärung und somit die Einschaltung eines Sachverständigen durch die Eigentümergemeinschaft zu tragen (BayObLG WE 1988, 68f.), auch wenn der Sachverständige keine konkreten Fehler feststellen kann. Von der Richtigkeit der Jahresabrechnung ist die Ausgabenberechtigung des Verwalters zu trennen. Tätigt dieser unberechtigte Ausgaben, so ist die Abrechnung nicht deshalb ungültig, sondern dem Verwalter ist die Entlastung zu versagen (BayObLG WM 1990, 175; NJW-RR 1992, 1431).

Eine mehrjährige Abrechnung, die im Widerspruch zum Gesetz oder der Gemeinschaftsordnung steht und auch nicht von den Wohnungseigentümern angefochten wurde, ist nur dann als eine entsprechende Vereinbarung anzusehen, wenn anzunehmen ist, daß alle Wohnungseigentümer mit einer solchen Abrechnung auch für die Zukunft einverstanden sind (BayObLG WE 1989, 178).

2. Wesen der Abrechnung

a) Einnahmen- und Ausgabenrechnung

Die Rechtsprechung sieht in der Abrechnung keinen Jahresabschluß im Sinne von Bilanz, Gewinn- und Verlustrechnung, sondern eine Einnahmen- und Ausgabenrechnung mit der Aufteilung des Ergebnisses auf die einzelnen Wohnungseigentümer (OLG Frankfurt, OLGZ 1984, 333; BayObLGZ 1987, 86; BayObLG WE 1989, 178; 1994, 181; WM 1993, 92; WM 1994, 230).

b) Notwendigkeit der Bildung von Jahresabgrenzungspositionen

8 Bildung von Jahresabgrenzungspositionen

8 Fraglich ist jedoch, ob die Ausgangsthese, daß die Abrechnung keine Bilanz sei, gleichbedeutend mit der Behauptung ist, daß in die Jahresabrechnung keine Abgrenzungspositionen aufzunehmen sind. Die Problemstellung wird in dem Fall deutlich, in dem ein Wohnungseigentümer beispielsweise Wohngeldbeträge des Jahres 1994 erst Anfang 1995 nachzahlt oder die Eigentümergemeinschaft Heizkosten des Jahres 1994 erst 1995 leistet. Ebenso ist es denkbar, daß die Vorauszahlungen beispielsweise für den Gemeinschaftsstrom zu hoch waren und somit 1995 für das zurückliegende Wirtschaftsjahr 1994 eine Erstattung zu erwarten ist.

aa) Herrschende Auffassung in Rechtsprechung und Literatur

Die Bildung solcher Jahresabgrenzungspositionen wird nach herrschender Auffassung in Rechtsprechung und Literatur grundsätzlich abgelehnt (vgl. BayObLGZ 1987, 86; OLG Celle DWE 1987, 104; BayObLG WE 1994, 182). Nach dieser Auffassung ist die Abrechnung eine reine Ist-Rechnung, die zum Stichtag des Ablaufs des Wirtschaftsjahres endet.
Es gilt das reine Zufluß- und Abflußprinzip. Später erfolgende Bankbewegungen nach dem Abrechnungsstichtag dürfen nicht mehr berücksichtigt werden.

bb) Kritik an dieser Auffassung

9 Wortlaut des § 28 Abs. 3 WEG

9 Für das hier zu untersuchende Problem gibt der Wortlaut des § 28 Abs. 3 WEG keine Lösungshinweise. Danach hat der Verwalter nach Ablauf des Kalenderjahres eine Abrechnung aufzustellen. Zu der Frage, welche Beträge bei der Abrechnung zu berücksichtigen sind, schweigt das Gesetz.
Dem generellen Verzicht auf die Bildung von Jahresabgrenzungspositionen ist jedoch aus anderen Gründen nicht zu folgen.
Zunächst folgt die Notwendigkeit der Bildung von Jahresabgrenzungspositionen aus der Heizkostenverordnung (HeizkV). Gem. § 7 Abs. 2 HeizkV sind die Kosten der verbrauchten Brennstoffe zu ermitteln. Das Wort „Verbrauch" läßt den Ansatz der lediglich bezahlten Brennstoffe nicht zu (so im Ergebnis auch BayObLG WM 1988, 101). Da die HeizkV gem. § 3 auch uneingeschränkt auf Wohnungseigentümergemeinschaften anzuwenden ist, ist eine andere Auslegung von § 7 Abs. 2 HeizkV nicht zulässig. Es begegnet daher Unverständnis, wenn Röll sich in dogmatisch unvertretbarer Weise über die zwingenden Grundsätze der HeizkV mit dem Hinweis hinwegsetzt, daß es sich bei den auftretenden Verschiebungen zwischen den beiden Rechnungsjahren um vernachlässigungswerte Bagatellbeträge handelt (Röll WE 1987, 146, 148). Aber nicht nur der fehlende dogmatische Ansatz ist bei

Röll zu kritisieren, sondern auch das Argument selbst. Die Anwendung der HeizkV kann nach empirisch belegten Untersuchungen den Energieverbrauch im Gebäudebereich um durchschnittlich 15% verringern (vgl. Peruzzo, S. 3). Die verbrauchsabhängige Rechnung ist eine Maßnahme, mit der durch Verhaltensänderungen der Energienutzer ein beachtliches Maß an Energieeinsparung erzielt werden kann. Energieeinsparungen sind ein volkswirtschaftlich vorrangiges Ziel. Die HeizkV führt zu diesen Einsparungen, weil sie eine verbrauchsabhängige Abrechnung ermöglicht und gleichzeitig die Bedingung in § 7 Abs. 2 formuliert, daß der konkrete Wärmeverbrauch der jeweiligen Abrechnungsperiode zu ermitteln ist. Somit kann der Verwalter nur die tatsächlichen Verbrauchswerte und nicht die davon abweichenden bezahlten Energierechnungen zugrunde legen. Der Verwalter muß warten, bis die Energieversorgungsunternehmen die Jahresabrechnung erstellt haben und Rechenschaft über den tatsächlichen Verbrauch legen. Dieser Wert ist dann in die Heizkostenabrechnung einzustellen. Der Ansatz, daß nur die bezahlten Rechnungen zu berücksichtigen sind, wird somit bereits durch die HeizkV widerlegt. Dem folgt das BayObLG erstmalig in einer Entscheidung (WM 1988, 101), indem es entgegen der sonst strikt eingehaltenen reinen Einnahmen-/Ausgabenrechnung eine Durchbrechung dieses Prinzips bei der Ermittlung der Heizkosten zuläßt.

10 Umweltpolitische Gründe

Aus umweltpolitischen Gründen ist es aber nicht einzusehen, warum der Verwalter nur bei den Heizkosten die tatsächlichen Verbrauchswerte berücksichtigen darf. Auch wenn es noch nicht in speziellen Verordnungen verankert ist, so bedarf es doch keiner Frage, daß volkswirtschaftlich alle Anstrengungen unternommen werden müssen, auch bei Wasser, Strom und Müllabfuhr Änderungen des Verbrauchsverhaltens herbeizuführen. Diesem umweltpolitischen Ziel kann eine Abrechnung nicht Rechnung tragen, die die tatsächlichen Verbrauchswerte unberücksichtigt läßt. Je weniger die Ergebnisse konkret zurechenbar werden, desto geringer ist das Interesse des Einzelnen an Einsparungen. Gerade im Jahr des Eigentümerwechsels wird der betreffende Eigentümer wenig Interesse an Einsparungen haben, da ihn die späteren Nachzahlungsergebnisse nach der h. M. nicht mehr tangieren würden. Dem kann nur begegnet werden, wenn die tatsächlichen Verbrauchsabrechnungen dem jeweiligen Abrechnungsjahr zugrundegelegt werden und sich somit ein etwaiges Nachzahlungsergebnis nicht erst in einer späteren Abrechnungsperiode auswirkt.

Es entspricht dem Stand der Technik, daß heute Neubauten in der Regel mit Kaltwasserzählern ausgestattet werden. Die Verbrauchsergebnisse dieser Zähler wären nicht brauchbar,

wenn der Verwalter die tatsächlich bezahlten Wasserrechnungen zugrundelegt und den tatsächlichen Verbrauch ignoriert. Verbrauchsabhängig sind aber auch die allgemeinen Stromkosten, Kanal- und Müllabfuhrgebühren. Auch hier sollte der Verwalter zur besseren Kostenzurechnung Jahresabgrenzungspositionen bilden, die die Abrechnung der tatsächlich verursachten Kosten im jeweiligen Abrechnungszeitraum berücksichtigen.
Die Aussagekraft einer Jahresabrechnung wird nicht unwesentlich dadurch bestimmt, daß gleichzeitig Rechenschaft über die schwebenden Posten im weitesten Sinne, d.h. über Vermögen und Schulden gelegt wird (so auch Maul, DB 1980, 937). Im Abrechnungszeitraum noch nicht geleistete Wohngelder der Miteigentümer für die abgerechnete Periode stellen Forderungen dar und noch nicht geleistete Zahlungen für bereits empfangene Leistungen müssen bereits mit umgelegt werden. Der Hinweis, daß diese Kosten noch nicht beglichen wurden, erfolgt im Status als besonderer Teil der Jahresabrechnung.

10a
Mietrechtliche Nebenkostenabrechnung

Die Bildung von Jahresabgrenzungspositionen führt vor allem im Bereich des vermieteten Wohnungseigentums zu einer erheblich besseren Abrechnungsgrundlage für die Eigentümer gegenüber ihren Mietern. Es ist mietrechtlich nicht zu vertreten, wenn der Wohnungseigentümer in die Nebenkostenabrechnung Positionen einstellt, die teilweise erst die nächste Wirtschaftsperiode betreffen. Hierdurch liefe der Mieter Gefahr, daß er auch solche Kosten bereits anteilig übernimmt, die erst nach seinem Auszug tatsächlich anfallen, bzw. denen Leistungen gegenüberstehen, die erst nach seinem Auszug erbracht werden. Grenzt der Verwalter bei der wohnungseigentumsrechtlichen Abrechnung nicht entsprechend ab, ist der vermietende Wohnungseigentümer nicht in der Lage, ohne erhebliche Rückfragen und Belegeinsicht die Abgrenzungspositionen gegenüber dem Mieter vorzunehmen. Wenn BayObLG in der Entscheidung WE 1994, 182, 183 darauf hinweist, daß die Einnahmen- und Ausgabenrechnung die einfachere Abrechnungsmethode sei, die klar und verständlich darzustellen wäre, so ist dies im Hinblick auf den vermietenden Wohnungseigentümer nicht zutreffend. Er erhält eine vollkommen unzureichende Abrechnungsgrundlage.
Das Kammergericht (WM 1994, 400, 401) vertritt mit Recht die Auffassung, daß eine reine Einnahmen-/Ausgabenrechnung „wirtschaftlich grob verfehlt und geradezu widersinnig wäre."
Der Ansicht des Kammergerichts ist aus den oben genannten Gründen zu folgen. Welchen Sinn sollte es haben, wenn beispielsweise ein Wohnungseigentümer das ganze Jahr über mit seinen Wohngeldbeträgen säumig war und er die gesamte Wohngeldlast am 2. Januar des folgenden Jahres nachzahlt und

demzufolge die Jahresabrechnung im Sinne einer reinen Einnahmen- und Ausgabenrechnung für das abgelaufene Kalenderjahr keine Wohngeldzahlungen berücksichten dürfte. Der Wohnungseigentümer müßte daraufhin über die Jahresabrechnung Nachzahlungen leisten, die den nicht eingegangenen Wohngeldbeträgen entsprechen würden. Er müßte somit etwas nachzahlen, was er am 2. Januar des darauffolgenden Jahres bereits gezahlt hat. Hätte er hingegen drei Tage früher überwiesen, bräuchte er nicht doppelt zu zahlen. Die Abrechnung für das folgende Kalenderjahr wird zu einem umgekehrten Ergebnis führen, wenn man der reinen Einnahmen- und Ausgabenrechnung folgen will. In dem Jahr hat dann der betreffende Eigentümer praktisch zweimal das Wohngeld gezahlt, so daß er mit entsprechenden Erstattungen rechnen kann. Dieses Beispiel zeigt, wie widersinnig die Ergebnisse sind, wenn Abgrenzungspositionen nicht berücksichtigt werden.

11 Praktikabilität

Teilweise wird argumentiert, daß die Bildung von Jahresabgrenzungspositionen zu kompliziert sei und der Praxis nicht gerecht werde. Es zeigt sich hingegen, daß viele Verwalter tatsächlich jedoch Jahresabgrenzungspositionen bilden und mit ihren Abrechnungen weit über das geforderte und nach der herrschenden Auffassung zulässige Maß der reinen Einnahmen- und Ausgabenrechnung hinausgehen. Andere wiederum argumentieren, daß sich die Rechtsprechung nicht der Praxis beugen dürfe (so u.a. Drasdo, WM 1993, 444). Dieses Argument kann aber nur dann sachgerecht sein, wenn dogmatische Gründe dem zwingend entgegenstehen. Solche dogmatischen Gründe sind aber nicht ersichtlich.
Auch ist die Auffassung unzutreffend, daß im Rahmen der Kontrolle der Verwaltung auf die Einnahmen- und Ausgabenrechnung nicht verzichtet werden könne (so Drasdo, WM 1993, 444, 446). Auch bei einer Jahresabrechnung unter Berücksichtigung von Jahresabgrenzungspositionen ist eine Prüfung der Verwendung der vereinnahmten und vorhandenen Gelder ohne weiteres möglich. Stellt der Verwalter im Rahmen der Jahresabrechnung einen Status auf, lassen sich die Einnahmen und Ausgaben entwickeln. Ein solcher Status könnte beispielsweise wie folgt dargestellt werden:

12 Entwicklung der Bankkonten

Anfangsbestand des Bankkontos zum 1.1. 1994
zzgl. Gesamteinnahmen lt. Jahresabrechnung
abzgl. Gesamtausgaben lt. Jahresabrechnung
zzgl. Ausgaben, die in der Jahresabrechnung berücksichtigt wurden, aber erst im Folgejahr bezahlt werden
abzgl. Einnahmen, die in der Jahresabrechnung berücksichtigt wurden, aber erst im Folgejahr eingehen
abzgl. Ausgaben, die in der Jahresabrechnung nicht berücksichtigt wurden, aber abflossen (z.B. Kosten früherer Abzahlungsperioden)

zzgl. Einnahmen, die in der Jahresabrechnung nicht berücksichtigt wurden, aber zuflossen (z.B. Nachzahlungsbeträge früherer Abrechnungen)
Endbestand des Bankkontos zum 31.12. 1994.

Bei dieser Bankkontenentwicklung ist zu berücksichtigen, daß auch die Vertreter der reinen Einnahmen- und Ausgabenrechnungen auf eine solche Entwicklung nicht verzichten können. Da die Nachzahlungsergebnisse der früheren Abrechnungsperiode, wenn sie im laufenden Geschäftsjahr geleistet werden, nicht in die Abrechnung eingestellt werden dürfen, sind sie auch bei der reinen Einnahmen- und Ausgabenrechnung zu neutralisieren. Andernfalls würden Nachzahlungen für frühere Abrechnungsperioden über das Jahresergebnis wieder ausgeschüttet. Zudem dürfen Saldovorträge nicht in die eigentliche Jahresabrechnung eingestellt werden, da nur über das Kalenderjahr abzurechnen ist und nicht über die Abrechnungsergebnisse der Vorjahre.

13 **Abgrenzungszeitraum bei Jahresabgrenzungspositionen**

Die Pflicht zur Bildung von Jahresabgrenzungspositionen besteht nur bis zum Zeitpunkt der Abrechnungserstellung. Es kommt immer wieder vor, daß einzelne Kosten, insbesondere im Bereich der öffentlichen Abgaben, erst mit enormer Verspätung beim Verwalter angefordert werden. Der Verwalter muß aber in der Lage sein, zu einem bestimmten Zeitpunkt einen Schlußstrich ziehen zu dürfen und danach eingehende Rechnungen bzw. Wohngeldzahlungen unberücksichtigt zu lassen. Andernfalls bestände die Gefahr, daß der Verwalter nur mit wesentlicher Verspätung abrechnet und die Verzögerung mit schwebenden Geschäftsvorfällen hinreichend entschuldigen kann. Da die Verwalterabrechnung möglichst im ersten halben Jahr nach Ablauf des betreffenden Wirtschaftsjahres erstellt werden sollte, kommt nur eine relativ kurze Übergangsfrist in Betracht.

14 Bei den Kostenpositionen, die im voraus anfallen, ist die Bildung von Abgrenzungspositionen einfacher. Neben den bereits genannten Versicherungsprämien sind auch die öffentlichen Abgaben in der Regel im voraus für ein Jahr zu zahlen. Decken sich hier die Abrechnungszeiträume der Versorgungsträger mit dem Abrechnungszeitraum des Verwalters nicht, kann der Verwalter eine Anpassung nur durch die Bildung von Abgrenzungspositionen vornehmen. Die Abgrenzung von Heizkosten ist bereits auf der Grundlage der Heizkostenverordnung unumgänglich.

15 **Jahresverbrauchsmenge**

Die Ermittlung des effektiven Verbrauchs erfordert die genaue Festlegung der Jahresverbrauchsmenge. Bei Gasheizungen geschieht dies durch die Jahresabrechnung des Versorgungsunternehmens. Bei Ölheizungen ist diesbezüglich eine Ermittlung des Restbestandes zum Abrechnungsstichtag erforderlich.

3. Heizkostenabrechnung

a) Erfassung der Abrechnungsdaten

Die Praxis der **Heizkostenabrechnung** beginnt mit dem Abschluß eines Betreuungsvertrages mit einer Heizkostenverteilungsfirma. Bei Abschluß dieses Betreuungsvertrages ist zunächst zu beachten, daß die eingesetzten Ablesedaten bzw. der vereinbarte Abrechnungszeitraum mit dem Zeitraum der Erstellung der Jahresverbrauchsrechnungen der Versorgungswerke abgestimmt ist. Dieser Hinweis erübrigt sich selbstverständlich bei Ölheizungen und in solchen städtischen Bereichen, in denen der Gasverbrauch mehrmals jährlich abgelesen und in Rechnung gestellt wird. In verschiedenen Städten und Gemeinden werden Verbrauchsrechnungen jedoch nur einmal jährlich erstellt. In diesem Fall verlangt eine exakte Heizkostenabrechnung die Anpassung der Abrechnungsdaten der Versorgungsträger und der Heizkostenverteilungsfirma. Die Wärmeverbrauchserfassungsgeräte müssen dann abgelesen werden, wenn auch der Jahresendverbrauch ermittelt wird. Bei Ölheizungen setzt dies voraus, daß zum Ablesestichtag der Endbestand im Öltank ermittelt wird. Fallen der Abrechnungszeitraum und der tatsächliche Ablesezeitraum um Wochen auseinander, ist die Heizkostenabrechnung nicht prüffähig (OLG Schleswig NJW-RR 1991, 78). **16** **Datenanpassung**

Die Jahresabrechnung kann jeweils nur dann richtig sein, wenn die Grunddaten durch den Verwalter zutreffend an die Heizkostenverteilungsfirma übermittelt werden. Grundsätzlich sind als Vertragspartner des Verwalters nur die Eigentümer anzusehen. Die Heizkostenverordnung spricht aber nicht von Mieter und Eigentümer als Adressaten der Heizkostenabrechnung, sondern vom Nutzer. Daraus ist zu schließen, daß der Verwalter nicht die Namen der jeweiligen Eigentümer, sondern die Mieternamen anzugeben hat. Für den Verwalter stellt sich somit das Problem, daß ihm die Mieternamen übermittelt werden müssen und er von der Informationsfreudigkeit der Eigentümer abhängig ist. Zeigen diese beispielsweise einen Mieterwechsel nicht an, kann eine korrekte Kostenaufteilung nicht vorgenommen werden. **17** **Nutzerermittlung**

Bei der Einschaltung eines gewerblichen **Zwischenmieters** ergibt sich eine besondere Problematik. Als Nutzer kann auch dort nur der jeweilige Endmieter angesehen werden, obschon die Eigentümer mit diesem in keinerlei Rechtsbeziehung stehen. **18**

Bei der erstmaligen Datenerfassung nach Bezugsfertigkeit ist für den Verwalter jedoch zu berücksichtigen, daß der gewerbliche Zwischenmieter häufig freie Monatsmieten vereinbart hat. In diesen Freimonaten trifft den gewerblichen Zwischenmieter nach üblichem Vertragsinhalt nicht die Nebenkosten- **19** zahlungspflicht im Falle des Leerstandes. In der Folgezeit ist die Mietgarantie des gewerblichen Zwischenmieters auch als eine Nebenkostengarantie anzusehen. Für die erstmalige Grunddatenerfassung bedeutet dies folgendes: Steht in den ersten Monaten nach Bezugsfertigkeit eine Wohnung leer, so ist hier als Nutzer der Name des jeweiligen Eigentümers einzutragen. Nach Ablauf dieser Freimonate ist bei Leerstand als Nutzer der gewerbliche Zwischenmieter anzusehen.

Beispiel:
Bezugsfertigkeit der Wohnung 1.6. Beginn der Mietzahlungsverpflichtung des gewerblichen Anmieters 1.8., Einzug des 1. Endmieters 15.9. Es sind drei Heizkostenabrechnungen zu fertigen:
für die Zeit vom 1.6.–31.7. zu Lasten des Eigentümers
für die Zeit vom 1.8.–15.9. zu Lasten des gewerblichen Anmieters
für die Zeit vom 15.9. bis Ende des Abrechnungsjahres zu Lasten des Endmieters.

20 Verbrauchserfassung

Die Heizkostenverordnung verfolgt das Ziel der effektiven **Verbrauchserfassung**. Dies hat zur Konsequenz, daß der Verwalter die exakten Energiemengen des jeweiligen Kalenderjahres ermitteln muß. Auch wenn der Verwalter nach herrschender Meinung (entgegen der hier geäußerten Auffassung) grundsätzlich nicht zur Bildung von Jahresabgrenzungspositionen verpflichtet ist, so erfordert die genaue Verbrauchserfassung im Rahmen der Heizkostenabrechnung die Bildung solcher Positionen unbedingt. Der Verwalter kann nur die Gas- und Ölrechnungen ansetzen, die dem vorgelegten Abrechnungszeitraum entsprechen. Die Heizkostenverordnung betont zwar die Verpflichtung zur Bildung von Jahresabgrenzungspositionen nicht ausdrücklich. Nach § 7 Abs. 2 HeizkV gehören jedoch zu den Kosten des Betriebs der zentralen Heizungsanlage die Kosten der „verbrauchten Brennstoffe“. Aus dieser Formulierung ist die Verpflichtung zur Bildung von Jahresabgrenzungspositionen zu schließen. Dies wird auch durch die allerdings nicht rechtsverbindliche DIN 4713, Teil 5, Abschnitt 6 untermauert, wonach eine Heizkostenabrechnung den Brennstoffverbrauch und die Kosten auszuweisen hat.

21 In den meisten Städten und Gemeinden werden Jahresendabrechnungen erstellt. Bei Öl- und Kohleheizungen hat der Verwalter selbst den Jahresverbrauch unter Berücksichtigung von Anfangs- und Endbestand zu ermitteln. Dabei sind die Bestände nicht nur mengenmäßig, sondern auch wertmäßig zu erfassen. Der Endbestand ist nach der sogenannten Fifo-Methode zu ermitteln. Bei dieser Methode wird unterstellt, daß die zuerst gelieferte Energie auch zuerst verbraucht wurde. Vermischungen und Vermengungen werden der Einfachheit halber nicht berücksichtigt. Der Endbestand ist mit dem Preis der letzten Lieferung zu bewerten.

Beispiel 1:
Die Messung des Endbestandes bei einer Ölheizung ergab 2000 Liter Restbestand. Die letzte Öllieferung erfolgte bei einer Menge von 5000 Litern zum Preis von 4000 DM. Der Wert des Restbestandes ist demnach 1600 DM.

Beispiel 2:
Restbestand 4000 Liter. Aufgrund einer Öllieferung kurz vor Ablauf der Abrechnungsperiode in Höhe von 3500 Litern kann davon ausgegangen werden, daß die letzte Lieferung noch vollständig vorhanden ist. Der Überschuß von 500 Litern ist mit dem Preis der vorletzten Lieferung zu bewerten.

b) Anwendungsbereich der Heizkostenverordnung

Die Grundlage der Heizkostenabrechnung stellt die Heizkostenverordnung (HeizkV) dar. Diese ist am 1.3. 1981 in Kraft getreten und wurde bereits zum 1.5. 1984 und zum 1.3. 1989 zweimal novelliert. **22**

Die Regeln zur Abrechnung der Heiz- und Warmwasserkosten in preisgebundenen und nicht preisgebundenen Wohnungen sind seit dem 1.5. 1984 harmonisiert worden. Die Heizkostenverordnung gilt nunmehr für den gesamten Bereich. **23**

Grundsätzlich ist im Bereich der Heizkostenverordnung und der verbrauchsabhängigen Kostenerfassung kein Raum für vertragliche Vereinbarungen. Eine Ausnahme sieht lediglich § 2 HeizkV für Zweifamilienhäuser vor, bei denen eine Wohnung vom Vermieter selbst bewohnt wird. Dort können sich die Parteien frei über die Art der Heizkostenverteilung einigen. **24**

Auch bei Wohnungsleerstand hat der Verwalter die Heizkosten zu erfassen. Diese Wohnungen nehmen zumindest an dem Teil der Kosten teil, die nach Wohn- oder Nutzfläche verteilt werden, selbst wenn in diesen Räumen nachweislich nicht geheizt wurde. Unanwendbar ist die Verordnung für Alters-, Pflege-, Studenten- und Lehrlingsheime, § 11 Abs. 1 Nr. 2 HeizkV. **25**

26 **Anwendbarkeit bei Fernwärme**

Problematisch stellt sich die Frage der Anwendbarkeit der Heizkostenverordnung bei **Fernwärme** dar. Insbesondere beim vermieteten Wohnungseigentum entsteht häufig ein Spannungsverhältnis zwischen HeizkV und AVB-FernwärmeV. Die gesamte Streitfrage ist zwischenzeitlich höchstrichterlich entschieden (Urteil vom 9.4. 1986, Az. VIII ZR 133/85 = HKA 1986, 7), wobei der BGH nunmehr als Abgrenzungskriterium auf den Begriff **„Fernwärme“** abstellt. Der Begriff „Fernwärme“ muß nach dieser Auffassung dem „allgemeinen Sprachgebrauch“ entnommen werden. Hiernach handelt es sich aber nur dann um „Fernwärme“, wenn der Lieferant durch die von ihm betriebene Heizzentrale Gebäude oder ganze Stadtteile über ein „eigenes Versorgungsnetz und über Anschlüsse an die Kundenanlage“ mit Wärme versorgt.

Diese vom BGH entwickelten Grundvoraussetzungen „eigenes Versorgungsnetz und Anschlüsse an die Hausanlage" führen dazu, daß es sich dann nicht um „Fernwärme" handelt, wenn die Wärme in einer Heizungsanlage erzeugt wird, die integrierter Bestandteil des Gebäudes ist, zu dessen ausschließlicher Wärmeversorgung sie errichtet worden ist. Die HeizkV und nicht die AVB-FernwärmeV findet also Anwendung, wenn der Gebäudeeigentümer die in demselben Gebäude befindliche zentrale Heizungsanlage einem Dritten zur Wärmeversorgung „auf eigene Rechnung und im eigenen Namen" überlassen hat.

Immer nur dann, wenn der Betreiber eigene, separate Versorgungsleistungen zwischen der Heizungsanlage und dem beheizten Gebäude sowie entsprechende Anschlüsse an die Kundenanlage verwendet, kann es sich um „Fernwärme" handeln mit der Folge, daß die Vorschriften der AVB-FernwärmeV zur Anwendung kommen (vgl. zur Anwendung von HeizkV und AVB-FernwärmeV auch Lefèfre, 24 ff.). Folge der Anwendbarkeit der HeizkV ist es, daß die Heizkosten grundsätzlich nur zu 50 bis 70 % nach Verbrauch verteilt werden dürfen. Demgegenüber ist bei Anwendung der FernwärmeV eine Verteilung zu 100 % nach Verbrauch zulässig.

c) Technische Anforderungen an die Ausstattungen zur Verbrauchserfassung

aa) Zulassungsbedingungen

27 Nach § 5 HeizkV dürfen nur solche Ausstattungen zur Verbrauchserfassung verwendet werden, hinsichtlich derer sachverständige Stellen bestätigt haben, daß sie den anerkannten Regeln der Technik entsprechen oder daß ihre Eignung auf andere Weise nachgewiesen wurde. Die Ausstattungen müssen für das jeweilige Heizsystem geeignet sein und so angebracht werden, daß ihre technisch einwandfreie Funktion gewährleistet ist. Dies ist nach § 5 HeizkV auch dann der Fall, wenn die Geräte den eichrechtlichen Vorschriften entsprechen. Wärme- und Warmwasserzähler unterliegen der Eichpflicht. Sie müssen im Abstand von 5 Jahren regelmäßig nachgeeicht werden.

bb) Erfassungsarten

28 Die Geräte zur Verbrauchserfassung lassen sich in drei Gruppen einteilen:

Wärmezähler, Heizkostenverteiler und Heizkostenverteiler mit elektrischer Meßgrößenerfassung.

29 **Wärmezähler** Die Wärmezähler erfassen den Energieverbrauch durch Messung des durchgeflossenen Wasservolumens und der Temperaturdifferenz zwischen Vor- und Rücklauf. Der Wohnungsinhaber kann sich durch einfaches Ablesen laufend über seinen

Wärmeverbrauch informieren und die Funktionstüchtigkeit des Gerätes ständig überprüfen. Das Ableseergebnis am Jahresende ist einfach und unzweifelhaft festzustellen. Kritikpunkt dieses Systems ist die bislang relativ häufige Reparaturbedürftigkeit. Fällt während des Abrechnungsjahres ein solcher Wärmezähler aus und meldet dies der Nutzer nicht umgehend, dürfte die gesamte Jahresabrechnung ungenau sein und letztendlich nur geschätzt werden können.

Zu den Heizkostenverteilern werden meist nur die sogenannten Verdunstungsgeräte gerechnet. Sie ermöglichen die Feststellung der prozentualen Verbrauchsanteile einer Wohnungseinheit am Gesamtverbrauch des Gebäudes. Mit der Summe der Einzelanteile kann in relativ zuverlässiger Weise die Aufteilung des Gesamtverbrauchs durchgeführt werden. **30** **Heizkostenverteiler als Verdunstungsgeräte**

Während bei den Wärmezählern ein einziger je Wohnung ausreicht, müssen die sogenannten Verdunstungsgeräte an jedem Heizkörper befestigt werden. Ihre Installation ist relativ einfach. Andererseits besteht die Gefahr, daß die Geräte abfallen oder zerstört werden können. Der Anbringungsort dieser Geräte ist in DIN 4713 vorgeschrieben. Danach sind die Verdunster in der Mitte des Heizkörpers in Längsrichtung bei einer Höhe von 60 bis 80 Prozent des Körpers anzubringen. Die richtige Installation dieser Geräte hat der Verwalter zu prüfen. Bei falscher Installation kann die Jahresabrechnung fehlerhaft werden und den Verwalter im Verschuldensfalle schadensersatzpflichtig machen. Die Verdunstungsgeräte dürfen nicht so angebracht sein, daß sie auch eine Raumerwärmung durch andere Wärmequellen registrieren (AG Köln WM 1984, 87). **31**

Das Landgericht Hamburg hat grundsätzliche Bedenken gegen die Verwendung von Wärmemessern nach dem Verdunstungsprinzip geäußert. Dieses System hinke den modernen Meßmethoden hinterher. Bestreite ein Nutzer in bezug auf die Höhe des mit diesen Heizkostenverteilern gemessenen Verbrauchs substantiiert das Meßergebnis, so müsse der Eigentümer bzw. Vermieter darlegen und beweisen, daß das von ihm gewählte „Billigmeßsystem" im konkreten Fall geeignet sei, zuverlässige Meßwerte unter Berücksichtigung der Lage der Heizkörper zu liefern (LG Hamburg WM 1984, 137f.). Diese Entscheidung ist m.E. abzulehnen, da sie dem Vermieter die Verantwortung für die technische Entwicklung auferlegt. **32** **Zuverlässigkeit und Manipulationssicherheit**

Für die Behauptung, die Heizkostenabrechnung sei fehlerhaft, weil die Heizkostenverteilungsgeräte im Haus nicht gegen Manipulation gesichert seien, ist allerdings der Mieter (Nutzer) beweispflichtig. Dabei ist eine Manipulation konkret glaubhaft zu machen (LG Mainz WM 1983, 210). **33**

Nach DIN 4713 Teil 2 müssen Verdunstungsgeräte am Heizkörper dauerhaft und manipulationssicher angebracht wer- **34** den. Zum Ausgleich der in den heizfreien Monaten erfolgenden Verdunstung ab einer gewissen Raumtemperatur muß eine über den Skalennullstrich hinausgehende Flüssigkeitsvorgabe gemacht werden. Angaben über solche Umstände, die es dem Mieter/Eigentümer ermöglichen zu überprüfen, ob die Heizkostenverteiler DIN-gerecht angewendet worden sind, gehören nicht zu den Erfordernissen einer ordnungsgemäßen Abrechnung (AG Hamburg WM 1987, 162).

35 **Heizkostenteiler mit elektrischer Meßgrößenerfassung**

Nach DIN 4713 Teil 3 messen die Heizkostenverteiler mit elektrischer Meßgrößenerfassung z.B. mittels Temperaturaufnehmer die Temperaturdifferenz zwischen Heizkörper und Raumluft oder anderer zu einer verbrauchsabhängigen Wärmekostenabrechnung geeigneten Meßgrößen. Sie werden an jedem einzelnen Heizkörper angebracht. Dieses Erfassungssystem ist in der Praxis seltener anzutreffen, so daß gerichtliche Entscheidungen hierzu nicht bekannt sind.

d) Kostenlast bei Anschaffung, Reparatur und Anmietung der Geräte

aa) Kosten der Erstanschaffung

36 Wer die Kosten für die Erstanschaffung der Verbrauchserfassungsgeräte zu tragen hat, könnte zunächst von der Frage abhängig sein, ob es sich bei diesen Geräten um Sonder- oder Gemeinschaftseigentum handelt.

§ 5 WEG definiert das **Sondereigentum** als die Räumlichkeiten der Anlage sowie deren Bestandteile, die verändert, beseitigt oder eingefügt werden können, ohne daß dadurch das gemeinschaftliche Eigentum oder ein auf Sondereigentum beruhendes Recht eines anderen Wohnungseigentümers über das nach § 14 WEG zulässige Maß hinaus beeinträchtigt oder die äußere Gestaltung des Gebäudes verändert wird. Da die Heizkostenerfassungsgeräte jederzeit verändert, beseitigt oder eingefügt werden können, dürften diese, falls die Gemeinschaftsordnung der Eigentümergemeinschaft nichts anderes vorsieht, als Sondereigentum zu definieren sein. Dies wird auch für Wärmemengenzähler anzunehmen sein, obschon diese fest in das Rohrsystem eingebaut werden. Die Praxis unterscheidet in vielen Gemeinschaftsordnungen zwischen Hauptstrang als Gemeinschaftseigentum und den Rohrverzweigungen ab Rohrstrang zu den einzelnen Wohnungen als Sondereigentum.

Die Feststellung, daß es sich bei den Wärmeerfassungsgeräten um Sondereigentum handelt, erfährt durch § 3 letzter Satz HeizkV eine weitere Besonderheit. Danach sind die Kosten für die Anbringung der Ausstattung entsprechend den Vorschriften des Wohnungseigentumsgesetzes oder einer entsprechenden Regelung in der Gemeinschaftsordnung über die Tragung der Verwaltungskosten zu verteilen. Sieht die jeweili-

ge Gemeinschaftsordnung hierzu nichts besonderes vor, so führt § 3 HeizkV zu der Feststellung, daß die Anschaffungskosten gem. § 16 Abs. 2 WEG nach Miteigentumsansteilen verteilt werden können. § 3 letzter Satz HeizkV führt somit zu einer für das Wohnungseigentumsgesetz untypischen Ausnahme, wonach Investitionen des Sondereigentums von der Gemeinschaft zu tragen sind und diese Kosten nicht wohnungsweise sondern nach Miteigentumsanteilen zu verteilen sind. Die Eigentumssituation weicht somit von der Frage der Kostentragungslast ab.
Dies gilt jedoch nicht für den Ausnahmefall, daß zusätzliche Meßeinrichtung als Folgekosten eines Eingriffs eines einzelnen Eigentümers in die Gestaltung der gemeinschaftlichen Heizungsanlage erforderlich werden (OLG Karlsruhe WM 1987, 97 betreffend den eigenständigen Einbau einer Fußbodenheizung).

bb) Reparaturkosten

Nach den vorgenannten Grundsätzen sind auch Defekte bei den Verbrauchserfassungsgeräten zu regeln. Analog § 3 letzter Satz HeizkV muß es sich auch hierbei um Gemeinschaftskosten handeln. Auch wenn der Wortlaut nur von der Anbringung der Geräte spricht, kann der Sinn und Zweck der Heizkostenverordnung, eine für das gesamte Objekt exakte Heizkostenerfassung herzustellen, nur erreicht werden, wenn alle Geräte funktionstauglich sind. Der Gesetzgeber hat zwar mit der Formulierung in § 3 HeizkV nur ausdrücklich die Anbringung geregelt. Hier handelt es sich aber um eine offensichtliche Regelungslücke für defekte Geräte, die durch analoge Anwendung geschlossen werden kann. **37**

Zur praktischen Koordination der Auftragerteilung einer Reparatur bzw. Erneuerung der defekten Geräte sollte dies vom Verwalter vorgenommen werden. Die Kosten werden als Gemeinschaftskosten der Eigentümergemeinschaft belastet. Zwar greift der Verwalter mit einer solchen Maßnahme in das Sondereigentum des Wohnungseigentümers ein, für das er grundsätzlich nicht zuständig ist. Der Verwalter handelt aber zumindest im mutmaßlichen Willen des betreffenden Wohnungseigentümers, so daß er nach den Grundsätzen der Geschäftsführung ohne Auftrag legitimiert sein dürfte. M.E. ist diese Hilfskonstruktion sogar entbehrlich, da aus § 3 letzter Satz HeizkV eine solche Befugnis entnommen werden kann. Wenn die Anbringung der Geräte als Kosten der Eigentümergemeinschaft anzusehen sind, dann ist der Verwalter auch gesetzlich legitimiert, die damit verbundenen Maßnahmen zu ergreifen. Der Verwalter hat nach § 27 Abs. 2 WEG alle Maßnahmen durchzuführen, die für eine ordnungsgemäße Instandhaltung und Instandsetzung des gemeinschaftlichen **38**

Eigentums erforderlich sind. Hier würde er zwar keine Maßnahme zur Instandhaltung des gemeinschaftlichen Eigentums ergreifen, die Maßnahme wäre aber erforderlich, um der Heizkostenverordnung und somit einer gesetzlichen Vorschrift gerecht zu werden und um die gemeinschaftliche Heizkosten- und Jahresabrechnung sicherzustellen. Hieraus folgt sowohl die Berechtigung als auch die Verpflichtung des Verwalters, Reparaturen an den Heizkostenerfassungsgeräten durchführen zu lassen.

Führt ein Defekt eines Verbrauchserfassungsgeräts dazu, daß für die betreffende Wohnung nicht mehr verbrauchsabhängig abgerechnet werden kann, so eröffnet dies dem einzelnen Eigentümer keine Kürzungsmöglichkeit gem. § 12 Abs. 1 HeizkV. Das dort vorgesehene 15 %ige Kürzungsrecht gilt gem. § 12 Abs. 1 Satz 2 HeizkV ausdrücklich nicht im Verhältnis des einzelnen Wohnungseigentümers zur Gemeinschaft.

cc) Kosten der Wartung und Anmietung

39 Die Kosten der Wartung und Anmietung der Verbrauchserfassungsgeräte sind ebenfalls wohnungseigentumsrechtlich als Kosten der Gemeinschaft anzusehen und somit nach § 16 Abs. 2 WEG als Gemeinschaftskosten zu verteilen. An die Stelle des Verteilungsschlüssels „Miteigentumsanteile" tritt der Verteilungsschlüssel nach § 7 HeizkV. Problematisch ist lediglich die Frage, wie die Stimmenverhältnisse bei der Entscheidung über eine Anmietung der Verbrauchserfassungsgeräte liegen müssen.

Gemäß § 4 Abs. 2 HeizkV kann der Gebäudeeigentümer die Ausstattung zur Verbrauchserfassung mieten, wenn nicht die Mehrheit der Nutzer innerhalb eines Monats nach Zugang einer entsprechenden Mitteilung widerspricht. Diese Klausel ist auf das Wohnungseigentum nur dahingehend zu übertragen, daß ein Beschluß der Eigentümerversammlung zur Anmietungsentscheidung notwendig ist. Soweit der einzelne Wohnungseigentümer seine Wohnung vermietet, muß dieser wiederum seinen Mieter informieren und die einmonatige Widerspruchsfrist abwarten. Problematisch wird die Rechtslage, wenn dann der Mieter widerspricht, während der Wohnungseigentümer an den Beschluß der Eigentümergemeinschaft gebunden ist. Hierbei ist vor allem zu fragen, ob es auf den Widerspruch des einzelnen Mieters ankommt oder ob auch hier die Mehrheit aller Wohnungsmieter des Objektes entscheidend ist. Stellt man auf das reine Vertragsverhältnis zwischen dem einzelnen Wohnungseigentümer und seinem Mieter ab, spricht zunächst nur dieses Rechtsverhältnis dafür, daß der Eigentümer den Beschluß schon dann nicht ausführen kann, wenn nur sein Mieter widerspricht. Diese Auffassung wird auch durch § 1 Abs. 2 Ziffer 3 Heizkostenverordnung bestärkt, indem dort begrifflich an die Stelle des Gebäudeeigentümers bei vermietetem Wohnungseigentum der Wohnungseigentümer im Verhältnis zu seinem Mieter gesetzt wird. Nach diesem Wortlaut käme es in der Tat nur auf den einzelnen Mieter an.

Diese Auslegung ist aber m.E. weder mit dem Wortlaut noch mit Sinn und Zweck von § 4 Abs. 2 HeizkV zu vereinbaren. Wenn dort von der Mehrheit der Nutzer die Rede ist, so erfordert dies im Rahmen einer einheitlichen Heizkostenerfassung eine Befragung aller Wohnungsmieter. Da, wie bereits oben ausgeführt, nicht unterschiedliche Geräte in unterschiedlichen Anschaffungsverfahren innerhalb eines Objektes der Sicherung einer ordnungsgemäßen Heizkostenabrechnung dienen können, muß auch hier eine einheitliche Gesamtregelung hergestellt werden. Die Regelungen der Heizkostenverordnung müssen jeweils objektbezogen ausgelegt werden. Der einzelne Mieter erfährt auch keinen Rechtsnachteil, wenn er hier von anderen Wohnungsmietern, die zu einem anderen Wohnungseigentümer in einem Rechtsverhältnis stehen, überstimmt werden kann. Für ihn stellt sich die Situation im Ergebnis gleichermaßen dar, wenn nur ein Wohnungseigentümer mehreren Mietern gegenübersteht. Auch hier ist die Gefahr gegeben, daß die Mehrheit der Mieter gegen den Willen des einzelnen Mieters nicht widerspricht.

Widerspricht nun die Mehrheit der Mieter bzw. Nutzer, so wird der zuvor gefaßte Beschluß der Eigentümergemeinschaft undurchführbar. In diesem Fall dürfte der Verwalter gehindert sein, den gefaßten Beschluß trotzdem durchzuführen. M.E. läßt sich das Problem für die Praxis nur dahingehend lösen, daß die Eigentümergemeinschaft einen alternativen Beschluß faßt. Dieser könnte wie folgt lauten:

„Es wird mehrheitlich beschlossen, die Ausstattung zur Verbrauchserfassung bei der Fa. XY anzumieten. Der Verwalter wird angewiesen, unverzüglich alle Mieter bzw. Nutzer anzuschreiben und auf diese Maßnahme unter Hinweis auf das Widerspruchsrecht hinzuweisen. Sollte nach Ablauf einer weiteren Frist von einem Monat nach Zugang dieses Schreibens die Mehrheit der Nutzer widersprechen, so entfällt eine Anmietung. Der Verwalter ist in diesem Fall beauftragt, die Geräte bei der Fa. XY käuflich zu erwerben."

e) Erfassung der Warmwasserkosten

§ 9 HeizkV regelt die Verteilung der Kosten der Warmwasserversorgung, sofern diese über die Zentralheizungsanlage erfolgt. Nach § 9 Abs. 2 HeizkV ist der Anteil der Warmwasserkosten nach dem Verbrauch abzurechnen. Hierzu ist erforderlich, daß der Brennstoffverbrauch der zentralen Warmwasserversorgungsanlage errechnet wird, der zur Aufwärmung des **40** **Warmwasserversorgung**

Wassers erforderlich ist. Hierzu sieht § 9 Abs. 2 HeizkV grundsätzlich die Formel vor:

$$B = \frac{2,5 \cdot V \cdot (t_w - 10)}{H_u}$$

Die Anwendung dieser Formel setzt voraus, daß das Volumen des verbrauchten Warmwassers gemessen wird. Kann das Volumen des verbrauchten Warmwassers nicht gemessen werden, ist nach § 9 Abs. 2 HeizkV als Brennstoffverbrauch der zentralen Warmwasserversorgungsanlage ein Anteil von 18 % der insg. verbrauchten Brennstoffe zugrundezulegen. Dieses Verfahren kommt jedoch nur dann in Betracht, wenn aufgrund technischer Gründe das Volumen des Warmwasserverbrauchs nicht gemessen werden kann. Wenn der Warmwasserverbrauch trotz vorhandener technischer Einrichtungen pflichtwidrig nicht erfaßt wurde, so ist der Schätzwert von 18 % nur dann anzuwenden, wenn aus den Vorjahren keine Vergleichswerte vorhanden sind. Ist dies hingegen der Fall, so wird der Warmwasseranteil an den durchschnittlichen Verbrauchswerten der früheren Abrechnungsperioden anzupassen sein (LG Freiburg WM 1994, 397). Der Verwalter ist im Rahmen der Beschlußfassung über die Jahresabrechnung verpflichtet, auf die entsprechenden Möglichkeiten der Verbrauchserfassung hinzuweisen. Bestehen Vergleichswerte aus bestehenden Abrechnungsperioden und wurden diese von der Heizkostenverteilungsfirma nicht herangezogen, so kann ein Beschluß der Eigentümerversammlung nur dann mehrheitlich die Erfassung des Warmwasserkostenanteils mit pauschal 18 % beschließen, wenn dies zu keinen wesentlichen Unterschieden gegenüber früheren Abrechnungsergebnissen führt und die Gemeinschaft vom Verwalter über die unterschiedlichen Berechnungsmethoden und ihre Auswirkungen hinreichend aufgeklärt wurde (LG Freiburg WM 1994, 397, 398).

f) Verbrauchserfassung bei Nutzerwechsel

41 Zwischenablesung

Zieht ein Nutzer während der Heizperiode aus, hat der Verwalter zur exakten Kostenverteilung eine **Zwischenablesung** zu veranlassen, § 9b HeizkV. In der Praxis erfährt der Verwalter den Nutzerwechsel häufig nicht. Die vermietenden Eigentümer unterlassen eine solche Anzeige oft aus Unwissenheit. Ist ein gewerblicher Zwischenmieter eingeschaltet, hat dieser eine entsprechende Mitteilung über den Wechsel des Endmieters an den Eigentümer oder besser direkt an den Verwalter zu machen. Die Zwischenablesung ermöglicht die gerechte Kostenverteilung zwischen den jeweiligen Nutzern. Für die betreffende Wohnung werden dann analog zur Anzahl der Nutzer mehrere Heizkostenabrechnungen erstellt. Der Verbrauchsanteil ist gem. § 9b HeizkV auf der Grundlage der Zwischenablesung und der Grundkostenanteil nach der sogenannten Gradtagstabelle zu verteilen.

42 **Gradtagstabelle**

Ist eine solche Zwischenablesung unterblieben, kann das Jahresergebnis ebenfalls mit Hilfe der **Gradtagstabelle** aufgeteilt werden, § 9b Abs. 3 HeizkV. Dies war bis zur Neueinführung von § 9b Abs. 3 HeizkV mit Wirkung zum 1. 3. 1989 in der Rechtsprechung umstritten (für die Zulässigkeit der Gradtagstabelle bei Nutzerwechsel: LG Mannheim WM 1988, 405 f., a. A.: AG Köln WM 1989, 87). Diese Tabelle legt die Anzahl der Heizgradtage der einzelnen Monate des Abrechnungszeitraumes als Promille-Anteil der Jahresheizgradtage zugrunde. Berechnungsgrundlage sind alle Heizgradtage, bei denen die durchschnittliche Außentemperatur unter 15 °C liegt. Die Bewertung der einzelnen Monate erfolgt auf der Basis langjähriger Durchschnittswerte für Gradtagszahlen des Deutschen Wetterdienstes. Die Tabelle geht von folgenden Werten aus:

Januar	170
Februar	150
März	130
April	80
Mai	40
Juni	15
Juli	10
August	15
September	30
Oktober	80
November	120
Dezember	160
Summe Heizungstage	1000

Dieses System der Gradtagszahlen genügt grundsätzlich den Anforderungen an eine „billigenswerte Abrechnung" der Heizkosten (AG Berlin-Charlottenburg DWE 1985, 62; AG Hamburg WM 1985, 371; LG Hamburg WM 1985, 370). Kleinere Ungenauigkeiten sind dabei hinzunehmen (AG Münster WM 1981, U 2). Die Tabelle berücksichtigt die Tatsache, daß eine bloß zeitanteilige Heizkostenaufteilung auf mehrere Nutzer nicht die unterschiedlichen Kältegrade der Außentemperatur und somit des wechselnden Energieverbrauchs je Jahreszeit erfassen würde.

g) Heiznebenkosten

43 **Umlegbare Kosten**

Gemäß § 7 Abs. 2 der HeizkV zählen zu den Kosten des Betriebes der zentralen Heizungsanlage

- die Kosten der verbrauchten Brennstoffe und ihrer Lieferung,
- die Kosten des Betriebsstroms,
- die Kosten der Bedienung, Überwachung und Pflege der Anlage,

- die Kosten der regelmäßigen Prüfung ihrer Betriebsbereitschaft und Betriebssicherheit einschließlich der Einstellung durch einen Fachmann,
- die Kosten der Reinigung der Anlage und des Betriebsraumes,
- die Kosten der Messung nach dem Bundesimmissionsschutzgesetz,
- die Kosten der Anmietung oder anderer Arten der Gebrauchsüberlassung einer Ausstattung zur Verbrauchserfassung,
- die Kosten der Berechnung und Aufteilung der Heizkosten.

Soweit in § 7 Abs. 2 HeizkV Bedienungskosten ausdrücklich erwähnt sind, ist zu bedenken, daß bei einer automatischen Ölzentral- oder Gasheizung anfallende Bedienungsleistungen so gering sind, daß sie in Geldwert kaum ausgedrückt werden können (AG Hamburg WM 1974, 51; LG Kassel WM 1980, 267). Anders stellt sich die Sachlage allenfalls bei Kokszentralheizungen dar.

44 **Wartungs- und Instandhaltungskosten**

Unter dem Sammelbegriff „Pflege" oder „Wartung" können im einzelnen folgende Arbeiten subsumiert werden:

- Überprüfung der Heizanlage,
- Zerlegung und Reinigung des Ölbrenners,
- Austausch eines Filtereinsatzes oder einer Düse,
- Beseitigung von Verkrustungen und Verbrennungsrückständen,
- Nachfüllen von Wasser und Einstellen der Ventile – (vgl. hierzu AG Aschaffenburg WM 1980, 162; LG Hamburg WM 1978, 242).

Nicht dazu gehören hingegen:
- die Wartung der Feuerlöscher,
- die Beseitigung einer Undichtigkeit des Kessels, (vgl. LG Frankfurt WM 1981, U 6; LG Hagen WM 1980, 225; vgl. auch die Zusammenstellung zu diesem Thema bei Rodenberg/Sobota, S. 54 ff.).

45 Während zu den Heizkosten im weitesten Sinne auch die Kosten der Reinigung der Anlage gehören, zählen hierzu jedoch nicht die Kosten für die im Turnus von sieben Jahren durchzuführende Reinigung eines Heizöltanks. Diese stellen Instandhaltungskosten dar (AG Bremen, WM 1976, 255). Weiterhin zählen zu den Heizkosten auch die Wartungskosten eichfähiger Wärmemengen- und Warmwasserzähler (AG Bremerhaven WM 1987, 33).

h) Formelle Anforderungen an die Heizkostenabrechnung

46 Die HeizkV enthält selbst keine Vorschriften darüber, wie die **Heizkostenabrechnung** optisch darzustellen ist. Die nicht rechtsverbindliche DIN 4713 Teil 5, Abschnitt 6 gibt jedoch Mindestanforderungen an eine Heizkostenabrechnung wieder. Danach sollte das Abrechnungsformular folgende Angaben enthalten (vgl. Peruzzo, S. 103 ff.):

- Name des Nutzers und dessen Anschrift,
- Name und Adresse der mit der Abrechnung beauftragten Firma,
- Abrechnungszeitraum,

- Brennstoffverbrauch und Kosten (bei leistungsgebundener Versorgung die bezogenen Mengen und Kosten, Durchschnittsverbrauch der Abrechnungseinheit; bei nichtleistungsbezogener Versorgung Menge und Kosten von Anfangsbestand, Zukaufmenge, Endbestand, Gesamtverbrauch und Durchschnittsverbrauch der Abrechnungseinheit),
- Weitere Kosten und ihre Trennung: Einzelkosten nach Entstehungsgrund und -art; nur die Kosten nach § 7 Abs. 2 und § 8 Abs. 2 HeizkV dürfen berücksichtigt und aufgeführt werden,
- Bei verbundenen Anlagen: Betriebskostentrennung, d.h. Trennung des Brennstoffverbrauchs nach Heizung/Wassererwärmung mit Berechnung und/oder Erläuterung.

Darüber hinaus sollten die Kosten gesondert dargestellt werden, die dem Vorwegabzug unterliegen: **47** **Vorwegabzug**

- Kosten für nicht gleichartige Nutzeinheiten (Gewerbeobjekte, Garagen, etc.),
- Kosten für Bauheizung bei Erstbezügen (Trockenheizen),
- Wärmelieferung an Dritte,
- Sonstiges.

Einen weiteren wesentlichen Bestandteil der Heizkostenabrechnung stellt die Darlegung der Kostenaufteilung dar, die aus folgenden Elementen bestehen sollte: **48**

- Aufteilung des Umlegebetrages in verbrauchsabhängige und nicht verbrauchsabhängige Teile,
- Bezugsbasis der Verteilung nach Art und Anzahl der Einheiten,
- Preis je Einheit.

Das Abrechnungsergebnis ist dann wie folgt darzustellen: **49**

- Gesamtkosten je Nutzer,
- Vorauszahlung (Soll oder Ist),
- Saldo (Differenz zwischen Gesamtkosten und Vorauszahlung),
- Hinweis auf das Recht der Abrechnungsprüfung (Recht zur Einsichtnahme der Abrechnungsunterlagen innerhalb einer angemessenen Frist nach Vorlage der Heizkostenabrechnung, § 259 BGB. Aushändigung der Originale kann aber nicht verlangt werden).

Die Gesamtkosten müssen einzeln aufgezählt sein, so daß die Betriebskosten von den Reparaturkosten unterschieden werden können. Ebenso sind die Gesamtquadratmeter und der Anteil des einzelnen Nutzers hieran als Maßstab der Grundkosten anzugeben.

Nach der Rechtsprechung muß eine ordnungsgemäße Heizkostenabrechnung aus sich heraus verständlich sein (BGH, Urteil vom 23.11. 1981, VIII 298/80). Diese Aufgabe erfüllt die Abrechnung nur, wenn sie genügend Einzelangaben enthält und auch insgesamt klar und übersichtlich ist. Sie muß für jeden verständlich sein, der nicht täglich mit solchen Dingen zu tun hat. Solange eine ordnungsgemäße Abrechnung noch nicht vorliegt, sind die Kosten für den Mieter noch nicht fäl- **50** **Verständlichkeit** lig. Der Mieter kann die geforderte Nachzahlung verweigern und unter Umständen weitere Vorauszahlungen zurückhalten (Lefèvre, S. 27).

i) Folgen unterbliebener Verbrauchserfassung

51 Kürzungsmöglichkeit

Werden die Erfassungsgeräte entgegen den Vorschriften der Verordnung nicht angebracht und kann deshalb nicht verbrauchsabhängig abgerechnet werden, hat der Nutzer das Recht, bei der nicht verbrauchsabhängigen Abrechnung der Kosten den auf ihn entfallenden Anteil der Heizkosten um 15 % zu kürzen, § 12 Abs. 1 HeizkV. Dies gilt nicht beim Wohnungseigentum im Verhältnis des einzelnen Wohnungseigentümers zur Gemeinschaft der Wohnungseigentümer. Aus dieser differenzierenden Regelung können sich Schwierigkeiten bei vermietetem Wohnungseigentum ergeben:
Wird nicht verbrauchsabhängig abgerechnet, müssen die einzelnen Eigentümer im Verhältnis untereinander die Jahresabrechnung des Verwalters anerkennen und die ausgewiesenen Heizkosten bezahlen. Andererseits müssen die Eigentümer damit rechnen, daß sie im Verhältnis zum Mieter mit einer 15 %igen Minderung gem. § 12 Abs. 1 HeizkV belastet werden können. Es drohen Schäden, die der einzelne Eigentümer möglicherweise dem Verwalter nach den Grundsätzen der positiven Vertragsverletzung anlasten kann, wenn dieser die verbrauchsabhängige Kostenerfassung pflichtwidrig unterlassen hat.

52 Defekte Geräte

Von dem Fall, daß keine verbrauchsabhängige Abrechnung erstellt wird – sei es, daß keine Verbrauchserfassungsgeräte angebracht wurden oder sei es, daß eine verbrauchsbezogene Abrechnung insgesamt unterlassen wurde – sind folgende Abrechnungsprobleme zu unterscheiden:

- die Geräte sind defekt,
- der Nutzer verhindert eine Ablesung.

Bestand hinsichtlich des ersten Falls seit Einführung der Heizkostenverordnung Unklarheit, ob dieser ebenfalls von § 12 Abs. 1 HeizkV erfaßt wird und eine 15 %ige Kürzungsmöglichkeit des Mieters eröffnet (so LG Köln WM 1987, 128; AG Freiburg WM 1987, 231), ist dies seit der Novelle zum 1. 3. 1989 geregelt.

53 Schätzung

§ 9a HeizkV ermöglicht bei Geräteausfall eine Verbrauchsschätzung unter Berücksichtigung des Verbrauchs früherer Abrechnungszeiträume der betreffenden Wohnung oder des Verbrauchs gleicher Wohnungen des jeweiligen Abrechnungszeitraums. Diese Schätzungsmöglichkeit schließt ein Kürzungsrecht nach § 12 Abs. 1 HeizkV aus.
Auch der zweite Fall, daß der Nutzer die Ablesung verhindert, eröffnet die Schätzungsmöglichkeit nach § 9a HeizkV. Ein rechtfertigender Grund, warum diesem Nutzer die Kürzungs-

möglichkeit des § 12 Abs. 1 HeizkV gewissermaßen als Belohnung gewährt werden soll, ist nicht erkennbar.
Erklärte noch das LG Köln in einer Entscheidung vom 18.4. 1985 (1 S 466/84) Heizkostenabrechnungen für unwirksam und nicht fällig gegenüber dem Nutzer, die zu über 10 % auf Schätzungen beruhen, so wird diese Auffassung ebenfalls seit dem 1.3. 1989 durch § 9a Abs. 2 HeizkV widerlegt. Danach sind Schätzungen bis zu 25 % der Gesamtfläche zulässig. Sind darüberhinausgehende Schätzungen erforderlich, sind die gesamten Heizkosten nach dem Wohn- oder Nutzflächenschlüssel zu verteilen.

j) Einzelfallentscheidungen

- Der Verwalter darf diejenigen Kosten, die in der Verordnung nicht aufgezählt sind, nicht mehr als **Heizkosten** umlegen. Allerdings verbietet die HeizkV nicht generell die Umlage solcher Kosten (z. B. die Kosten für die Versicherung des Öltanks) etwa im Rahmen der sonstigen Nebenkostenabrechnung (Lefèvre, S. 13). **54** **Umlage von Heiznebenkosten**

- Hinsichtlich der Brennstoffpreise ist der Verwalter verpflichtet, die Brennstoffe nach wirtschaftlichen Gesichtspunkten einzukaufen und dabei auch den Vorteil der Eigentümer zu wahren. Auch gehört es zu seinem Pflichtenkreis, eine Heizungsanlage auf ihre Wirtschaftlichkeit zu überprüfen und bei festgestellter Unwirtschaftlichkeit je nach Sachlage entweder den Mangel beheben zu lassen oder einen entsprechenen Beschluß der Eigentümer auf Neuanschaffung herbeizuführen. **55** **Wirtschaftlichkeit**

- Bei der Installation unterschiedlicher Beheizungssysteme in einem Haus (z. B. Fußbodenheizung und Heizkörpersystem) muß ebenfalls ein einheitliches Abrechnungsverfahren nach anteiligem Wärmeverbrauch und anteiliger Nutzfläche angewendet werden (AG Dülmen WM 1983, 325). Verschiedenartige Heizsysteme innerhalb einer Wohnanlage rechtfertigen unterschiedliche Ausstattungen mit Wärmemeßsystemen. Diese unterschiedlichen Systeme führen aber nicht zu der Annahme, daß in derartigen Fällen auch unterschiedliche Verteilungsmaßstäbe in Ansatz gebracht werden könnten. Die **Heizkostenabrechnung** beinhaltet das Prinzip der einheitlichen Kostenabrechnung. Abweichungen von den Verteilungsmaßstäben der Heizkostenverordnung sind nur für das gesamte Objekt zulässig (KG Berlin Beschluß vom 6.3. 1985, 24 W 2804/84). **56**

- Bei dem Quadratmeteranteil der Heizkostenabrechnung haben die Grundflächen von Terassen und Balkonen außer Ansatz zu bleiben (AG Münster WM 1983, 207). Bei Zimmern mit schrägen Wänden ist zu differenzieren: **57** **Heizflächenermittlung**

Bis zu einer Zimmerhöhe von 1 m bleibt die darunterliegende Fläche unberücksichtigt. Bei einer Zimmerhöhe zwischen 1 m und 2 m wird die darunterliegende Fläche zur Hälfte mitberechnet.
Schrägen über 2 m Höhe beeinträchtigen die Wohnfläche überhaupt nicht.

Im übrigen ist von den Gesamtquadratmetern der Wohnfläche auszugehen, in die eine Heizungsanlage eingebaut ist. Der Einwand, die Heizung wurde tatsächlich nicht benutzt, ist unzulässig (AG Dortmund WM 1985, 371). Es darf auch in den Fällen verbrauchsabhängig abgerechnet werden, in denen an den Heizkörpern keine Thermostatventile, sondern lediglich herkömmliche Drehventile angebracht sind (LG Berlin, 45 S 100/84). Thermostatventile werden erst ab 1.10. 1987 zwingend vorgeschrieben.

58
Betriebsstrom

– Zu den Kosten des Betriebsstroms der Heizungsanlage gehören die Kosten für den Betrieb der elektrischen Umwälzpumpe, der Ölpumpe, der Regelungsanlage, des Brenners und evtl. der Kompressoren, nicht aber die Kosten für die Beleuchtung des Heizkellers. Es dürfen nur tatsächlich entstandene Stromkosten in Ansatz gebracht werden (LG Berlin, 63 S 17/72; 63 S 129/79). Dies ist problemlos beim Vorhandensein eines Zwischenzählers; fehlt dieser, so ist eine Schätzung unzulässig (Lefèvre, S. 15). Das LG Berlin (Das Grundeigentum 1978, 902 ff.) verlangt die Berechnung wie folgt: Anschlußwert der elektrischen Geräte x 24 Stunden x Anzahl der Heiztage x Strompreis.

Ein Anspruch des Mieters auf Installation eines gesonderten Zählers besteht angesichts der geringen Stromkosten aber nicht (Lefèvre, S. 15).

59
Trockenheizanteil

– Nach einem Urteil des LG Mannheim (vom 18.11. 1976 – 4 S 49/76–; ebenso AG Köln WM 1978, 371) ist mietrechtlich bei Neubauten ein Abzug von den Heizkosten für sogenanntes Trockenheizen in Höhe von 25 % zulässig. Auch wenn die Höhe dieses Prozentsatzes teilweise als überzogen angesehen wird, ist allgemein anerkannt, daß ein gewisser Prozentsatz der Heizkosten des ersten Jahres nach Bezugsfertigkeit in der **Jahresabrechnung** gesondert ausgewiesen werden sollte, da diese Kosten für das gesamte Trockenheizen im Hinblick auf den Mieter nicht umlagefähige Kosten darstellen. Dieser Anteil sollte daher nicht in die Heizkostenabrechnung mit einfließen. Dies kann erzielt werden, indem ein Abschlag von den eingekauften Energiemengen vorab in Ansatz gebracht wird. Das sogenannte Trockenheizen berücksichtigt, daß bei jedem Neubau im ersten Jahr der Energieverbrauch durch stets vorhandene Feuchtigkeit im Mauerwerk besonders hoch ist. Die Festlegung des genauen Prozentsatzes sollte dem Einzelfall vorbehalten bleiben und von dem besonderen Feuchtigkeitsgrad abhängen. Ohne besondere Vorkommnisse dürfte ein durchschnittlicher Trockenheizanteil von 15 % angemessen sein.

- Auch bei unterschiedlichen Raumhöhen kann ein einheitlicher Grundkostenanteil angewendet werden (LG Hamburg WM 1987, 89f.). **60**

- Sind zwei oder mehrere Heizungsanlagen vorhanden, dürfen nur die Kosten des Betriebs der zentralen Heizungsanlage berücksichtigt werden, an die die einzelne Wohnung angeschlossen ist (AG Hamburg WM 1987, 89). **61**

- Bei außerordentlich hohem Heizenergieverbrauch im Haus bedarf es einer besonderen Erläuterung in der Heizkostenabrechnung (AG Köln WM 1987, 360). Über das Erläuterungserfordernis hinaus berührt die Unwirtschaftlichkeit der Heizungsanlage nicht die Ordnungsgemäßheit der Abrechnung (LG Köln WM 1989, 3100). **62**

- Es ist Sache des Wohnungseigentümers, die Abrechnungsweisen in der Eigentumsanlage und im Mietverhältnis so aufeinander abzustellen, daß eine mietvertragliche Abrechnung erfolgen kann. Sind unterschiedliche Abrechnungsabreden getroffen worden, kann der Wohnungseigentümer seinen Mieter jedoch höchstens in Höhe der Kosten in Anspruch nehmen, die er selbst nach der Abrechnung in der Wohnungseigentümergemeinschaft zu tragen hat (AG Tiergarten WM 1989, 86f.). **63**

- Selbst wenn ein Wohnungseigentümer nachweislich die Heizkörper dauernd abgesperrt hält, kann er nicht verlangen, daß er von den verbrauchsabhängigen Kosten der Heizungsanlage freigestellt wird. Er kann allenfalls verlangen, so gestellt zu werden, wie derjenige Eigentümer einer Wohnung gleicher Größe, bei dem die niedrigsten Verbrauchswerte festgestellt wurden (BayObLG WM 1988, 334ff.). **64**

- Auch wenn in der Gemeinschaftsordnung ein Zeitraum für die Heizkostenabrechnung vorgesehen ist, so kann dieser Abrechnungszeitraum doch durch bloßen Mehrheitsbeschluß geändert werden (z.B. v. Kalenderjahr zum Heizjahr), da insoweit die Gemeinschaftsordnung begrifflich eine Ordnungsvorschrift von formaler Bedeutung enthält (OLG Düsseldorf WE 1988, 172f.). **65**

4. Einzelprobleme der Jahresabrechnung

a) Beginn der Kostentragungslast

66 Zeitpunkt der Bezugsfertigkeit Bei Neubauobjekten beginnt die Zahlungspflicht der Eigentümer spätestens mit dem Zeitpunkt der Bezugsfertigkeit der Wohnungen. Ab diesem Zeitpunkt ist es Sache der Eigentümer, die Lasten des gemeinschaftlichen Eigentums zu tragen. Bis zur Bezugsfertigkeit stellen diese Kosten Baukosten dar, die je nach vertraglicher Gestaltung vom Generalübernehmer bzw. Generalunternehmer oder von den einzelnen Handwerkern nach einem bestimmten Verteilungsschlüssel zu erbringen sind. Die Tätigkeit des Verwalters setzt meistens auch mit dem Zeitpunkt der Bezugsfertigkeit ein. Bei **Bauherrengemeinschaften** unter Einschaltung eines Treuhänders ist die Bezugsfertigkeit das maßgebende Datum für den Übergang der Kontroll- und Zahlungspflichten vom Treuhänder auf den Verwalter. Die Abgrenzung der Tätigkeitsbereiche zwischen Treuhänder und Verwalter wird durch das rein zeitliche Moment bestimmt. Gleichzeitig wandelt sich der Charakter der Bauherrengemeinschaft als BGB-Gesellschaft mit der Bezugsfertigkeit in eine Eigentümergemeinschaft nach dem Wohnungseigentumsgesetz.

67 Werdende Gemeinschaft Für den Eintritt dieser Folgen und der Verpflichtung der Eigentümer zur anteiligen Kostentragung nach § 16 Abs. 2 ist nicht die Anlage der Wohnungsgrundbücher entscheidend (so auch Weitnauer, Anhang zu § 10 Anm. 3; Sauren vor § 1 Anm. 5 b; a. A. KG ZMR 1986, 295). Auch wenn die Eigentümer noch nicht im Grundbuch eingetragen sind und somit die Eigentumsumschreibung gem. § 925 BGB noch nicht vollendet ist, können nach den Grundsätzen der „**werdenden Wohnungseigentümergemeinschaft**" die Bestimmungen des WEG für die Verhältnisse der Wohnungseigentümer untereinander anwendbar sein. Andernfalls wäre die Entstehung der Eigentümergemeinschaft von der Schnelligkeit des Grundbuchamtes abhängig. Erforderlich ist, daß mindestens zwei Gemeinschaftler vorhanden sind. Abzulehnen ist die überwiegende Auffassung, daß für die Anwendbarkeit der Grundsätze der „werdenden Wohnungseigentümergemeinschaft" die Eintragung von Auflassungsvormerkungen für die Käufer erforderlich seien (so BayObLG NJW 1969, 191 und NJW-RR 1986, 178; LG Nürnberg-Fürth ZMR 1985, 347). Zu folgen ist OLG Hamburg, das lediglich darauf abstellt, daß den Wohnungseigentumsanwärtern die Räume bereits überlassen sind und sie wirtschaftlich gesehen die Stellung von Wohnungseigentümern haben (OLG Hamburg NJW 1963, 618). Eine faktische Eigentümergemeinschaft kann dann als entstanden angesehen werden, wenn der Besitz am Objekt übergegangen ist und eine Teilungsvereinbarung verabschiedet wurde (so auch Bärmann/Pick, § 3 Rdn. 84). Eine Teilungsvereinbarung ist zur grundsätzlichen Regelung des Innenverhältnisses unumgänglich, so daß auf jegliches Formerfordernis nicht verzichtet werden kann. Eine äußere Manifestierung der Gemeinschaft in Form einer Auflassungsvormerkung ist m.E. zumindest für die Frage der Kosten- und Lastentragung nicht erforderlich. Die Anwendung des Wohnungseigentumsgesetzes hat in erster Linie nur für das Innenverhältnis Bedeutung. Die gesamtschuldnerische Haftung der Mitglieder ist für die BGB-Gesellschaft ebenso gegeben wie für die Eigentümergemeinschaft. Diese Auffassung trägt dem praktischen Bedürfnis Rechnung, daß der Beginn einer Eigentümergemeinschaft und die Verpflichtung zur Tragung von Lasten und Kosten nicht davon abhängig sein kann, ob noch Meinungsverschiedenheiten wegen Baumängeln bestehen oder andere Umstände den Vollzug der Eigentumsumschreibung verzögern. Ebensowenig kann die ordnungsgemäße Bewirtschaftung eines Objektes von der Eintragung einer Auflassungsvormerkung abhängig sein.

b) Abrechnung bei Eigentümerwechsel durch rechtsgeschäftlichen Erwerb

Die Veräußerung einer Eigentumswohnung hat nicht nur schuld- und sachenrechtliche Konsequenzen für die Vertragsparteien des Veräußerungsgeschäftes. Durch die Einbindung des einzelnen Eigentümers in die Eigentümergemeinschaft werden auch Gemeinschaftsrechte tangiert. Insbesondere stellt sich die Frage, ab wann der Erwerber gegenüber der Eigentümergemeinschaft zahlungsverpflichtet wird und wie lange der Veräußerer für Lasten und Kostenbeiträge haftet. Hierzu werden unterschiedliche Theorien vertreten. **68** **Zeitpunkt der Zahlungsverpflichtung**

aa) Übernahmetheorie

Eine sehr weitgehende Auffassung vertreten Bärmann, Pick und Merle (Bärmann/Pick, § 16 Rdn. 104; Bärmann, PiG 19, 67 ff.; Pick, PiG 18, 65 ff.; Merle, System, 212 ff.). Diese sind der Auffassung, daß der Erwerber einer Eigentumswohnung uneingeschränkt die Mithaftung auch für etwaige Rückstände des Veräußerers übernimmt (im folgenden **Übernahmetheorie** genannt). Rückstände können hierbei durch Nichtzahlung der laufenden Wohngeldverpflichtungen, einer fälligen Sonderumlage oder des beschlossenen Nachzahlungsergebnisses einer Jahresabrechnung entstehen. Eine uneingeschränkte Mithaftung des Erwerbers auch für diese Kosten würde den anderen Wohnungseigentümern und insbesondere dem Verwalter die Möglichkeit eröffnen, sich stets an den Erwerber halten zu können, ohne weitere Differenzierungen vornehmen zu müssen. Der Veräußerer haftet nach dieser Auffassung bis zur Eigentumsumschreibung im Grundbuch, während der Erwerber vom Zeitpunkt der Eintragung in das Grundbuch für rückständige Kosten und Lasten des Veräußerers ebenfalls haftet. Die Zahlungsverpflichtung des Erwerbers entstehe gegenüber den **69** anderen Wohnungseigentümern im Zeitpunkt der Eigentumsumschreibung, dann aber auch für bereits entstandene Rückstände vor diesem Zeitpunkt (Bärmann/Pick, § 16 Rdn. 104).

70 Gesamtschuldnerische Haftung

Die Vertreter dieser Auffassung stellen im Ergebnis die gesamtschuldnerische Haftung zwischen Erwerber und Veräußerer nicht nur für den Zeitraum zwischen Besitzerlangung des Erwerbers und Löschung des Veräußerers im Grundbuch her, sondern der Erwerber soll rückwirkend für alle Verpflichtungen des Veräußerers gegenüber den anderen Wohnungseigentümern haften. Der Erwerber sei also nicht nur zeitanteilig oder in beschränktem Umfange verpflichtet, sondern er übernehme mit der Eintragung ins Grundbuch die gesamte Position des Veräußerers. Der Veräußerer werde aber wegen der Verbindlichkeiten, die bereits während seiner Zugehörigkeit zur Eigentümergemeinschaft entstanden sind, nicht gleichzeitig entlastet.

71 Fehlende Anspruchsgrundlage

Diese Auffassung ist jedoch abzulehnen. Soweit nach der Übernahmetheorie der Erwerber auch für rückständige Zahlungsverpflichtungen des Veräußerers gegenüber der Eigentümergemeinschaft haften soll, läßt sich hierfür eine Anspruchsgrundlage nicht aus gesetzlichen Vorschriften ableiten. Das Gesetz kennt nur wenige Ausnahmevorschriften, wo eine solche Haftungsübernahme besonders geregelt ist. Zu verweisen ist auf die Vorschriften §§ 419, 571, 746, 751, 755 Abs. 2 BGB, in denen der Gesetzgeber die Haftung des Sonderrechtsnachfolgers für Verbindlichkeiten des Rechtsvorgängers begründet. Diese Ausnahmevorschriften sind jedoch grundsätzlich nicht analogiefähig (zur eingeschränkten Analogiefähigkeit von Ausnahmevorschriften vgl. RGZ 193, 23; BGHZ 11, 143) und rechtfertigen keinen allgemeinen Rechtssatz, aus dem eine Haftung des Erwerbers abzuleiten wäre (so auch BayObLG Rpfleger 352). Auch dem Recht der Personenvereinigungen ist keine mitgliedschaftliche Verpflichtung zur Haftung für Verbindlichkeiten eines ausgeschiedenen Mitglieds durch den Neueintretenden gegenüber der Vereinigung bekannt (vgl. auch hierzu die Ausführungen bei Jennißen, Diss. Münster 1991).

72 Unbilligkeit

Auch unter Billigkeits- und Praktikabilitätserwägungen ist der Übernahmetheorie nicht zu folgen. Es ist als unbillig anzusehen, daß der Erwerber nach dieser Theorie auch für Verbrauchskosten (Heizung, Strom und Wasser) haften würde, obwohl nicht er, sondern der Veräußerer diese Kosten verursacht hat.

73 Beschränkung der Verkehrsfähigkeit

Die Haftung für Rückstände des Veräußerers würde auch die Veräußerbarkeit von Eigentumswohnungen in der Praxis stark einschränken. Wenn der Erwerber einer Wohnung nicht nur den Kaufpreis und etwaige im Grundbuch eingetragene Verpflichtungen übernimmt, sondern auch zur Begleichung rückständiger Zahlungsverpflichtungen gegenüber den anderen Wohnungseigentümern herangezogen werden kann, werden die wirtschaftlichen Risiken des Immobilienerwerbs unübersichtlich und kaum kalkulierbar. Im wirtschaftlichen Ergebnis würde diese Haftungsfrage wie eine unbegrenzte Grundschuld wirken (so auch Röll, NJW 1976, 1473; BGH NJW 1984, 308, 309). Da das Grundbuch über die bestehenden Belastungen nicht mehr abschließend Auskunft geben würde, könnte sich der Erwerber nicht mehr zuverlässig über die auf ihn zukommenden Belastungen informieren (ebenso BGH NJW 1984, 309).

bb) Theorie des „werdenden Wohnungseigentümers"

Eine andere Auffasung sieht eine gemeinsame Haftung von Veräußerer und Erwerber für solche Zahlungsverpflichtungen gegenüber den anderen Wohnungseigentümern vor, die zwischen dem Erwerbsakt und der Eigentumsumschreibung im Grundbuch entstanden sind. Der Veräußerer solle auch hier aus dem Eigentumsgedanken bis zu seiner Löschung im Grundbuch haften, während der Erwerber unter dem Gesichtspunkt des „**werdenden Wohnungseigentümers**" bereits vor dem vollständigen Eigentumserwerb für die in der Erwerbsphase entstandenen Zahlungsverpflichtungen neben dem Veräußerer in Anspruch genommen werden könnte (vgl. zur Theorie des werdenden Wohnungseigentümers u. a.: OLG Frankfurt Rpfleger 1976, 253; OLG Köln DWE 1988, 25; LG Krefeld ZMR 1980, 169 ff.; Röll NJW 1983, 153). **74**

75 **Auslegung nach dem Wortlaut**

Auch diese Theorie ist abzulehnen. Das Wohnungseigentumsgesetz geht in § 16 Abs. 2 von der Verpflichtung des Wohnungseigentümers gegenüber den anderen Wohnungseigentümern aus, anteilige Kosten des gemeinschaftlichen Eigentums tragen zu müssen. Der Wortlaut des Gesetzes erwähnt weder an dieser Stelle noch sonst den Begriff des „werdenden Wohnungseigentümers". Auch in der amtlichen Begründung des Gesetzes (BR-Drucksache 75/51) ist kein Hinweis auf einen abgewandelten Eigentümerbegriff zu finden. Das Gesetz verwendet ausschließlich den Begriff des „Wohnungseigentümers". Dem Gesetz würde Gewalt angetan, wenn jeweils in die Vorschrift das Wort „werdender" hinzugelesen würde.

76 **Besitz**

Teilweise wird für die Anwendung der Theorie des „werdenden Wohnungseigentümers" argumentiert, daß das Abstellen auf das formaljuristische Eigentum zu dem unpraktikablen Ergebnis führe, daß der Erwerber bereits die Wohnung nutzen könne, ohne für die verursachten Kosten haften zu müssen (Röll, Rpfleger 1986, 169, 170). Dieser unbillige Zustand sei im übrigen von den Zufälligkeiten abhängig, ob das Grundbuchamt langsam arbeitet und sich damit der Zeitraum bis zur Eigentumsumschreibung als möglicherweise besonders lange darstelle (so LG Krefeld ZMR 1980, 189). Diese Argumentation führt zu der Feststellung, daß derjenige, dem der Besitz der Wohnung mit der gleichzeitigen Verpflichtung überlassen wurde, die Kosten des Wohnungseigentums übernehmen zu müssen, dem eingetragenen Eigentümer gleichzustellen sei. Schmidt sieht zudem im Besitzwechsel die Verpflichtung der Miteigentümer als Mitbesitzer, dem neuen Mitbesitzer den Mitbesitz und insbesondere die Mitnutzung des gemeinschaftlichen Eigentums zu gewähren, woraus für den Erwerber die Verpflichtung zur Kostentragung folge (Schmidt, FS Seuß, 241, 247).

77 Gleichstellung von Mieter und Eigentumsanwärter

Dieser Argumentation kann jedoch nicht gefolgt werden, da die Miteigentümer auch gegenüber dem bloßen Mieter einer Wohnung verpflichtet sind, diesem Mitbesitz einzuräumen. Der Mieter steht insoweit dem werdenden Wohnungseigentümer faktisch gleich. Der Mieter erhält vom jeweiligen Wohnungseigentümer die Befugnis übertragen, das Sonder- und Gemeinschaftseigentum im Rahmen der Hausordnung zu nutzen. Die Verpflichtung der Miteigentümer, dem Mieter eines Eigentümers den abgeleiteten Mitbesitz des gemeinschaftlichen Eigentums zu gewähren, führt nicht zu den Ansprüchen der Wohnungseigentümer auf Kostenerstattung gegen den Mieter. Niemand wird behaupten wollen, daß die Mitgliedschaftsrechte und -pflichten auf den bloßen Mieter übergegangen seien.

78 Rechtsunsicherheit

Wäre auf den Besitz für den Zeitpunkt der Kostenlast abzustellen, so wäre für den Verwalter nicht zweifelsfrei erkennbar, ab wann der Besitz und somit die Kostenpflicht auf den Erwerber übergegangen ist. Ist es etwa das Auszugsdatum des selbstnutzenden Veräußerers oder ist es das möglicherweise erst Wochen später folgende Einzugsdatum des Erwerbers? Beim vermieteten Wohnungseigentum vollzieht sich der Besitzwechsel äußerlich nicht erkennbar. Er fällt in der Regel mit dem Datum der Inkassobevollmächtigung zusammen, d.h. der Erwerber wird in dem Augenblick Besitzer, wenn ihm das Recht des Veräußerers übertragen wurde, die Mieten einzuziehen. Dieses Datum können die anderen Wohnungseigentümer und insbesondere der Verwalter nur schwerlich feststellen. Gleiches gilt auch dann, wenn der Erwerber die Eigentumswohnung bereits vor Abschluß des Grundstückskaufvertrages als Mieter genutzt hat. Der Verwalter würde als Vertreter der Wohnungseigentümer zu prüfen haben, wann der Mieter zum Erwerber bzw. Eigenbesitzer geworden ist. Rein äußerlich hat sich jedoch nichts verändert. Der Erwerber wohnt nach wie vor in der Wohnung. Die Frage des Eigenbesitzes läßt sich nur durch Hinzuziehung des Kaufvertrages in diesem Falle klären. Auf Vorlage des Kaufvertrages haben die Wohnungseigentümer jedoch keinen Anspruch. Aber selbst wenn der Vertrag vorgelegt wird, kann es nicht Aufgabe der anderen Wohnungseigentümer sein, die Besitzklausel des Vertrages auszulegen und etwaige Auslegungsstreitigkeiten zwischen den Vertragsparteien zu klären. Dies würde besonders dann für die Wohnungseigentümer zu einer nichtlösbaren Problematik, wenn eine der

Kaufvertragsparteien den Kaufvertrag anficht. In diesem Fall wäre die Rechtsunsicherheit sehr groß und nicht mehr zweifelsfrei feststellbar, ob noch der Veräußerer oder schon der Erwerber gegenüber den anderen Wohnungseigentümern haftet.

Teilweise wird – um vorstehenden Bedenken zu begegnen – argumentiert, daß die Theorie des „werdenden Wohnungseigentümers" dann anzuwenden sei, wenn für den Erwerber eine Auflassungsvormerkung im Grundbuch eingetragen ist. Diese Eintragung verstärkt dinglich die Rechtsposition des Erwerbers. Seine Stellung als Erwerber wird damit auch aus dem Grundbuch erkennbar und offenkundig. Aus diesen Gründen sei ein solcher Noch-nicht-Eigentümer dem Vollrechtseigentümer gleichzustellen (OLG Frankfurt Rpfleger 1976, 253; OLG Köln OLGZ 1978, 151; Müller, Praktische Fragen, Rdn. 648). Dieser rechtlichen Gleichstellung könne nicht der Zufall entgegenstehen, daß die von den Vertragsparteien unabhängige Eintragung der Eigentumsumschreibung im Grundbuch früher oder später erfolge. **79** **Auflassungsvormerkung**

Aber auch diese Argumentation überzeugt nicht. Zunächst ist festzustellen, daß die Eintragung einer Auflassungsvormerkung nicht mit der Einräumung eines Anwartschaftrechts für den Erwerber gleichzustellen ist. Die Anwartschaft setzt die Auflassung voraus, während für die Eintragung einer Auflassungsvormerkung die Auflassungserklärung selbst nicht erforderlich ist (vgl. auch auf gleichlautende Hinweise bei BGH NJW 1984, 973, 974; Sauren, Rpfleger 1985, 261, 262). Ohne Anwartschaftsrecht läßt sich eine Gleichstellung eines Vormerkungsberechtigten mit einem eingetragenen Eigentümer nicht rechtfertigen. Auch ist zu berücksichtigen, daß die Eintragung einer Auflassungsvormerkung fakultativ ist. Die Kaufvertragsparteien können durchaus auf die Eintragung einer Auflassungsvormerkung verzichten, obschon dieser Verzicht in der Praxis selten ist. Durch einen solchen Verzicht könnte in der Praxis ein Zweiklassenrecht entstehen: Die Erwerber mit Auflassungsvormerkung und vorverlagerter Haftung einerseits und solche ohne Auflassungsvormerkung mit Haftungsübergang erst im Zeitpunkt der Grundbuchumschreibung andererseits. Somit würde die Frage, ob der Erwerber vor Eigentumsumschreibung mit allen Rechten und Pflichten als Mitglied der Eigentümergemeinschaft anzusehen ist, letztendlich von dem Zufall abhängen, ob die Kaufvertragsparteien die Eintragung einer Auflassungsvormerkung vereinbart haben. **80**

Auch wenn die Vertreter der Theorie des „werdenden Wohnungseigentümers" es als unbillig ansehen, daß zwischen Abschluß des Kaufvertrages und Übergabe der Wohnung einerseits und Eintragung des Erwerbers im Grundbuch andererseits ein längerer Zeitraum liegen kann, der von der Bearbeitungsdauer des Grundbuchamtes abhängig ist, so wird diese **81**

Problematik nicht durch Verweis auf eine Auflassungsvormerkung gelöst. Wann die Auflassungsvormerkung eingetragen wird, ist von den gleichen Zufälligkeiten abhängig, wie die Eigentumsumschreibung selbst und kann sich ebenfalls hinauszögern, wenn das Grundbuchamt langsam arbeitet. Auch um die Eintragung einer Auflassungsvormerkung festzustellen, muß der Verwalter ebenso häufig das Grundbuch einsehen, wie in dem Fall, wenn auf die Vollrechtseintragung abgestellt wird.

82 Die Berücksichtigung des jeweils eingetragenen Wohnungseigentümers bewirkt, daß die anderen Wohnungseigentümer auf eindeutige Kriterien zur Feststellung des Zahlungspflichtigen zurückgreifen können. Die Eintragung im Grundbuch liefert unzweifelhafte Beweise. Die Wohnungseigentümer werden von der zweifelhaften Feststellung befreit, ob der Nutzer einer Wohnung Eigenbesitzerwillen hat. Die Auslegung des Kaufvertrages und die Beurteilung von etwaigen Streitigkeiten zwischen den Vertragsparteien wird entbehrlich. Das Datum der Grundbuchumschreibung stellt ein objektiv für alle Beteiligten zweifelsfrei feststellbares Kriterium dar, das vom subjektiven Willen der Parteien unabhängig ist und gewisse Mängel des Grundgeschäftes heilt (§ 313 Abs. 2 BGB).

cc) Fälligkeitstheorie

83
Zahlungsverpflichtung und Fälligkeit

Die dritte und zur Zeit herrschende Auffassung kann als „**Fälligkeitstheorie**" bezeichnet werden. Diese Theorie geht zunächst von dem Grundsatz aus, daß der jeweilige Eigentümer nur das zu zahlen hat, was während seiner Zugehörigkeit zur Eigentümergemeinschaft wirksam beschlossen und fällig wurde. Dabei ist eine Mithaftung von Veräußerer und Erwerber für die gleichen Beträge nicht denkbar, da entweder die Forderung fälliggestellt wurde, als noch der Veräußerer oder schon der Erwerber Miteigentümer war.

Die Fälligkeitstheorie bewirkt hinsichtlich der Jahresabrechnungsergebnisse, daß der Verwalter nur gegenüber demjenigen Eigentümer abrechnen muß, der zum Zeitpunkt der Fälligkeit im Grundbuch eingetragen ist. Eine Aufteilung der **Abrechnungsergebnisse** gegenüber Veräußerer und Erwerber ist nicht erforderlich. Dies gilt nicht nur für das Jahr der Eigentumsumschreibung, das vollständig dem Erwerber in Rechnung zu stellen ist, sondern auch für Abrechnungen früherer Jahre, wenn diese erst nach der Eigentumsumschreibung beschlossen werden.

84
Gesamtakt zu Lasten Dritter

Der BGH (NJW 1988, 1910ff. = WM 1989, 95 = DWE 1988, 135 = BB 1988, 1141ff., im folgenden nur NJW 1988, 1910ff. zitiert) stellte auf einen Vorlagebeschluß des OLG Karlsruhe (WE 1987, 153ff.) fest, daß entscheidend sei, wann die Verbindlichkeit dem betreffenden Eigentümer seitens der Eigentümergemeinschaft in Rechnung gestellt werde. Dies folge aus § 16 Abs. 2 WEG, wo die Verpflichtungen des Wohnungseigentümers zur anteiligen Lasten- und Kostentragung ausgesprochen werden. Es könne immer nur der jeweilige Eigentümer haften. Der ausgeschiedene Eigentümer scheide nicht nur begriffsnotwendig aus, sondern ein ihn belastender Beschluß der Eigentümerversammlung wäre als ein „Gesamtakt zu Lasten Dritter“ anzusehen. Dieses Ergebnis wird auch inzwischen mit nahezu identischer Begründung in einigen anderen obergerichtlichen Entscheidungen vertreten (OLG Köln WM 1989, 97; BayObLG WM 1989, 656f. und DWE 1990, 101f.; LG Frankfurt NJW-RR 1987, 596ff.).

Drei Entscheidungen sollen nicht unerwähnt bleiben, die grundsätzlich ebenfalls vom Fälligkeitsgesichtspunkt ausgehen. OLG Düsseldorf (DWE 1990, 104f.), OLG Frankfurt (DWE 1990, 107) und BayObLG (WM 1995, 52) stellen fest, daß der Erwerber für die Nachzahlungsergebnisse einer Jahresabrechnung haftet, die nach seiner Eintragung im Grundbuch beschlossen wurden, selbst wenn diese Fehlbeträge durch nichtordnungsgemäße Wohngeldzahlungen des Veräußerers bedingt sind. Diese Entscheidungen weichen somit wesentlich von der zuvor zitierten BGH-Entscheidung mit der Konsequenz ab, daß hiernach auch der Erwerber für nichtordnungsgemäß geleistetes Wohngeld des Veräußerers haftet. OLG Schleswig differenziert schließlich zwischen dem eingetragenen Eigentümer und dem sachenrechtlichen wahren Eigentümer (DWE 1994, 77). Für Schulden nach § 16 Abs. 2 WEG hafte immer nur der wahre Eigentümer.

85 Regelmäßig wiederkehrende Lasten

In der Literatur hat sich wesentlich Hauger für die Fälligkeitstheorie eingesetzt (WE 1988, 147, 148; PiG 27, 121, 132). Sie begründet die Fälligkeitstheorie mit einer entsprechenden Anwendung von § 103 BGB. Nach dieser Regelung sind regelmäßig wiederkehrende Lasten, zu denen Hauger nur die monatlichen Wohngeldvorauszahlungen und nicht die Zahlungen von Sonderumlagen und Jahresabrechnungsergebnisse zählt, nach dem Verhältnis der Dauer der Verpflichtung des Schuldners zu zahlen. Nur insoweit sei eine zeitanteilige, bezogen auf das Datum der Grundbuchumschreibung festzustellende Wohngeldzahlungsverpflichtung zu ermitteln. Die Zahlung von beschlossenen Sonderumlagen und Jahresabrechnungsergebnissen habe demgegenüber der zum Zeitpunkt der Beschlußfassung im Grundbuch eingetragene Eigentümer zu tragen, da es sich hierbei um sogenannte „andere Lasten“ im Sinne von § 103 BGB handele, die nach dem Wortlaut der Vorschrift eben nicht zeitanteilig zu verteilen seien (Hauger, PiG 27, 121, 132). Weitnauer unterstützt diese Auffassung mit dem Argument, daß nur die Fälligkeitstheorie zu praktikablen Ergebnissen führe (Weitnauer, JZ 1986, 194). Ein Versuch, die Kosten zwischen Veräußerer und Erwerber anteilig zu verteilen, müsse zu einem „hoffnungslosen Unterfangen“ werden. Diesen Schwierigkeiten sei die Abrechnung unter Fälligkeitsgesichtspunkten nicht ausgesetzt.

86 **Fälligkeit = Entstehung der Forderung**

Nach der Rechtsordnung sei eine Forderung grundsätzlich nur dann wirksam entstanden, wenn sie klageweise geltend gemacht werden könne, d. h., wenn sie fällig sei, wird von Storck (PiG 29, 235) angeführt. Die von den Wohnungseigentümern zu leistenden Nachzahlungen würden erst im Zeitpunkt der Billigung und Bekanntmachung der Jahresabrechnung fällig. Was erst in diesem Zeitpunkt entstehe, könne auch dann nur den zu diesem Zeitpunkt eingetragenen Eigentümer verpflichten. Die Fälligkeitstheorie – und dies wird aus dem Zitat von Storck deutlich – führt zu einer Gleichstellungskette der Begriffe Fälligkeit der Forderung = Entstehung der Forderung = Zeitpunkt der Schuldnerbestimmung.

Die vorstehenden Argumente der Fälligkeitstheorie überzeugen jedoch nicht. Zunächst ist der Ansatz von Storck (PiG 29, 235) nicht zwingend. Ein Vergleich zum Werkvertragsrecht zeigt, daß dort die Leistung des Unternehmers nicht fällig wird, bevor er sie nicht abrechnet. Dennoch kann sein Anspruch entstehen und somit auch verjähren. Für die **Entstehung des Anspruchs** kommt es nur auf die Möglichkeit an, die Forderung geltend machen zu können. Es ist nicht erforderlich, daß der Gläubiger seinen Anspruch bereits beziffern kann (so auch BGHZ 79, 178; BGH BauR 79, 62). Es ist nicht notwendig, daß der Gläubiger bereits eine Rechnung erteilt hat (BGH 79, 178; Palandt/Heinrichs, § 198 Rdnr. 1). Andernfalls könnte ein Anspruch, der der dreißigjährigen Verjährung unterliegt, nach 31 Jahren noch nicht verjährt sein, nur weil der Gläubiger bisher seine Rechnung nicht erstellt hat. Im Sinne der Verjährungsregeln kann der untätige Gläubiger nicht deshalb bevorzugt werden, nur weil er bisher seinen Anspruch nicht abgerechnet hat. So stellt auch der BGH in einer anderen Entscheidung fest, daß die Entstehung der Forderung nicht mit ihrer Fälligkeit zusammenfallen brauche (BGH WM 1977, 553, 554). Die Fälligkeit ist nur ein typisches, nicht jedoch ein begrifflich notwendiges Element der Forderung (Larenz, Schuldrecht, § 2 III). Es gibt Ansprüche, die noch nicht fällig sind. Andere Ansprüche können nicht mehr durchgesetzt werden, weil sie bereits verjährt oder sonst mit Einreden behaftet sind. Sie bestehen dann zwar als Forderung fort, „aber ihnen fehlt das Moment der Erzwingbarkeit“ (Larenz, Schuldrecht, § 2 III). Bei noch nicht fälligen Forderungen ist nicht ihre Existenz hinausgeschoben, sondern ihr Inhalt ist ein anderer als bei sofort fälligen Forderungsrechten (Enneccerus-Nipperdey, § 199 III). Die Entstehung des Anspruchs und seine Fälligkeit können sich somit unterschiedlich entwickeln.

87 Entstehung WEG-rechtlicher Zahlungsverpflichtungen

Daß die Entstehung des Anspruchs und seine Fälligkeit auch im Wohnungseigentumsrecht auseinanderfallen können, wird dann deutlich, wenn die Wohnungseigentümer zwar die Jahresabrechnung beschließen, aber die daraus resultierenden Zahlungsverpflichtungen vorläufig noch zurückstellen, indem der Zahlungszeitpunkt erst in der nächsten Zukunft festgelegt wird. So ist es in der Praxis nicht selten, daß die Eigentümerversammlung die Jahresabrechnung beschließt und deren Nachzahlungsergebnisse beispielsweise erst in einem Monat (nach Ablauf der Anfechtungsfrist) fälligstellt. Tritt in dieser Zeit ein Eigentümerwechsel ein, so wird die Widersprüchlichkeit der Fälligkeitstheorie deutlich. Soll nun der Eigentümer die Nachzahlungsergebnisse schulden, der als noch eingetragener Eigentümer an der Beschlußfassung mitgewirkt hat oder der Neu-Eigentümer (Erwerber), der im Zeitpunkt der Fälligkeit im Grundbuch eingetragen ist?

88

Die Fälligkeitstheorie mißt der Beschlußfassung in der Eigentümerversammlung einen zu hohen Stellenwert zu. Der richtige Inhalt einer Jahresabrechnung ist im wesentlichen objektiv vorgegeben, vom Verwalter ohne weitere Anweisung zu erstellen und auch einer die Beschlußfassung ersetzenden gerichtlichen Feststellung zugänglich (so in der ebenfalls die Fälligkeitstheorie ablehnenden Entscheidung des KG WE 1989, 28, 30). Bei ordnungsgemäßer Verwaltung stellt die Beschlußfassung nur die Voraussetzungen zur Einleitung der Bestandskraft dar, die hinsichtlich der Jahresabrechnung jedoch nur das bestätigt, was ohnehin materiell rechtens ist (KG WE 1989, 28, 30).

Auch kann der Zusammenhang zwischen Forderungsfälligkeit und der Bestimmung des Schuldnerkreises nicht hergestellt werden. Die Feststellung, wer Schuldner ist, ist nicht erst im Zeitpunkt der Fälligkeit der Forderung vorzunehmen. Die Fälligkeit bestimmt, ob eine Forderung durchsetzbar ist, aber nicht gegen wen. Andernfalls würde die verjährte und nicht mehr durchsetzbare Forderung ebenfalls die Frage wieder neu eröffnen, ob jetzt die Forderung gegen einen anderen Schuldner gerichtet werden kann. Die nicht mehr durchsetzbare Forderung kann in der rechtlichen Konsequenz aber keine anderen Rechtsfolgen auslösen als die noch nicht durchsetzbare Forderung.

89 Unbillige Ergebnisse

Andernfalls würde jedem verkaufswilligen Eigentümer anzuraten sein, die Jahresabrechnung – sofern sie einen Nachzahlungsbetrag für ihn ausweist – erst einmal gerichtlich anzufechten. Würde dann sogar die Anfechtung erfolgreich sein, hätte dies zum Ergebnis, daß die Jahresabrechnung mangels wirksamer Beschlußfassung noch nicht fällig geworden ist. Der Verwalter wäre gezwungen, die Abrechnung zu überarbeiten. Hat dann in der Zwischenzeit der anfechtende Wohnungseigentümer sein Wohnungseigentum veräußert, würde das neu erstellte Abrechnungsergebnis ihn nicht mehr tangieren. Die Beschlußanfechtung hätte somit im Ergebnis für ihn die vollständige Freistellung von Zahlungsverpflichtungen bewirkt. Die überarbeitete Jahresabrechnung hätte der Erwerber zu tragen, obschon er weder an der ursprünglichen Beschlußfassung, noch am gerichtlichen Verfahren teilnehmen konnte. Diese Maßnahmen wirken sich somit zu seinen Lasten aus. Ebenso wirkt es sich zu Lasten des Erwerbers aus, wenn in einer Eigentümergemeinschaft ein nachlässiger Verwalter über mehrere Jahre nicht abrechnet. Werden dann die Jahresabrechnungen nachgeholt und in einer einzigen Eigentümerversammlung beschlossen, so könnte dies einen Eigentümer treffen, der in den nicht abgerechneten Vorjahren noch nicht im Grundbuch eingetragen war. Auch dies ist ein Umstand, durch den die Fälligkeitstheorie der Willkür Tür und Tor öffnet.

90 Einheitliches Rechenwerk

Wirtschaftsplan und Jahresabrechnung sind Bestandteile eines einheitlichen Rechenwerks. Daraus folgt, daß ihr rechtliches Schicksal nicht unterschiedlich bewertet werden kann. Der einzelne Wohnungseigentümer hat regelmäßig Beiträge zur Bewirtschaftung des gemeinschaftlichen Objektes zu leisten. Diese regelmäßige Wiederkehr der Beiträge ist unabhängig davon zu sehen, ob die geschätzten oder die tatsächlichen Kosten angefordert werden. Sowohl die Nachzahlungsverpflichtungen aus den Jahresabrechnungen wie die Wohngeldzahlungen für das lfd. Wirtschaftsjahr sind als regelmäßig wiederkehrende Lasten im Sinne von § 103 BGB anzusehen. Hieraus folgt gerade entgegen Hauger (PiG 27, 132), Weitnauer (JZ 1986, 193) und OLG Karlsruhe (WE 1987, 153) die Verpflichtung zur zeitanteiligen Aufteilung der Kosten gegenüber Veräußerer und Erwerber. Nach § 103 BGB sind bei regelmäßig wiederkehrenden Lasten die Kosten nach dem Verhältnis der Dauer der Verpflichtung aufzuteilen. Zwar ist § 103 BGB im unmittelbaren Wortlaut nur auf das Rechtsverhältnis zwischen Veräußerer und Erwerber und nicht auf das Rechtsverhältnis dieser beiden Personen gegenüber der Eigentümergemeinschaft und somit einem Dritten unmittelbar anwendbar. In analoger Anwendung dieser Rechtsnorm ist gerade eine zeitanteilige Aufteilung von Wohngeldlasten und Jahresabrechnungsergebnissen vorzunehmen. Zu der Definition der regelmäßig wiederkehrenden Lasten kommt es nicht darauf an, ob die Beträge konstant sind und beispielsweise jährlich gleichbleibend anfallen. Es genügt, daß die Jahresabrechnungsergebnisse jährlich und somit regelmäßig wiederkehrend festgestellt werden. Daß dabei die Ergebnisse der Höhe nach variieren und auch zwischen Guthaben und Nachzahlungsbeträgen wechseln können, steht der regelmäßigen Wiederkehr nicht entgegen. Wendet man auf die hier zu entscheidende Frage § 103 BGB analog an, wie es Hauger, Weitnauer und OLG Karlsruhe (a.a.O.) vornehmen, so folgt aus dieser Vorschrift gerade nicht die Anwendbarkeit der

Fälligkeitstheorie. § 103 BGB kann allenfalls für Sonderumlagen eine Unterstützung der Fälligkeitstheorie liefern. Sonderumlagen sind als „andere Lasten" anzusehen, die von demjenigen zu entrichten sind, der sie während der Dauer seiner Mitgliedschaft in der Wohnungseigentümergemeinschaft zu entrichten hat. Sonderumlagen sind nicht regelmäßig wiederkehrend, da sie möglicherweise selten oder in vielen Gemeinschaften nie anfallen. Nur Sonderumlagen sind nach § 103 letzter Halbsatz BGB entsprechend ihrer Fälligkeit zuzuordnen.

Die Fälligkeitstheorie widerspricht auch der HeizkV. Die Verordnung spricht in § 4 die Verpflichtung zur anteiligen Verbrauchserfassung aus. Diese anteilige Erfassung setzt eine Zwischenabrechnung für den Zeitpunkt des Nutzerwechsels voraus. Gem. § 3 ist diese Vorschrift auch auf das Wohnungseigentumsgesetz anzuwenden. Abweichende Vereinbarungen oder Beschlüsse der Wohnungseigentümer sind unwirksam. Diese Verordnung wirkt auch nicht lediglich im Innenverhältnis zwischen Veräußerer und Erwerber, sondern § 1 Abs. 2 Nr. 3 stellt klar, daß die Verordnung zwischen der Gemeinschaft der Wohnungseigentümer und den einzelnen Wohnungseigentümern Anwendung findet. Die Gemeinschaft der Wohnungseigentümer wird in § 1 Abs. 1 Nr. 3 HeizkV begrifflich dem Wohnungseigentümer und der einzelne Wohnungseigentümer begrifflich dem Mieter bzw. Nutzer gleichgestellt. Dies bewirkt, daß die Pflicht zur Verbrauchserfassung in § 4 Abs. 1 HeizkV als Pflicht der Gemeinschaft der Wohnungseigentümer zu lesen ist. Ebensowenig wie Vormieter und Nachmieter sich über den anteiligen Heizkostenverbrauch intern auseinandersetzen müssen, ist im Rahmen der Verordnung Platz für die Auffassung, daß ein interner Ausgleich zwischen Veräußerer und Erwerber ausreichend sei (a. A. Hauger WE 1988, 147, 148) unter Verkennung des eindeutigen Verordnungstextes. Die Verpflichtung gem. Heizkostenverordnung zur anteiligen Verbrauchserfassung trifft die Gemeinschaft der Wohnungseigentümer, die dem Alleineigentümer eines Mehrfamilienhauses in dieser Verordnung gleichgestellt wird. Dies hat zur Folge, daß der Heizkostenverbrauch je Wohnungseigentümer zu ermitteln ist. Die Festlegung der Zahlungsverpflichtungen nach Fälligkeitsgesichtspunkten würde hingegen die Pflicht zur anteiligen Verbrauchserfassung unberücksichtigt lassen. Der Wortlaut der Heizkostenverordnung spricht somit für den Bereich der Heiz- und Warmwasserkostenabrechnung als Bestandteil der Jahresabrechnung im Sinne von § 28 Abs. 3 WEG gegen die Anwendung der Fälligkeitstheorie. **91**

92 Energieeinsparung

Daneben sprechen auch Sinn und Zweck der Heizkostenverordnung gegen die Fälligkeitstheorie. Die Heizkostenverordnung soll zur Energieeinsparung beitragen (so amtliche Begründung BR Drucks. 632/80 S. 1). Hierzu gibt sie Anreiz durch die konkrete Verbrauchserfassung in jeder Wohnung, mit der Folge, daß sich Energieeinsparungen unmittelbar in einen geldwerten Vorteil umsetzen. Wer Energie einspart, kommt in den Vorteil dieser Einsparungen durch entsprechend niedrigere Werte in der Jahresabrechnung. Dieses Ziel wird im Falle des Nutzer-/Eigentümerwechsels nur dann erfüllt, wenn die verbrauchten Kostenanteile konkret ermittelt werden können. Um die zu ermittelnden Kostenanteile zu erfassen, sieht § 9b HeizkV eine Zwischenablesung am Tag des Auszuges vor. Ist eine solche Zwischenablesung unterblieben, kann das Jahresergebnis mit Hilfe der Gradtagstabelle aufgeteilt werden, § 9b Abs. 3 HeizkV. Dieser Grundsatz ist sowohl beim Mieterwechsel als auch beim Eigentümerwechsel gem. § 1 Abs. 1 Nr. 3 HeizkV anwendbar.

Neben den Bedenken, die aus der Heizkostenverordnung folgen, führt die Fälligkeitstheorie auch für den Verwalter eher zu einer rechtsunsicheren Situation. Den Adressaten der Jahresabrechnung kann er nur am Tag der Eigentümerversammlung zuverlässig feststellen. Wer an diesem Tag im Grundbuch eingetragen ist, haftet nach der Fälligkeitstheorie für den Abrechnungssaldo. Beschließt die Eigentümerversammlung dann, daß die Jahresabrechnung erst zu einem späteren Zeitpunkt fällig werden soll, ist ein weiterer Wechsel des Adressaten in der Zwischenzeit und eine zusätzliche Grundbuchüberprüfung denkbar. Die Fälligkeitstheorie führt somit zu der Obliegenheit des Verwalters, das Grundbuch extensiv zu überwachen.

Aus den vorstehenden Argumenten wird deutlich, daß die Fälligkeit nicht mit der Bestimmung des Schuldnerkreises einhergeht. Auch sind im Wohnungseigentumsrecht keine zwingenden Argumente erkennbar, die für die Fälligkeitstheorie sprechen.

Erst recht ist die jüngere Rechtsprechung zur Fälligkeitstheorie abzulehnen, die bei richtiger Bewertung eine Verknüpfung von Fälligkeits- und Übernahmetheorie darstellt (OLG Düsseldorf DWE 1990, 104; OLG Frankfurt DWE 1990, 107; BayObLG WM 1995, 52; siehe auch die Rechtsprechungsübersicht oben S. 75). In diesen Entscheidungen wird nicht mehr zwischen Fälligkeit des Wirtschaftsplans und der Jahresabrechnung differenziert. Der Erwerber soll auch für die Nachzahlungsbeträge der Jahresabrechnung haften, die durch nicht ordnungsgemäße Wohngeldzahlungen des Rechtsvorgängers bedingt sind.

Diese Auffassung kann nicht begründen, aufgrund welcher Anspruchsgrundlage der Erwerber die Haftung übernimmt. Diejenigen Vorschriften des Bürgerlichen Gesetzbuchs, in denen eine Haftungsübernahme ausdrücklich geregelt ist, wie §§ 419, 571, 746, 751 und 755 Abs. 2 BGB, sind als Ausnahmevorschriften grundsätzlich nicht analogiefähig (vgl. hierzu RGZ 1993, 23; BGHZ 11, 143). Sie rechtfertigen auch keinen allgemeinen Rechtssatz, aus dem eine Haftung des Erwerbers abzuleiten wäre. Im Gegenteil ist diesen Vorschriften die gesetzliche Wertung zu entnehmen, daß ohne besondere gesetzliche oder vertragliche Bestimmung niemand für Verbindlichkeiten anderer haftet (Röll, NJW 1983, 154). Ein allgemeiner Rechtssatz, aus dem eine Erwerberhaftung abzuleiten wäre, läßt sich auch dem Recht der Personenvereinigungen nicht entnehmen. Anspruchsgrundlage ist auch nicht § 16 Abs. 2 WEG, da der Wortlaut dieser Norm die Frage nicht erfaßt, ob der Eigentümer auch für seinen Rechtsvorgänger haftet. Desweiteren ist problematisch, daß durch derartige Entscheidungen die Veräußerbarkeit von Wohnungseigentum erheblich eingeschränkt wird. Der Erwerber von Wohnungseigentum übernimmt nämlich nach dieser Ansicht nicht nur den Kaufpreis und etwaige im Grundbuch eingetragene Verpflichtungen, sondern auch schuldrechtliche Verpflichtungen des Veräußerers. Diese sind aber für ihn möglicherweise unüberschaubar. Durch das Grundbuch wird also nicht mehr abschließend Auskunft über die bestehenden Belastungen gegeben. Die wirtschaftlichen Risiken des Immobilienerwerbs werden damit unkalkulierbar. Im wirtschaftlichen Ergebnis würde diese Haftungsfrage wie eine unbegrenzte Grundschuld wirken (Diester, NJW 1971, 1156; Röll, NJW 1976, 1473; BGH NJW 1984, 308, 309). Dies würde zu geringeren Verkaufserlösen und niedrigeren Geboten in der Zwangsversteigerung führen. Im übrigen spricht gegen die ergangene Entscheidung, daß sie die Beschlußfassung über die Jahresabrechnung als Zeitpunkt der Fälligkeit der Forderungen betrachtet. Dem kann jedoch ebenfalls nicht gefolgt werden (vgl. oben). Soweit nämlich die Entscheidungen auf dem Gedanken beruhen, daß Geltungsgrund der Wohngeldforderung der Beschluß über die Jahresabrechnung sei, so kann dies nur hinsichtlich desjenigen Betrages gelten, der nicht bereits durch die auf dem beschlossenen Wirtschaftsplan beruhende Vorschußanforderung gedeckt ist. Die Jahresabrechnung ist lediglich die nachträgliche Überprüfung des Wirtschaftsplans mit dem Ziel der endgültigen Ermittlung der Wohngeldverpflichtungen. In der Beschlußfassung über den Wirtschaftsplan oder über eine Sonderumlage enthaltene Forderungen sind somit bereits zu diesem Zeitpunkt fällig und nicht erst im Zeitpunkt der Beschlußfassung über die Jahresabrechnung. Der Beschluß über den Wirtschaftsplan löst sich nicht durch den Beschluß über die Jahresabrechnung auf. Letzter Beschluß konkretisiert lediglich den ersten. Durch bloße Konkretisierung einer Forderung tritt aber kein Schuldübergang ein. Der Erwerber von Wohnungseigentum haftet deshalb nicht für solche Verbindlichkeiten seines Rechtsvorgängers, über die bereits ein wirksamer Eigentümerbeschluß vorliegt (so auch KG Berlin, Beschluß vom 27. 6. 1994, abgedruckt in WE 1995, 20).

Auch unter Billigkeitsgesichtspunkten kann den o.g. Entscheidungen nicht gefolgt werden. Bei den Rückständen des Veräußerers kann es sich u.a. auch um solche Teile des Wohngeldes handeln, die dieser seinerzeit als Anteil zu den Verbrauchskosten zu erbringen hatte. Beheizt beispielsweise eine Eigentümergemeinschaft über die Zentralheizung die Wohnung des Veräußerers, so nimmt dieser im Zeitpunkt des Verbrauchs Gemeinschaftsleistungen in Anspruch, die sich mit dem Verbrauch gleichzeitig verflüchtigen. Der spätere Erwerber partizipiert hieran nicht mehr und erzielt auch keinen indirekten Vorteil. Unter Billigkeitsgesichtspunkten könnte daher allenfalls insoweit eine Mithaftung des zukünftigen Erwerbers begründet werden, als dieser beispielsweise die Verbrauchskosten persönlich nach Besitzübergang und vor seiner Eintragung im Grundbuch verursacht hat und in den Genuß der Nutzungsvorteile der Wohnung gelant ist (so auch in der Entscheidung des LG Krefeld ZMR 1980, 169 ff.). Bei diesen Erwägungen wird auf den konkreten Verbrauchs- und Vorteilsgedanken von Erwerber und Nutzer abgestellt. Die hier angegriffenen Entscheidung führen aber im Ergebnis zu einer unbilligen Haftung des Erwerbers für solche Kosten, die er nicht verursacht und deren Leistungen er nie bezogen hat. Bezogen auf die Heizkosten ist dieses Ergebnis erst recht mit der Heizkostenverordnung nicht vereinbar, da eine anteilige Verbrauchserfassung überflüssig würde, wenn der Erwerber die Schulden des Veräußerers übernimmt.

dd) Aufteilungstheorie

93
Kostenaufteilung

Gegenüber den hier abgelehnten Theorien ist eine vierte Auffassung, die sogenannte **Aufteilungstheorie,** zu bevorzugen. Nach dieser Auffassung hat grundsätzlich der Veräußerer die anteiligen Kosten bis zu seiner Löschung im Grundbuch und der Erwerber sie ab diesem Zeitpunkt zu tragen. Entscheidend ist der Eintragungszeitpunkt im Grundbuch. Es kommt nicht darauf an, wer sachenrechtlich wahrer Eigentümer ist (a.A. OLG Schleswig DWE 1994, 77). Die Eintragung im Grundbuch liefert unzweifelhafte Beweise, wer als Wohnungseigentümer Zahlungsverpflichteter ist. Die Auslegung des Kaufvertrages und die Beurteilung von etwaigen Streitigkeiten zwischen den Vertragsparteien kann nicht Aufgabe der Eigentümergemeinschaft sein. Andererseits ist es der Eigentümergemeinschaft auch nicht zumutbar, ihre Forderungen nach § 16 Abs. 2 WEG gegen einen Eigentümer solange zurückzustellen, bis etwa ein mehrjähriger Prozeß in der 3. Instanz die Sicherheit bringt, wer nun tatsächlich Wohnungseigentümer der betreffenden Wohnung geworden ist. Erwerber und Veräußerer können im Kaufvertrag das Datum des Nutzen- und Lastenübergangs festlegen, ohne daß dies Auswirkungen gegenüber der Eigentümergemeinschaft hat. Entsprechend sind im Falle der erfolgreichen Anfechtung des Kaufvertrages durch den Erwerber, Nutzen und Lasten einschließlich geleisteter Wohngeldzahlungen zwischen den Kaufvertragsparteien rückabzuwickeln. Die Wohnungseigentümergemeinschaft wird hiervon nicht betroffen. Das Datum der Grundbuchumschreibung stellt ein objektiv für alle Beteiligten zweifelsfrei feststellbares Kriterium dar, das vom subjektiven Willen der Parteien unabhängig ist und gewisse Mängel des Grundgeschäfts heilt (§ 313 Satz 2 BGB).

Bei Nachzahlungsverpflichtungen aus zurückliegenden Jahresabrechnungen weicht diese Aufteilungstheorie erheblich von der Fälligkeitstheorie ab. Der Veräußerer hat diese Nachzahlungsergebnisse auch dann zu begleichen, wenn die Jahresabrechnungen erst nach dem Eigentumswechsel beschlossen oder fällig wurden. Für das Jahr des Eigentumswechsels sind nach dieser Theorie zwei Abrechnungen für die gleiche Wohneinheit zu erstellen, um jeweils dem Veräußerer und dem Erwerber die zeitanteiligen Kosten zuzuordnen. Diese Auffassung wird in der Rechtsprechung im wesentlichen nur vom Kammergericht (WE 1989, 28) vertreten.

94
Schuldner = Leistungsempfänger

Dennoch ist der **Aufteilungstheorie** zu folgen, weil nur sie zu gerechten Ergebnissen führt. Sie knüpft an dem Leistungsgedanken an und verpflichtet den jeweiligen Eigentümer zur Zahlung der Leistungen, die er als Eigentümer erhalten hat. Die Gewährung der Gebrauchs- und Nutzungsmöglichkeiten des Sonder- und Gemeinschaftseigentums stellt die Leistung der Eigentümergemeinschaft an ihre Mitglieder dar. Hierfür hat der einzelne Miteigentümer die Kosten zu tragen. Die Eigentümergemeinschaft erbringt Leistungen und verpflichtet dadurch die einzelnen Eigentümer zur Gegenleistung. Die Gegenleistung wird im Rahmen der Jahresabrechnung der Höhe nach festgelegt. Bis dahin werden à-conto-Zahlungen in Form der monatlichen Wohngeldzahlungen laut Wirtschaftsplan erhoben.

95
Kostenaufteilung entspricht der Heizkostenverordnung

Die Leistungen der Eigentümergemeinschaft werden insbesondere bei der Lieferung von Wasser und Wärme in die Wohnung des einzelnen Eigentümers deutlich. Während das Gaswerk beispielsweise das Gas bis zum Hauptzähler und somit bis zum Betrieb der Zentralheizung liefert, liefern die Wohnungseigentümer von dort aus die Wärme weiter an die einzelnen Mitglieder. Entsprechend sind die Mitglieder für den Empfang der Leistungen zahlungsverpflichtet. Dies wird insbesondere für Energiekosten auch aus der Anwendung der Heizkostenverordnung deutlich. Diese zwingt die Eigentümergemeinschaft zur verbrauchsabhängigen Kostenerfassung. Die jeweiligen Verbrauchskosten sind bis zum Ausscheiden des einzelnen Wohnungseigentümers aus der Eigentümergemeinschaft zu ermitteln. Zum Zeitpunkt der Eigentumsumschreibung ist der anteilige **Heizkostenverbrauch** entweder durch Zwischenablesung oder nach der Gradtagstabelle zu ermitteln. Die Anwendung der Heizkostenverordnung führt somit zwingend zu einer **Kostenaufteilung**. Indem dies weder von der Übernahme- noch von der Fälligkeitstheorie beachtet wird, sind diese bereits mit dem Inhalt dieser Verordnung nicht zu vereinbaren.

96 Auch die vom jeweiligen Eigentümer empfangenen Leistungen der Eigentümergemeinschaft als Pendant zu seiner Kostentragungspflicht lassen sich sachgerecht nur zeitanteilig ermitteln. Ausgehend von den tatsächlich bezahlten Jahresgesamtkosten ist die Kostenaufteilung gegenüber Veräußerer und Erwerber weder vom Verpflichtungstatbestand im Außenverhältnis, noch vom Bezahlungszeitpunkt innerhalb des Wirtschaftsjahres abhängig. Die Aufteilung der Jahresgesamtkosten nach Zeitfaktoren gleicht gegenüber Veräußerer und Erwerber Zufälligkeiten im wesentlichen aus. Der so zu findende Aufteilungsschlüssel ist in der Praxis leicht umzusetzen. Indem der Veräußerer bis zur Eigentumsumschreibung und der Erwerber ab diesem Zeitpunkt die laufenden Wohngeldzahlungen zu erbringen haben, leisten sie ebenfalls zeitanteilige Abschlagszahlungen auf die Jahreskosten. Bei den Wohngeldzahlungen laut **Wirtschaftsplan** wird ebenfalls nicht danach differenziert, wann die Kosten bei der Eigentümergemeinschaft abfließen werden. Aus Vereinfachungsgründen wird in der Praxis auch unterstellt, daß die Kosten durch monatlich gleichbleibende Zahlungen gedeckt werden. Gleiches ist bei der Jahresabrechnung zu unterstellen. Es ist davon auszugehen, daß die tatsächlichen Jahreskosten monatlich gleichermaßen angefallen sind. Die Kaufvertragsparteien, die jeweils nur für eine gewisse Zeit im Jahr der Eigentumsumschreibung das Gemeinschafts- und Sondereigentum nutzen können, haben für diese Zeit pauschal den anteiligen Kostenausgleich zu erbringen. Ein genaueres Kosten-/Nutzungsverhältnis ist nur bei verbrauchsabhängigen Kosten zu ermitteln und zu berücksichtigen.

Die **Aufteilungstheorie** stellt in der Praxis auch kein „hoffnungsloses Unterfangen" (so Weitnauer, JZ 1986, 194) dar. Für die Aufteilung der Jahresabrechnung braucht der Verwalter nur einmal das Grundbuch einzusehen, und zwar nach Ablauf des Wirtschaftsjahres. Er kann dann den etwaigen Eigentumsübergang ermitteln. Die zeitanteilige Kostenaufteilung und die damit verbundene doppelte Abrechnung für eine Eigentumswohnung im Jahr des Eigentumswechsels stellen im Zeitalter der EDV-Technik kein nennenswertes Hindernis dar.

97
Zahlungspflicht und Stimmrecht

Schließlich ist noch das Argument zu entkräften, daß die **Aufteilungstheorie** zu einem Auseinanderfallen von Zahlungsverpflichtung und Stimmrecht führen kann. Die Jahresabrechnung für das Jahr des Eigentumswechsels wird frühestens im darauffolgenden Kalenderjahr beschlossen. Wenn nach der Aufteilungstheorie gegenüber Veräußerer und Erwerber jeweils eine Jahresabrechnung zu erstellen ist, stellt sich die Frage, wie sich das fehlende Stimmrecht des Veräußerers auf seine Zahlungspflicht auswirkt.

98
„Gesamtakt zu Lasten Dritter“

In der Eigentümerversammlung ist jeweils nur der eingetragene Wohnungseigentümer stimmberechtigt (so auch BGH WE 1989, 48f.). Wird über die Abrechnung des Jahres in der Eigentümerversammlung abgestimmt, in dem der Eigentümerwechsel erfolgte, so ist nur noch der Erwerber und nicht mehr der Veräußerer stimmberechtigt. Es wird also über eine den Veräußerer betreffende Jahresabrechnung abgestimmt, ohne daß er an dieser Willensbildung beteiligt ist. Der BGH sieht in dieser Beschlußfassung über Nachzahlungsverpflichtungen eines Nichtstimmberechtigten einen „Gesamtakt zu Lasten Dritter“ (BGH NJW 1988, 1910). Nach dieser Auffassung soll nur derjenige zur Zahlung von Jahresabrechnungsfehlbeträgen verpflichtet sein, der auch zur Beschlußfassung über die betreffende Jahresabrechnung stimmberechtigt ist.

Der Veräußerer wird hierdurch für seinen Abrechnungsanteil jedoch nicht rechtlos gestellt. Ein Beschluß der Wohnungseigentümer kann den im Grundbuch gelöschten Veräußerer nur dann belasten, wenn der Beschluß ihn überhaupt bindet. Dies verneint selbst der BGH in einer Entscheidung des Jahres 1988 (BGH DWE 1989, 58). Die Beschlüsse der Wohnungseigentümer binden nur diese selbst und entfalten keine Außenwirkung. Ein Dritter, der nicht oder nicht mehr zur Wohnungseigentümergemeinschaft gehört, wird von einem solchen Beschluß nicht betroffen. Das Abstimmungsrecht ist ebenso an die Mitgliedschaft gebunden, wie die Wirkungen der Beschlüsse. Der nach dem Ausscheiden des Veräußerers gefaßte Beschluß über die Jahresabrechnung bindet somit den Veräußerer nicht. Was ihn nicht bindet, kann ihn aber auch nicht belasten. Der BGH hat somit in der zuvor zitierten Entscheidung selbst ein wesentliches Argument gegen die von ihm ebenfalls vertretene Fälligkeitstheorie und die darin enthaltene Behauptung geliefert, daß Beschlüsse über Jahresabrechnungen den Ausgeschiedenen unzulässig belasten.

Die Nachzahlungspflichten des ausgeschiedenen Veräußerers werden ihm gegenüber dennoch durch die Jahresabrechnung festgestellt. Die Wohnungseigentümer errechnen ihm gegenüber in Form der Jahresabrechnung den Anteil der Kosten, der in Relation zu den von ihm gezogenen Nutzungen steht. Der Veräußerer kann sich hiergegen zwar nicht in der Eigentümerversammlung wehren, dies belastet ihn aber nicht unzumutbar. Auch wenn er nicht stimmberechtigt ist und er somit auch kein Anfechtungsrecht gem. § 23 Abs. 4 WEG hat, so kann er eine gerichtliche Überprüfung der Beschlüsse dann erzwingen, wenn er sich auf Zahlung der Nachzahlungsbeträge durch die Eigentümergemeinschaft verklagen läßt. Auch das dann zuständige Prozeßgericht hat die Anspruchsbegründung der geltendgemachten Forderungen vollinhaltlich an den Regeln des Wohnungseigentumsgesetzes zu überprüfen. Der ausgeschiedene Wohnungseigentümer erleidet somit keinen rechtlichen Nachteil. Ihm wird weder der Anspruch auf rechtliches Gehör gem. Artikel 103 Abs. 1 GG abgeschnitten, noch hat er den Inhalt der Beschlüsse gegen sich ohne weiteres gelten zu lassen (vgl. auch OLG Köln WM 1992, 162). Die Verweisung an das Prozeßgericht enthält für ihn sogar den Vorteil, daß er nicht an die Anfechtungsfrist des § 23 Abs. 4 WEG gebunden ist und er somit auch nach der Bestandskraft der Beschlüsse eine Inhaltsüberprüfung vornehmen lassen kann. Im übrigen spricht gegen die Annahme einer Belastung des Veräußerers durch die Beschlußfassung die Tatsache, daß bei ordnungsgemäßer Verwaltung über die Richtigkeit der Jahresabrechnung kein Streit entsteht. Durch den Beschluß über die Jahresabrechnung stellen die Wohnungseigentümer nur etwas fest, was ohnehin materiell rechtens ist und zum Zwecke der Bestandskraft dokumentiert wird. Bei ordnungsgemäßer Verwaltung löst die Beschlußfassung über die Jahresabrechnung nichs Unzulässiges aus. Die Jahresabrechnung als Zusammenstellung der Einnahmen und Ausgaben belastet in dieser Dokumentationswirkung den Veräußerer ohnehin nicht.

99 Zu berücksichtigen ist zudem, daß das Wohnungseigentumsgesetz in § 10 Abs. 3 selbst eine Art Beschlußfassung zu Lasten Dritter vorsieht. Nicht anders ist die gesetzliche Feststellung in dieser Vorschrift zu werten, daß Beschlüsse der Wohnungseigentümer zu ihrer Wirksamkeit gegen den Sondernachfolger eines Wohnungseigentümers wirken und hierzu nicht der Eintragung in das Grundbuch bedürfen. Beschließen die Wohnungseigentümer später durchzuführende Instandhaltungsmaßnahmen oder den Wirtschaftsplan des nächsten Jahres, so können diese Beschlüsse für den nach der Beschlußfassung ins Grundbuch eingetragenen Erwerber Zahlungspflichten auslösen und insoweit belastend wirken. Die Fälligkeitstheorie müßte bei konsequenter Fortsetzung ihrer eigenen Argumentation auch in diesem Fall entgegen der eindeutigen Regelung in § 10 Abs. 3 WEG von einem unzulässigen Gesamtakt zu Lasten Dritter sprechen.

100 Schließlich ist auch an Beispiele zu denken, die auch bei Anwendung der Fälligkeitstheorie zu belastenden Beschlüssen führen können. Beschließen die Wohnungseigentümer die Jahresabrechnung noch zu einem Zeitpunkt, in dem der Veräußerer im Grundbuch eingetragen ist, legen sie jedoch gleichzeitig die Fälligkeit erst in einigen Wochen fest, und erfolgt in dieser Zwischenzeit die Umschreibung des Grundbuchs auf den Erwerber, so hätte nach der Fälligkeitstheorie nunmehr der Erwerber die Nachzahlungsbeträge zu zahlen. In dieser

Konstellation würde nach der Fälligkeitstheorie die Beschlußfassung über die Jahresabrechnung zu Lasten des Erwerbers wirken. Nach den Worten des BGH (BGH NJW 1988, 1910) wäre auch in diesem Beispiel ein unzulässiger Gesamtakt zu Lasten des Erwerbers zu sehen. Dieser Sonderfall macht deutlich, daß auch die Fälligkeitstheorie den vermeintlichen Mangel der Aufteilungstheorie nicht generell verhindert.

Schließlich ist auch darauf hinzuweisen, daß im Recht der Per- **101**
sonenverbände kein allgemeiner Grundsatz der Art erkennbar ist, wonach die Zahlungspflichten stets dem Stimmrecht folgen. Dies würde nur dann zu bedenklichen Ergebnissen führen können, wenn das fehlende Stimmrecht des Veräußerers bzw. Erwerbers zur betreffenden Jahresabrechnung seine möglichen Einwendungen beschneidet und er sich gegen eine fehlerhafte Jahresabrechnung nicht rechtswirksam verteidigen könnte. Dies ist aber, wie bereits dargestellt (VII Rdn. 97), nicht der Fall.

Es soll an einigen Beispielen verdeutlicht werden, daß nur die **102**
Aufteilungstheorie in der Praxis zu sachgerechten Ergebnissen führt.

Beispiel 1: Veräußerer V hat bis zu seinem Ausscheiden aus der Gemeinschaft am 30. 9. 1993 (Tag der Grundbuchumschreibung) ein monatliches Wohngeld von 600,– DM gezahlt. Die Jahresabrechnung 1993 schließt für die Wohnung mit einem Kostenanteil von insgesamt 5400,– DM ab. Der Erwerber E hat für die Monate Oktober–Dezember 1993 kein Wohngeld gezahlt.

V hat somit in den ersten neun Monaten bis zu seinem Ausscheiden aus der Eigentümergemeinschaft die auf die betreffende Wohnung entfallenen Jahreskosten ausgeglichen. Die Jahresabrechnung schließt damit für 1993 mit einem ausgeglichenen Ergebnis ab, obschon E keinerlei Vorauszahlungen leistete.

Lösung nach der Aufteilungstheorie: Die Gesamtkosten des Jahres 1993 sind zwischen Erwerber und Veräußerer aufzuteilen. Es ergibt sich folgende Rechnung:

Kostenanteil V
5400,– DM: 12 × 9 = 4050,– DM
Kostenanteil E
5400,– DM: 12 × 3 = 1350,– DM

Da der Veräußerer 5400,– DM vorausgezahlt hat, sind an ihn 1350,– DM auszuschütten. In gleicher Höhe ist der Nachzahlungsbetrag des E zu ermitteln.

Alternative Lösung nach der Fälligkeitstheorie:

Nach der Fälligkeitstheorie ist zunächst entscheidend, wann die Jahresabrechnung für das Jahr 1993 beschlossen und fälliggestellt wurde. Da dies naturgemäß erst 1994 erfolgen kann, ist nach dieser Theorie das Abrechnungsergebnis für das volle Kalenderjahr 1993 dem E zuzurechnen, da er seit Oktober 1993 als Eigentümer im Grundbuch eingetragen ist.

Die Fälligkeitstheorie führt in diesem Beispiel zu dem Ergebnis, daß E keinerlei Zahlungen für 1993 mehr erbringen muß, da das Jahresergebnis ausgeglichen ist. Der Erwerber kommt somit in den Vorteil der sparsamen Haushaltsführung vor seinem Beitritt und wird ohne sein Zutun hierfür belohnt. Er braucht trotz seiner Säumnis mit den laufenden Wohngeldzahlungen keine Zahlungen mehr für dieses Wirtschaftsjahr zu erbringen.

Beispiel 2: Bei unveränderter Ausgangslage soll angenommen werden, daß die Jahreskosten nur 5000,– DM betragen.

Lösung nach der Aufteilungstheorie:

Kostenanteil V	
5000,– DM: 12 × 9 =	750,– DM
./. Wohngeldzahlungen	5400,– DM
Guthaben V	1650,– DM
Nachzahlung E	
5000,– DM: 12 × 3 =	1250,– DM

Alternative Lösung nach der Fälligkeitstheorie:
V erhält sein Guthaben nicht ausgeschüttet.
E erhält 400,– DM, ohne überhaupt Wohngeld gezahlt zu haben.

Beispiel 3: Bei gleicher Ausgangslage soll im vorstehenden Beispiel davon ausgegangen werden, daß V das monatliche Wohngeld i. H. v. 600,– DM für die Monate Januar–März gezahlt hat. Bis zur Eigentumsumschreibung am 30. 9. 1993 erbringt V keine weiteren Zahlungen. E zahlt für die Monate Oktober–Dezember ebenfalls nicht. Als Gesamtkosten entfallen auf diese Wohnung im Jahr 1993 5000,– DM. Da V 1800,– DM gezahlt hat, verbleibt ein Nachzahlungsbetrag in Höhe von 3200,– DM.

Lösung nach der Aufteilungstheorie:
Die Kosten werden zeitanteilig aufgeteilt. Diesem Kostenanteil werden bei V 1800,– DM als Vorauszahlungen gegenübergestellt, während E keine Vorauszahlungen gutgeschrieben werden.

V 5000,– DM: 12 × 9 =		3750,– DM
	./.	1800,– DM
	Nachzahlung V	1950,– DM
	Nachzahlung E	1250,– DM

Alternative Lösung nach der Fälligkeitstheorie: Da die Wohngeldzahlungen für die Monate April–September überfällig waren, muß V noch 6 × 600,– DM = 3600,– DM nachzahlen. Dieser Betrag ist von V anzufordern. V kann jedoch einwenden, daß seine Zahlung zu einer Kostenüberdeckung führen wird. Er würde insgesamt 5400,– DM leisten. Der so entstehende Überschuß in Höhe von 400,– DM soll nun nach Hauger, PiG 27, 134 nicht dem Erwerber E zufallen. Er würde insoweit ungerechtfertigt bereichert. V könne in Höhe von 400,– DM die Zahlung verweigern. Ob er im Hinblick auf die nicht geleisteten Wohngeldbeträge des E weitere Einwendungen führen kann, ist von den Vertretern der Fälligkeitstheorie bisher nicht erläutert worden. Es ergibt sich folgende Zahlungsübersicht:

V6 × 600,– DM		= 3600,– DM
	./.	400,– DM
Nachzahlung V		3200,– DM
Nachzahlung E		= 0,– DM

Der Vergleich zum Beispiel 2 macht deutlich, daß die Vertreter der Fälligkeitstheorie dem Veräußerer für das Jahr der Eigentumsumschreibung empfehlen müssen, daß er seinen Wohngeldverpflichtungen nicht mehr ordnungsgemäß nachkommen soll, will er den möglichen Einwand der ungerechtfertigten Bereicherung gegenüber der Eigentümergemeinschaft nicht verlieren.

Beispiel 4: V veräußert seine Eigentumswohnung an E. Die Eigentumsumschreibung erfolgt am 30.9. 1993. V hat im Jahre 1993 nur für drei Monate Wohngeld gezahlt. E hat seine Zahlungsverpflichtungen für die Monate Oktober–Dezember ordnungsgemäß erbracht. Die Jahresabrechnung 1993 wird nach dem Ausscheiden des V beschlossen.
Lösung nach der Aufteilungstheorie: Die Jahreskosten sind zeitanteilig in Rechnung zu stellen und die tatsächlich erbrachten Wohngeldzahlungen von V und E jeweils in Abzug zu bringen.
Alternative Lösung nach der Fälligkeitstheorie: Die Fälligkeitstheorie betont den Abrechnungsvorteil, daß der Verwalter keine Zwischenabrechnung, sondern nur eine einzige Rechnung erstellen muß, die je nach Fälligkeit entweder dem Veräußerer oder dem Erwerber aufzugeben ist. Da aber nach der Fälligkeitstheorie der Veräußerer auch für die nicht erbrachten Wohngeldbeträge Schuldner bleibt, sind ihm diese nach wie vor aufzugeben. In der Jahresabrechnung ist gegenüber E zunächst zu unterstellen, daß V sämtliche Wohngeldlasten ordnungsgemäß erbracht hat. Auf Basis dieser Unterstellung ist der Jahressaldo zu ermitteln. V ist demgegenüber der Wohngeldrückstand von sechs Monaten aufzugeben.
Dieses Beispiel verdeutlicht, daß auch bei der Fälligkeitstheorie eine Abrechnungssplittung vorzunehmen ist.

Beispiel 5: Aufgrund einer größeren unvorhergesehenen Instandhaltungsmaßnahme (Notmaßnahme) schließt die Jahresabrechnung für das Jahr 1993 beim V mit einem Nachzahlungsbetrag in Höhe von 2000,– DM ab. Zum Zeitpunkt der Eigentümerversammlung 1994, in der die Jahresabrechnung 1993 beschlossen wird, ist V noch Eigentümer. Die Eigentümerversammlung beschließt, daß die Nachzahlungsbeträge erst nach Ablauf der einmonatigen Anfechtungsfrist des § 23 Abs. 4 WEG fällig werden. V, der seine Wohnung bereits veräußert hat, wird zu einem Zeitpunkt zwischen der genannten Eigentümerversammlung und dem Datum der Fälligkeit als Eigentümer im Grundbuch gelöscht.
Lösung nach der Aufteilungstheorie: Der Eigentumswechsel hat für die Zahlungsverpflichtung des V keine Auswirkungen. Er muß den Nachzahlungsbetrag in Höhe von 2000,– DM leisten.
Alternative Lösung nach der Fälligkeitstheorie: Hiernach hat nun der Käufer E den Nachzahlungsbetrag aus der Jahresabrechnung 1993 auszugleichen, obschon er an der betreffenden Eigentümerversammlung nicht teilgenommen hat und im Abrechnungsjahr 1993 noch nicht Eigentümer war.
Das vorstehende Beispiel macht deutlich, daß auch bei der Fälligkeitstheorie Stimmrecht und Zahllast auseinanderfallen können. Der vermeintliche Grundsatz, daß nur derjenige zahlen muß, der auch stimmberechtigt war (so BGH NJW 1988, 1910), wird hier durchbrochen. Es sind auch bei der Fälligkeitstheorie Abstimmungen denkbar, die zu einem „Gesamtakt zu Lasten Dritter" führen.

Beispiel 6: Die Eigentümergemeinschaft, der V angehörte, entstand 1990. Bis 1993 hat der bestellte Verwalter noch keine Jahresabrechnung vorgelegt. Er wurde daraufhin in der Eigentümerversammlung

des Jahres 1993 aus wichtigem Grund abgewählt und der Verwaltervertrag gekündigt. Der neu bestellte Verwalter rechnete in den nächsten Monaten die Jahre 1990 bis 1992 ab und läßt dies noch im Herbst des Jahres 1993 auf einer außerordentlichen Eigentümerversammlung beschließen. Zwei Monate vor dieser Versammlung war es zur Eigentumsumschreibung von V auf E gekommen. Die Jahresabrechnungen der Jahre 1990 bis 1992 schließen mit erheblichen Nachzahlungsbeträgen ab, obschon V sein Wohngeld stets ordnungsgemäß erbracht hat.
Lösung nach der Aufteilungstheorie: V hat die Nachzahlungsbeträge zu leisten.

Alternative Lösung nach der Fälligkeitstheorie: E muß die Nachzahlungsbeträge erbringen.

Das vorstehende Beispiel macht in eklatanter Weise deutlich, daß die Fälligkeitstheorie hier dem Erwerber das Risiko der rückständigen Jahresabrechnungen auflastet. Sie führt damit zu einer unbilligen Zahlungsverpflichtung des Erwerbers für nicht verursachte Kosten. Kosten und Nutzungen stehen in keiner Relation mehr.

Beispiel 7: Die Eigentümergemeinschaft hat über mehrere Jahre Beiträge zur Instandhaltungsrücklage angesammelt. 1992 muß eine größere Instandhaltungsmaßnahme durchgeführt werden, die gemäß Beschluß der Eigentümerversammlung zu Lasten der Instandhaltungsrücklage gebucht werden soll. V veräußert seine Wohnung an E. Die Eigentumsumschreibung im Grundbuch erfolgt im Januar 1993. Im März 1993 findet die Eigentümerversammlung statt, in der über die Jahresabrechnung 1992 beschlossen wird.

Da die Finanzverwaltung die laufenden Zuführungen zur Instandhaltungsrücklage nicht mehr als Werbungskosten anerkennt (OFD Münster BB 1989, 409), sondern erst dem Abfluß aus der Rücklage einen solchen Charakter zubilligt, wird der Verwalter die Instandhaltungskosten in der Abrechnung ausweisen und den Rücklagenabfluß den Eigentümern auf der Einnahmenseite gutschreiben. Dies kann zur Verdeutlichung in der Jahresabrechnung wie folgt dargestellt werden:

Auf der Kostenseite ist neben den allgemeinen Kosten der Anteil an der Instandhaltungsmaßnahme auszuweisen. Auf der Einnahmenseite steht demgegenüber neben den Wohngeldzahlungen der entsprechende Abflußbetrag aus der Rücklage, so daß sich der Kostenanteil für die betreffende Instandhaltungsmaßnahme mit dem Abflußanteil aus der Rücklage gegenseitig aufhebt:

anteilige Ausgaben	
Müllabfuhr	200,– DM
Straßenreinigung	150,– DM
Instandhaltung	6000,– DM
etc.	
anzurechnende Einnahmen	
Wohngeldzahlungen	2350,– DM
Abfluß aus der Rücklage	6000,– DM

Durch diesen Ausweis ist es möglich, daß jetzt die Eigentümer den Abfluß aus der Instandhaltungsrücklage als Werbungskosten in der Einkommensteuererklärung ansetzen können.

Lösung nach der Aufteilungstheorie: Dieses Ergebnis wird von der Aufteilungstheorie nachvollzogen, da die Abrechnung des Jahres 1992 ausschließlich dem V zuzurechnen ist.

Alternative Lösung nach der Fälligkeitstheorie: Nach der Fälligkeitstheorie wird diese steuerrechtliche Zuweisung nicht erreicht. E erhält die Zuweisung der Werbungskosten in vollem Umfang, da nach der Fälligkeitstheorie ihm gegenüber abzurechnen ist. E würde demnach einen Steuervorteil erhalten, obschon er bis dato keine Beiträge zur Instandhaltungsrücklage geleistet hat. V erleidet einen doppelten Nachteil. Er kann keine Ausbezahlung seiner Rücklagenanteile verlangen, und er könnte nach der Fälligkeitstheorie auch nicht seine Beiträge zur Rücklage steuerlich geltend machen.

ee) Zusammenfassung der Erwerberhaftung

Nur die **Aufteilungstheorie** führt zu billigenswerten Ergebnissen, die die Verkehrsfähigkeit von Eigentumswohnungen nicht beeinträchtigen. Auch wird nur die Aufteilungstheorie der Heizkostenverordnung gerecht. Die Aufteilungstheorie führt trotz der Abweichung von Stimmrecht und Zahlungspflicht nicht zu einem unzulässigen Gesamtakt zu Lasten Dritter. Der im Grundbuch gelöschte Veräußerer wird durch einen Beschluß in der Jahresabrechnung als Nichteigentümer nicht gebunden. Was ihn nicht bindet, kann auch kein ihn belastender Akt sein. Andererseits bleibt ihm der Rechtsweg vor dem Prozeßgericht erhalten. **102a** **Erwerb in der Zwangsversteigerung**

c) Erwerb durch Zuschlag in der Zwangsversteigerung

Beim Erwerb durch Zuschlag in der Zwangsversteigerung ist zunächst zu berücksichtigen, daß es sich hierbei um originären Eigentumserwerb (§ 90 Abs. 1 ZVG) und nicht um einen Fall der Rechtsnachfolge handelt (BGHZ 88, 303, 305). Dies findet auch in der klaren gesetzlichen Regelung des § 56 Satz 2 ZVG eine Bestätigung. Nach dieser Vorschrift hat der Ersteher die Lasten des Grundstücks vom Zuschlag an zu tragen. Unter „Lasten" im Sinne des § 56 Satz 2 ZVG sind die öffentlichen und privatrechtlichen Leistungen zu verstehen, die aus dem Grundstück zu entrichten sind und daher den Eigentümer treffen (Brox/Walker Rdn. 944; Zeller/Stöber, § 56 Anm. 3.2). Der Begriff der Lasten ist in dieser Vorschrift weit zu verstehen. Da alle Belastungen des Grundstücks hiermit gemeint sind, werden sowohl Lasten als auch Kosten im Sinne von § 16 Abs. 2 WEG umfaßt. Somit fallen auch die Kosten der Instandhaltung, Instandsetzung, sonstigen Verwaltungen und eines gemeinschaftlichen Gebrauchs des gemeinschaftlichen Eigentums unter diese Regelung. Nach dem insoweit eindeutigen Wortlaut des § 56 Satz 2 ZVG haftet der Ersteher nicht für die vor dem Zuschlag angefallenen Kosten des gemeinschaftlichen Eigentums. Die Vertreter der Fälligkeitstheorie nehmen hier dennoch eine Einstandspflicht des Erstehers für vor dem Zuschlag entstandenen Kosten dann an, wenn diese erst nach dem Zuschlag beschlossen wurden (so u. a. BayObLG, Beschluß vom 21. 7. 1994 – 2ZBR 43/94, abgedruckt in WM 1995, 52). Begründet wird diese Ansicht damit, **103** **Eigentumserwerb** daß erst durch den Beschluß der Eigentümergemeinschaft die Wohnungseigentümer verpflichtet würden (Zeller/Stöber § 56 Anm. 3.10). Dagegen spricht aber die bereits dargelegte Kritik an der Auffassung, daß der Beschlußfassung eine konstitutive Bedeutung beizumessen sei (vgl. VII Rdn. 97). Im übrigen handelt es sich bei dieser Auslegung der Vorschrift um eine Auslegung contra legem, für die kein hinreichender Grund ersichtlich ist. Wendet man dagegen die Aufteilungstheorie an, stellen sich derartige Probleme nicht. Auch für den Erwerb durch Zuschlag in der Zwangsversteigerung ist die Aufteilungstheorie uneingeschränkt anwendbar. Diese Auffassung findet auch im Sinn und Zweck des Zwangsversteigerungsgesetzes eine Bestätigung. Dieses Gesetz verfolgt das Interesse der beteiligten Gläubiger und Schuldner, ein möglichst gutes Versteigerungsergebnis zu erwirken. Mit dieser Zielsetzung ist ein Ergebnis nicht vereinbar, das sich wirtschaftlich wie eine Schuldübernahme im Sinne einer Haftung für nicht vom Ersteher verursachte Kosten auswirkt. Sowohl die Übernahmetheorie als auch die Fälligkeitstheorie könnten wirtschaftlich den Ersteher im Sinne einer dem Betrag nach unbegrenzten Vorlast zugunsten der anderen Miteigentümer belasten. Für eine derartige Belastung findet sich keine gesetzliche Grundlage (so auch BGHZ 88, 302, 308; Röll, NJW 1976, 1473, 1476). Im übrigen könnte die faktische Unsicherheit, die aus einer Haftung des Erwerbers folgen würde, das Zwangsversteigerungsverfahren im allgemeinen und die Abgabe eines besonders hohen Gebotes im besonderen beeinträchtigen. Diese Unsicherheit entsteht bei Anwendung der Aufteilungstheorie nicht.

d) Regelung der Erwerber-/Ersteherhaftung in der Gemeinschaftsordnung

aa) Vereinbarung entsprechend der Übernahmetheorie

104 Mit der Feststellung, daß § 16 Abs. 2 WEG im Sinne der Aufteilungstheorie auszulegen ist, ist gleichzeitig die Frage beantwortet, daß die Vereinbarung der Haftungsregelung in der Gemeinschaftsordnung entsprechend dem Inhalt dieser Theorie ohne weiteres möglich und doch nicht erforderlich ist. Was sich durch gesetzeskonforme Auslegung ergibt, braucht in der Gemeinschaftsordnung allenfalls klarstellend aufgegriffen zu werden. Diese Feststellung ist für die übrigen zu dieser Thematik vertretenen Theorien jedoch nicht zu übernehmen. So stellt sich insbesondere die Frage, ob der Inhalt der Übernahmetheorie wirksam vereinbart werden kann.

Von den Vertretern der in den Rechtsfolgen sehr weitreichenden Übernahmetheorie dürften – obschon entsprechende Ausführungen in der Literatur hierzu nicht feststellbar waren – keine Probleme gesehen werden, leiten diese die Theorie doch ebenfalls aus dem Wohnungseigentumsgesetz ab.

So will Pick (PiG 18, 75) die in der Gemeinschaftsordnung vereinbarte Übernahmetheorie selbst dann zulassen, wenn sie dort zu Lasten des Erstehers in der Zwangsversteigerung geregelt wurde. Nach seiner Auffassung gehe die dem Wohnungseigentumsgesetz „immanente Regelung“ (gemeint ist die Haftungsübernahme) als Bestandteil des jüngeren Gesetzes dem älteren § 56 Abs. 2 ZVG vor (PiG, 18, 75).

Die Rechtsprechung hatte sich hierzu – soweit ersichtlich – in zwei Fällen zu äußern. Zunächst stellte der BGH fest, daß eine etwaige Regelung in der Gemeinschaftsordnung, wonach auch der Erwerber gesamtschuldnerisch für etwaige Rückstände des Veräußerers haftet, schon terminologisch nicht auf den Ersteher in der Zwangsversteigerung anwendbar ist (BGH NJW 1974, 308). Der BGH weist in dieser Entscheidung mit Recht darauf hin, daß schon rein sprachlich der „Ersteher“ nicht mit dem „Erwerber“ gleichgesetzt werden kann. Bei der Auslegung von Bestimmungen der Gemeinschaftsordnung, die einem Sondernachfolger Pflichten auferlegen, sind erhöhte Anforderungen an Klarheit und Bestimmtheit der gewählten Formulierungen zu stellen, damit sich der Erwerber bzw. Ersteher anhand des Grundbuchs zuverlässig über die auf ihn zukommenden Belastungen informieren kann (BGH NJW 1994, 309). **105**

Der BGH ließ in dieser Entscheidung offen, ob die Vereinbarung in der Gemeinschaftsordnung für den Erwerber zulässig ist. Für den Ersteher wurde sie hier noch aus terminologischen Gründen abgelehnt.

Klarer entschied dann das BayObLG, daß Vereinbarungen dieser Art zu Lasten des Erstehers in der Zwangsversteigerung generell unbillig seien und als Verträge zu Lasten Dritter nicht anerkannt werden könnten (BayObLGE 84, 189, 201).

Diese Auffassung, der schon für den Veräußerungsfall zu folgen war, findet ebenfalls Unterstützung im Wortlaut des § 10 Abs. 2 WEG.

§ 10 Abs. 2 WEG ermöglicht grundsätzlich den Wohnungseigentümern, Vereinbarungen in Abänderung oder Aufhebung von Vorschriften des Wohnungseigentumsgesetzes zu treffen. Abänderungen oder Aufhebungen anderer Gesetze und somit konkret eine Durchbrechung von § 56 Satz 2 ZVG sind aber nach dem Wortlaut der Vorschrift nicht vorgesehen. Hierzu ergänzt § 10 Abs. 2 WEG, daß Vereinbarungen, durch die die Wohnungseigentümer ihr Verhältnis untereinander in Ergänzung oder Abweichung von den Vorschriften dieses Gesetzes regeln, gegen den Sondernachfolger eines Wohnungseigentümers wirken, wenn sie als Inhalt des Sondereigentums im Grundbuch eingetragen sind. Das Erfordernis der Grundbucheintragung wird hierbei als ausreichende Schutzvorrichtung zugunsten des Erwerbers bzw. Erstehers angesehen, da diesem jederzeit die Möglichkeit der Einsichtnahme offensteht. Diese Bestimmungen geben somit grundsätzlich weitgehende gestalterische Möglichkeiten. Die Gestaltungsfreiheit ist nur dort ausgeschlossen, wo das Gesetz unabdingbare Regelungen trifft. Die hier relevante Vorschrift des § 16 Abs. 2 WEG wird jedoch als dispositiv angesehen (Weitnauer, § 10 Rdn. 9, Bärmann/Pick, § 16 Rdn. 4; BayObLG DWE 1982, 136; OLG Frankfurt OLGZ 83, 180; BayObLG ZMR 1985, 132).

106
Unbillige Bestimmungen

Hieraus ergibt sich jedoch nicht, daß alle denkbaren Vereinbarungen auch wirksam sind. § 10 Abs. 2 WEG ist nicht dahin zu verstehen, daß die Wohnungseigentümer alles Denkbare und somit auch unbillige Bestimmungen vereinbaren können. Grundsätzlich unterliegen Vereinbarungen auch der Kontrolle der §§ 242, 315 BGB (OLG Hamm Rpfleger 1975, 401; BayObLGE 74, 294). Gem. § 10 Abs. 2 WEG wäre zwar die Vereinbarung der Übernahmetheorie als Bestandteil der Gemeinschaftsordnung in das Grundbuch einzutragen und somit die Haftung des Erwerbers für diesen durch die Einsichtnahme des Grundbuchs vor Abschluß des Kaufvertrages erkennbar. Nicht erkennbar wäre jedoch für den Erwerber die Höhe der Rückstände. Die Vereinbarung würde somit wie eine dem Betrag nach nicht begrenzte Vorlast zugunsten der anderen Miteigentümer wirken (so auch Röll, NJW 1976, 1476; Diester, NJW 1971, 1156). Auch würde die Übernahmetheorie in der Gemeinschaftsordnung bewirken, daß der Erwerber unbillig für nicht von ihm verursachte Kosten haften müßte. Daneben spricht gegen die Möglichkeit der Vereinbarung der Übernahmetheorie, daß niemand durch ein Rechtsgeschäft Dritter schuldrechtlich verpflichtet werden kann (so auch BayObLGE 94, 198, 201; KG Berlin, DWE 1993, 153, 154). Verträge zu Lasten Dritter sind unzulässig (ständige Rechtsprechung BGHZ 58, 216, 220; 61, 359, 361; 68, 225, 231). Diesen belastenden Verträgen könnte sich der Erwerber nur entziehen, wenn er das Wohnungseigentum überhaupt nicht erwirbt. Dies aber würde wiederum die Verkehrsfähigkeit von Eigentumswohnungen stark beeinträchtigen. Die Vereinbarung des Inhalts der Übernahmetheorie in der Gemeinschaftsordnung kann daher nicht zu Lasten des Erwerbers wirksam vorgenommen werden. Diese Feststellung gilt erst recht für den Ersteher in der Zwangsversteigerung. Diese Auffassung wird durch eine neuere Entscheidung des KG Berlin (DWE 1993, 153, 154) unterstützt. Dort wird ausgeführt, daß unabhängig von der Vorschrift des § 10 Abs. 2 WEG Vereinbarungen, die den Sondernachfolger eines Wohnungseigentümers träfen, hinsichtlich ihrer Zulässigkeit nicht nur an den Bestimmungen des Wohnungseigentumsgesetzes und der §§ 134, 138 BGB, sondern auch an den zwingenden und unverzichtbaren

Prinzipien des Sachenrechts zu überprüfen seien. Das KG Berlin begründet seine Auffassung damit, daß die Anbindung unbegrenzter schuldrechtlicher Verpflichtungen eines Rechtsvorgängers an ein Sachenrecht wie das Wohnungseigentum auf einen unbeschränkten und unbeschränkbaren Haftungsübergang auf den Rechtsnachfolger hinausliefe und insofern den Grundsätzen des Sachenrechts wesensfremd sei. Ein unbegrenzter Schuldenübergang, geknüpft an die Übertragung eines Sachenrechts wie das Wohnungseigentum, könne nicht zum „Inhalt des Sondereigentums" (§ 10 Abs. 2 WEG) gemacht werden, weil das dingliche Recht damit ausgehöhlt werden könnte. Hierdurch wird dem gesteigerten Bedürfnis nach Rechtssicherheit insbesondere im Grundstücksrecht Rechnung getragen.
Die Haftung des Erstehers für rückständige Zahlungsverpflichtungen des Voreigentümers aufgrund einer entsprechenden Vereinbarung in der Gemeinschaftsordnung würde auch wiederum zu geringeren Geboten in der Versteigerung führen und dem gesetzgeberischen Willen entgegenlaufen, daß das Zwangsversteigerungsverfahren möglichst hohe Versteigerungsergebnisse ermöglichen soll. Auch die mangelnde Verkehrsfähigkeit mit dinglichen Rechten hoch belasteten Wohnungseigentums spricht somit gegen die Möglichkeit der Vereinbarung der Übernahmetheorie (so auch KG Berlin DWE 1993, 153, 154).
Nach alledem können Vereinbarungen entsprechend der Übernahmetheorie sowohl hinsichtlich des Erwerbers als auch hinsichtlich des Erstehers nicht als wirksam angesehen werden.

bb) Vereinbarung entsprechend der Theorie des „werdenden Wohnungseigentümers"

Gegen eine Vereinbarung, wonach der „werdende Wohnungseigentümer" bereits für die anteiligen Kosten gem. § 16 Abs. 2 WEG haftet, könnten Bedenken bestehen, weil hierdurch Nichtmitglieder den Regeln des Wohnungseigentumsgesetzes unterworfen würden.

107
Ausdehnung auf Nichtmitglieder

Dennoch ist zu berücksichtigen, daß gem. § 10 Abs. 1 WEG die Wohnungseigentümer Vereinbarungen in Abweichung von den Vorschriften des Wohnungseigentumsgesetzes treffen können. Wird der haftende Personenkreis durch die Anerkennung des „werdenden Wohnungseigentümers" in einer Vereinbarung auch hier wie bei der Übernahmetheorie auf Nichtmitglieder ausgedehnt, so ist doch zu berücksichtigen, daß hierdurch kein Dritter unbillig belastet würde. Der „werdende Wohnungseigentümer" soll erst ab Eintritt bestimmter Kriterien für die von ihm mitverursachten Kosten haften. Wird diese Haftung als Bestandteil der Gemeinschaftsordnung in das Grundbuch eingetragen, so kann der Erwerber erkennen,

ab wann er haftet. Ihn trifft in diesem Fall auch keine unüberschaubare Vorlast, da er nicht für Rückstände haften muß. Zudem gehen gerade die meisten Kaufverträge von einem Lastenübergang auf den Erwerber zum Zeitpunkt der Besitzergreifung aus. Daher entspricht die Vereinbarung einer Haftung nach der Theorie des „werdenden Wohnungseigentümers“ in der Regel dem mutmaßlichen Willen der Kaufvertragsparteien. Was aber dem Willen der Kaufvertragsparteien entspricht, kann nicht als eine Art unzulässiger Vertrag zu Lasten Dritter angesehen werden.
Eine Haftungsregelung zu Lasten des „werdenden Wohnungseigentümers“ ist in der Gemeinschaftsordnung daher grundsätzlich als wirksam anzusehen. Die Schwierigkeiten dürften jedoch in der eindeutigen Definition des Begriffs liegen. Damit die Haftungsregelung insbesondere für den Erwerber eindeutig erkennbar ist, müssen die Kriterien klar definiert sein. Insbesondere wäre darzulegen, ob die Eintragung einer Auflassungsvormerkung erforderlich ist. Bei unklarer oder unbestimmter Formulierung müßte auch diese Vereinbarung gem. §§ 242, 315 BGB als unwirksam angesehen werden.

cc) Vereinbarung entsprechend der Fälligkeitstheorie

108 Die Haftung des Erwerbers nach Fälligkeitsgesichtpunkten entspricht nicht – wie bereits dargelegt – der gesetzlichen Regelung des § 16 Abs. 2 WEG. Dennoch stellt sich die Frage, ob der Inhalt der Fälligkeitstheorie wirksam in der Gemeinschaftsordnung vereinbart werden kann. Für den Fall der Veräußerung einer Eigentumswohnung ist dies unproblematisch. Die Fälligkeitstheorie ermöglicht Vereinbarungen, die den Umfang der Zahlungsverpflichtungen des Veräußerers bzw. Erwerbers von der Beschlußfassung bzw. Fälligkeit etwaiger Nachzahlungspflichten aus der Jahresabrechnung abhängig machen. Damit wird zwar die Haftung für nicht vom Erwerber verursachte Kosten determiniert. Eine solche Vereinbarung verstößt aber nicht gegen unabdingbare Grundsätze des Wohnungseigentumsgesetzes. Die Übernahme des Inhalts der Fälligkeitstheorie in eine Gemeinschaftsordnung kann auch nicht als vollkommen mißlungene, sachwidrige oder unangemessene Bestimmung angesehen werden, die den Anspruch des Wohnungseigentümers auf Änderung der Gemeinschaftsordnung gegen die übrigen Wohnungseigentümer begründen könnte (zur grundsätzlichen Zulässigkeit eines solchen Änderungsanspruchs siehe Bärmann, Rpfleger 1977, 233; BayObLG Rpfleger 1976, 422; Weitnauer § 10 Rdn. 17), da diese Theorie dem Grundsatz Rechnung tragen will, daß derjenige zahlen soll, der an der entsprechenden Beschlußfassung mitgewirkt hat. Diese Mitwirkungsmöglichkeit rechtfertigt auch ein anderes Ergebnis, als es zur Üernahmetheorie dargestellt wurde.

Selbst wenn sich die Fälligkeitstheorie ähnlich wie die Übernahmetheorie im Ergebnis zu einer dem Betrag nach unbegrenzten Vorlast für den Erwerber auswirken kann, so haftet der Erwerber nach Vereinbarung der Fälligkeitstheorie nur dann, wenn er als Eigentümer die Möglichkeit hatte, an dem Beschluß über die entsprechenden Jahresabrechnungen mitzuwirken. Das Mitwirkungsrecht beinhaltet auch die Möglichkeit, gegen den den Erwerber belastenden Beschluß zu stimmen und ggfs. diesen sogar gem. § 23 Abs. 4 WEG gerichtlich anfechten zu können. Dieser wesentliche Unterschied zur Übernahmetheorie läßt die Vereinbarung der Fälligkeitstheorie nicht als vollkommen unbillige Gestaltungsform erscheinen.

109 Mitgliedschaftsrecht

Eine Vereinbarung, wonach auch der Ersteher in der Zwangsversteigerung unter Fälligkeitsgesichtspunkten haftet, kann jedoch nicht als wirksam angesehen werden. Diese Auffassung hatte auch der BGH in einer Entscheidung des Jahres 1985 (BGH NJW 1985, 2717f.) vertreten. Ob diese Auffassung auch heute noch vom BGH vertreten würde, erscheint zumindest zweifelhaft, nachdem er sich beim rechtsgeschäftlichen Erwerb nunmehr ebenfalls der Fälligkeitstheorie zugewandt hat (BGH NJW 1988, 1910). Dennoch ergeben sich wesentliche Unterschiede zwischen dem Zuschlag in der Zwangsversteigerung und dem rechtsgeschäftlichen Erwerb. Die Fälligkeitstheorie läßt sich in erster Linie nur durch mitgliedschaftsrechtliche Erwägungen begründen. Der Ersteher erwirbt jedoch nicht sein Mitgliedschaftsrecht vom früheren Wohnungseigentümer. Er schlüpft nicht in dessen Rolle und nimmt nicht an dessen Stelle an der Eigentümerversammlung teil. Er erwirbt originäres Eigentum. Deshalb stellt § 56 Satz 2 ZVG fest, daß der Ersteher ab dem Zuschlag die Lasten – was dem Begriff der Kosten gleichzustellen ist – zu tragen hat. Würde der Ersteher solche Kosten des Voreigentümers zu tragen haben, die der Voreigentümer verursacht hat, die aber mangels Beschlußfassung noch nicht zur Zahlung aufgegeben wurden, so würde der Ersteher zwar keine Schulden im juristischen Sinne übernehmen. Wirtschaftlich gesehen übernimmt er jedoch Kosten, die er nicht verursacht und für die er keine Gegenleistung erhalten hat. Eine solche Vereinbarung verstößt somit gegen die Regelung des § 56 Satz 2 ZVG. Eine Vereinbarung in der Gemeinschaftsordnung darf diese Grundsätze des Zwangsversteigerungsverfahrens nicht durchlöchern, da so weit die Befugnis des § 10 Abs. 2 WEG nicht führt. Die Wohnungseigentümer hätten es andernfalls in der Hand, durch Vereinbarung der Grundsätze der Fälligkeitstheorie die Gläubiger zu benachteiligen, indem die Versteigerungsergebnisse negativ beeinträchtigt würden. Dies würde nicht zuletzt dem Sinn und Zweck des Zwangsversteigerungsverfahrens, ein hohes Ergebnis zu erzielen, widersprechen. Nur der potentielle Ersteher wird nämlich ein hohes Gebot abgeben, der definitiv im Zeitpunkt des Zuschlags weiß, daß seine Zahlungspflichten gegenüber den anderen Wohnungseigentümern in diesem Zeitpunkt mit „Null" beginnen.

e) Regelung der Erwerber-/Ersteherhaftung durch Eigentümerbeschluß

aa) Beschlüsse entsprechend der Übernahmetheorie

110 Ob die Wohnungseigentümer die uneingeschränkte Haftung des Erwerbers für Rückstände des Veräußerers wirksam beschließen können, ist mit den gleichen Argumenten zu verneinen, wie sie zur Gestaltungsmöglichkeit durch Vereinbarung dargestellt wurden. Was durch Vereinbarung nicht geregelt werden kann, läßt sich erst recht nicht durch einen einfachen Mehrheitsbeschluß gestalten. Auch wenn § 16 Abs. 2 WEG grundsätzlich als dispositiv anzusehen ist, so bestimmt § 10 Abs. 1 Satz 2 WEG doch eindeutig, daß Abweichungen von den Vorschriften des Wohnungseigentumsgesetzes nur durch Vereinbarung getroffen werden können. Die Grundsätze der Übernahmetheorie können somit nicht durch bloßen Mehrheitsbeschluß übernommen werden.

Gleiches gilt auch für einen gleichlautenden Beschluß zu Lasten des Ersteheres in der Zwangsversteigerung. Zusätzlich ist in diesem Zusammenhang auf den zwingenden Charakter des § 56 Satz 2 ZVG zu verweisen, der einen Beschluß entgegen der gesetzlichen Regelung nicht zuläßt.

bb) Beschlüsse entsprechend der Theorie des „werdenden Wohnungseigentümers"

Da die Theorie des „werdenden Wohnungseigentümers" vereinbart werden kann, fragt sich, ob dies auch durch Beschluß zulässig wäre.

Ein solcher Beschluß könnte gegen §§ 21 Abs. 3, 23 Abs. 1 WEG verstoßen. Während eine Vereinbarung gem. § 10 Abs. 1 WEG auch in Abweichung von den Vorschriften des Wohnungseigentumsgesetzes getroffen werden kann, ist eine solche Abweichung durch Beschlüsse gem. § 23 Abs. 1 WEG grundsätzlich unzulässig.

111 Es entspricht im vorliegenden Problemkreis nicht ordnungsgemäßer Verwaltung, wohnungseigentumsrechtliche Zahlungsverpflichtungen einem (Noch-)Nichteigentümer aufzuerlegen. Die durch Beschlußfassung mögliche Selbstbestimmung der Wohnungseigentümer gestaltet nur die Rechtsbeziehungen zwischen den Mitgliedern der Gemeinschaft. Das Wohnungseigentumsgesetz regelt auch an keiner Stelle die Rechtsposition des „werdenen Wohnungseigentümers". Das Gesetz spricht im Gegenteil stets nur von dem „Wohnungseigentü-

mer". Ein Beschluß zur Begründung der Haftung des „werdenden Wohnungseigentümers" würde somit zu einer Ausdehnung des gesetzlichen Adressatenkreises führen. Diese Befugnis ist den Wohnungseigentümern im Gesetz nicht zugewiesen. Da die Wohnungseigentümer gem. § 23 Abs. 1 WEG aber nur über solche Angelegenheiten beschließen dürfen, über die nach diesem Gesetz (oder nach einer Vereinbarung) durch Beschluß entschieden werden kann, würde ein entsprechender Beschluß über die gesetzlich übertragene Beschlußkompetenz hinausgehen.
Eine solche Beschlußfassung dürfte sich in der Praxis auch schwierig gestalten. Da zur Beschlußfassung die Hinzuziehung juristischer Hilfe nicht zwingend gewährleistet ist, besteht die Gefahr, daß die Wohnungseigentümer die Voraussetzungen des „werdenden Eigentümers" im Beschluß nicht hinreichend definieren. Wie will die Eigentümergemeinschaft möglichst für alle denkbaren Fälle verbindlich den Begriff des „werdenden Wohnungseigentümers" im Beschluß definieren?
Nach alledem läßt sich die Haftung des „werdenden Wohnungseigentümers" durch einen Beschluß in der Wohnungseigentümerversammlung nicht wirksam begründen.

cc) Beschlüsse entsprechend der Fälligkeitstheorie
Die vorstehenden Überlegungen zur Beschlußfassung entsprechend der Übernahmetheorie bzw. zur Theorie des „werdenden Wohnungseigentümers" sind ebenfalls entsprechend auf Beschlüsse zur Fälligkeitstheorie zu übertragen.
Auch wenn die Fälligkeitstheorie dazu führt, daß derjenige **112**
zur Zahlung verpflichtet wird, der auch über das Ergebnis der Jahresabrechnung abstimmen darf, so würde ein solcher Beschluß jedoch nicht berücksichtigen, daß hierdurch wirtschaftlich die Haftung des Erwerbers für nicht von ihm verursachte Kosten begründet würde. Wie bereits oben dargelegt, läßt sich die Fälligkeitstheorie nicht aus § 16 Abs. 2 WEG ableiten. Was jedoch nicht dem Inhalt des Wohnungseigentumsgesetzes entspricht, kann gem. § 23 Abs. 1 WEG auch nicht von den Wohnungseigentümern beschlossen werden. Da die Fälligkeitstheorie auch zu unbilligen Ergebnissen führen kann, die den Erwerber mit Abrechnungen aus früheren Jahren und somit wirtschaftlich mit nicht von ihm verursachten Kosten belasten, würde eine solche Beschlußfassung als ein unzulässiger „Gesamtakt" zu Lasten Dritter anzusehen sein (KG Berlin WM 1994, 497, 498). Dies gilt erst recht für eine gleichlautende Beschlußfassung zu Lasten des Erstehers in der Zwangsversteigerung. Diesbezüglich kann auf die vorstehenden Argumente verwiesen werden. Was schon nicht wirksam vereinbart werden kann, kann erst

recht nicht durch bloßen Mehrheitsbeschluß eingeführt werden.

f) Vermieteter Wohnraum

114 aa) Differenzierung nach der Umlagefähigkeit der Kosten.

Jahresabrechnung als Grundlage der Mieterabrechnung

(1) Grundsätze. Die Jahresabrechnungen des WEG-Verwalters berücksichtigen in der weit überwiegenden Zahl der Fälle nicht die Tatsache, daß viele Eigentumswohnungen vermietet sind. Für die vermietenden Kapitalanleger muß die **Jahresabrechnung** besondere Kriterien erfüllen. Den Verwalter trifft in diesem Fall die vertragliche Nebenpflicht, umlage- und nichtumlagefähige Kosten zu trennen (so auch Merle, PiG 21, 116; a. A. OLG Stuttgart WE 1990, 106). Der Eigentümer muß anhand der Jahresabrechnung des Verwalters die Nebenkostenabrechnung für seinen Mieter (meistens gewerblicher Zwischenmieter) erstellen. Ein eigenes Buchführungssystem steht ihm hierzu nicht zur Verfügung. Die Belege werden ausschließlich beim Verwalter geführt und verbucht. Demzufolge muß die Jahresabrechnung bereits gewisse Vorgaben enthalten, anhand derer sich der einzelne Eigentümer schnell und ohne größere Fachkenntnisse orientieren und die Jahresabrechnung für den Endmieter erstellen kann.

Der Abrechnung gegenüber den Mietern muß eine nachvollziehbare Abrechnung der Wohnungseigentümer untereinander nicht beigefügt werden (LG Köln WM 1985, 399). Es genügt den Anforderungen, wenn der Eigentümer die Kosten, mit denen er aufgrund der Abrechnung der Eigentümer untereinander belastet wird, seiner Abrechnung zugrunde legt (LG Köln, ebenda). Dabei muß er die Positionen herausrechnen, die nicht auf den Mieter umlagefähig sind.

115 Ein wichtiges Kriterium zur Herstellung der Transparenz und der Verwendbarkeit der Jahresabrechnung des WEG-Verwalters für das Mietverhältnis stellt die Differenzierung der einzelnen Kosten nach ihrer Umlagefähigkeit dar (so auch Maul, DB 1980, 937). Für umlage- und nichtumlagefähige Kosten sollten separate Kostengruppen gebildet werden. Was im einzelnen Fall aus dem Mietverhältnis zwischen Eigentümer und Mieter umlagefähig ist, ist vom genauen Vertragswortlaut abhängig. Dies kann und muß der Verwalter nicht berücksichtigen. Der Verwalter muß jedoch eine Vorgabe machen, die dem Eigentümer die Differenzierung ermöglicht und eine Vermengung der Kosten verhindert.

116 (2) Die einzelnen Kostengruppen. Zunächst sollte die Jahresabrechnung eine optische Trennung der beiden Kostengruppen erkennen lassen. In die Gruppe der umlagefähigen Kosten gehören grundsätzlich die Kosten, die in der Anlage 3 zu § 27 Abs. 2 der II. Berechnungsverordnung (II. BV) enthalten sind. Hierzu zählen im einzelnen:

1. Öffentliche Lasten des Grundstücks (im wesentlichen die Grundsteuer),
2. die Kosten der Wasserversorgung,
3. die Kosten der Entwässerung,
4. die Kosten der zentralen Heizungsanlage,
5. die Kosten der zentralen Warmwasserversorgungsanlage,
6. die Kosten verbundener Heizungs- und Warmwasserversorgungsanlagen,
7. die Kosten des maschinellen Personen- oder Lastenaufzugs,
8. die Kosten der Straßenreinigung und Müllabfuhr,
9. die Kosten der Hausreinigung und Ungezieferbekämpfung,
10. die Kosten der Gartenpflege,
11. die Kosten der Beleuchtung,
12. die Kosten der Schornsteinreinigung,
13. die Kosten der Sach- und Haftpflichtversicherung,
14. die Kosten für den Hauswart,
15. die Kosten des Betriebs der Gemeinschaftsantennenanlage,
16. die Kosten des Betriebs der maschinellen Wascheinrichtung.

Alle hier nicht enthaltenen Kosten stellen als Umkehrschluß nichtumlagefähige Kosten dar. Auch wenn die Zweite Berechnungsverordnung grundsätzlich nur im Bereich des sozialen Wohnungsbaus Anwendung findet, so führt die Anlage 3 zu § 27 Abs. 1 II. BV doch allgemeinverbindlich die umlagefähigen Kosten abschließend auf. Diese Allgemeinverbindlichkeit folgt aus § 4 Miethöhegesetz (MHG).

Zu den einzelnen Kostengruppen ist folgendes anzumerken:

117 Vereinbarung über Hausverwaltungskosten

Die Hausverwaltungskosten sind grundsätzlich nichtumlagefähig. Es kann als noch herrschende Meinung angesehen werden, daß dies auch dann gilt, wenn eine anderslautende vertragliche Vereinbarung getroffen wurde (vgl. LG Frankfurt WM 1982, 78 ff.; AG Hannover WM 1982, 195; AG Freiburg WM 1982, 215; AG Bayreuth WM 1983, 182; AG Baden-Baden WM 1985, 367; LG Düsseldorf WM 1985, 368; a. A. LG Braunschweig WM 1982, 79; AG Offenbach WM 1985, 368; AG Neustadt/Weinstr. WM 1985, 368; AG Friedberg WM 1985, 368; LG Wiesbaden WM 1985, 367). Für die Nichtumlagefähigkeit kann als Begründung angesehen werden, daß Verwaltungskosten keine der in der II. Berechnungsverordnung aufgeführten Betriebskosten analoge Kosten sind. Bei ihnen handelt es sich nicht um solche Kosten, die dem Eigentümer für das Gebäude laufend entstehen, sondern es sind Kosten der eigenen Vermögenssorge. Durch die Verwaltung soll sichergestellt werden, daß das im Haus verkörperte Vermögen des Hauseigentümers und Vermieters sachgerecht und gewinnbringend genutzt wird. Derartige Kosten können aber nicht auf einen Dritten abgewälzt werden (LG Frankfurt a. a. O.). Die Nichtumlagefähigkeit entspricht auch § 4 MHG. Dort werden als umlagefähige Betriebskosten die Kosten des § 27 der II. BV angesehen. § 27 der II. BV enthält jedoch ausdrücklich nicht die Verwaltungskosten. Diese sind in § 26 der II. BV geregelt. Weiterhin stellt § 10 MHG klar, daß Vereinbarungen, die zum Nachteil des Mieters von den Vorschriften der §§ 1–9 MHG abweichen, unwirksam sind. Somit scheitert an §§ 4 und 10 MHG die Auffassung der Gegenmeinung.

118
Abtrennung der Instandhaltungskosten bei Wartungsverträgen

Zu der Frage der Nichtumlagefähigkeit von **Instandhaltungskosten** ist anzumerken, daß der Verwalter hier exakt zu trennen hat, was zur umlagefähigen Wartung gehört und was nichtumlagefähige Reparaturmaßnahmen darstellen. Dies wird insbesondere bei sogenannten Vollwartungsverträgen relevant. Verschiedene Firmen bieten in der Praxis für die Wartung von Aufzugs- oder Heizungsanlagen sog. **Vollwartungsverträge** an. Hierbei zahlt die Eigentümergemeinschaft einen bestimmten Pauschalbetrag, in dem die regelmäßige Wartung einschließlich der Durchführung von Reparaturen enthalten ist. Der Vollwartungsvertrag stellt für das Wartungsunternehmen eine Art Garantievertrag dar. Für den Verwalter ergibt sich bei solchen Vollwartungsverträgen das Problem, daß er nicht mehr abgrenzen kann, welche Beträge für umlagefähige Wartung und welche Beträge zur Reparatur der Anlage aufgewandt wurden. Er darf sich nicht allein an der Bezeichnung „Wartungsvertrag" orientieren. Diese Bezeichnung kaschiert tatsächlich Instandhaltungsmaßnahmen.

119

Zu den eigentlichen Wartungskosten der Aufzugsanlage gehören die Kosten des Betriebsstroms, die Kosten der Beaufsichtigung, der Bedienung, Überwachung und Pflege der Anlage, der regelmäßigen Prüfung ihrer Betriebsbereitschaft und Betriebssicherheit einschließlich der Reinigung der Anlage. Im allgemeinen werden Wegezeiten, Schmier- und Reinigungsmaterialien, regelmäßiger Ölwechsel an Motoren und Antriebsaggregaten und auch Störungsbeseitigungen während des normalen Betriebs ohne werkstattmäßige Bearbeitung von Teilen hinzugerechnet. Umlagefähige Betriebskosten sind weiterhin die Bereitstellung von Monteuren und Belastungsgewichten für die regelmäßigen TÜV-Prüfungen. Kleinteile wie Signallampen, Kontaktkohlen etc. werden im allgemeinen auch als umlagefähige Betriebskosten anerkannt.

Es bedarf eines großen Aufwandes, will man diese Kosten einzeln sammeln, wobei sich erfahrungsgemäß erhebliche Schwankungen speziell bei kurzen Zeiträumen ergeben. Der Aufwand, jede Kostenrechnung nach Wartungs- und Instandhaltungskosten zu differenzieren, ist ein Aufwand, der vom Verwalter zumindest nicht ohne zusätzliche Vergütung verlangt werden kann. Um der Sache jedoch zu dienen und die vorgenannten Kriterien einer Jahresabrechnung zu erfüllen, sollte es dem Verwalter ermöglicht werden, Vollwartungsverträge abzuschließen und die Kosten nach pauschalen Erfahrungssätzen in umlage- und nichtumlagefähige Kosten aufzuteilen. Für den Bereich der Aufzugswartung werden die Kosten für die reine Wartung (Umlagefähigkeit) von der Industrie mit 75–80 % bezeichnet. Dieser Prozentsatz erscheint m. E. zu eigentümerfreundlich zu sein, da die Praxis häufig zeigt, daß Vollwartungsverträge mehr als doppelt so teuer wie Teilwartungsverträge sind. Dementsprechend hat das Amtsgericht München entschieden, daß nur 50 % der Kosten aus einem „Vollunterhaltungsvertrag" als Wartungskosten auf die Mieter umgelegt werden dürfen (WM 1978, 87; AG Bruchsal WM 1988, 62f. sieht 60 % als umlagefähig an). Der Verwalter kann hier jegliche Unsicherheit beseitigen, indem er sich neben dem Vollwartungsvertrag alternativ ein Angebot über eine umlagefähige Teilwartung machen läßt. Die Differenz zwischen diesen beiden Angeboten stellt dann nachweisbar den nichtumlagefähigen Kostenanteil dar. Der Verwalter kann dann jährlich pauschal die Jahresvergütung des Wartungsunternehmens in zwei Kostengruppen aufteilen. Entsprechendes gilt selbstverständlich auch für die Heizungswartung.

Ein weiteres Abgrenzungsproblem stellen häufig die Kosten für den Hausmeister dar. Diese sind grundsätzlich umlagefähig. Nichtumlagefähig sind jedoch die Kostenanteile, die im Zusammenhang mit der Instandhaltung, Erneuerung, Schönheitsreparaturen oder der Hausverwaltung entstehen. Wird der Hauswart (zur Abgrenzung von der Hausverwaltung sollte der Begriff Hausmeister verwendet werden) anstelle von Drittfirmen mit der Durchführung von Reparaturmaßnahmen beauftragt, stellt die insoweit gezahlte Vergütung einen nichtumlagefähigen Kostenfaktor dar. Führt der Hausmeister Arbeiten am Sondereigentum aus, ist zusätzlich zu beachten, daß diese Kosten dem jeweiligen Eigentümer und nicht der Gemeinschaft belastet werden dürfen. **120 Hausmeisterkosten**

Bei Neubauobjekten werden meist im ersten Jahr nach Bezugsfertigkeit nicht unerhebliche Kosten für die sog. Erstausstattung des Hausmeisters aufgewandt. Hierzu zählen Kosten für Geräte und Maschinen für die laufenden Wartungs- und Reinigungsarbeiten, z. B. Rasenmäher, Staubsauger, Werkzeugkasten, Leiter etc. Diese Erstausstattungen stellen ebenfalls nichtumlagefähige Kosten dar. Sie sollten zur Schaffung der notwendigen Transparenz separat verbucht werden und nicht in der allgemeinen Kostengruppe „Hausmeister" untergehen. Der einzelne Wohnungseigentümer hat einen Anteil an den Hausmeisterkosten auch dann zu übernehmen, wenn er selbst einen Teil der Hausmeisterarbeiten erledigt (BayObLG WE 1986, 63), es sei denn, die Gemeinschaftsordnung stellt ihn insoweit frei. **121**

Die Kosten der **Müllabfuhr** sind grundsätzlich umlagefähig. Es gelten jedoch zwei Ausnahmen: Sieht die städtische Regelung vor, daß der Eigentümer die Behälter (Tonne oder Contai- **122 Müllabfuhrkosten** ner) käuflich erwerben muß, sind dies nichtumlagefähige Anschaffungskosten. Ebenfalls gehören nicht die Kosten hierher, die die Eigentümer für einen Container zur Bauschutt- und Gartenabfallbeseitigung aufwenden.

123
Gartenpflegekosten

Zu den Kosten der **Gartenpflege** zählt weder die Neuanlage des Gartens noch dessen Umgestaltung. Allerdings können Erneuerungskosten für eingegangene Pflanzen ebenso umgelegt werden wie die Pflegekosten der Spielplätze einschließlich der Erneuerung des Sandes. Die Betriebskosten der Gartenmaschinen zählen ebenfalls dazu. Die für den Betrieb eines Traktors notwendigen Benzinkosten sind bei großer Gartenfläche umlagefähig, da diese Maschinen Personalkosten sparen helfen (AG Bergheim WM 1985, 369).

124
Kabelanschlußkosten

Die Kosten für den Anschluß an das **Breitbandkabelnetz** der Bundespost sind nicht umlegbar, anders jedoch die Wartungskosten und die monatlichen Grundgebühren der Post. Ist die Umrüstung auf das Kabelfernsehen aufgrund eines Mehrheitsbeschlusses durchgeführt worden, braucht sich der überstimmte Eigentümer gem. § 16 Abs. 3 WEG nicht an den hierdurch entstehenden Kosten zu beteiligen. Er hat dann aber auch keinen Anspruch auf die Leistungen und muß den Einbau einer entsprechenden Drosselungsdose dulden (AG Hamburg-Altona DWE 1989, 30).

125
Wascheinrichtungskosten

Die Kosten der **maschinellen Wascheinrichtung** stellen nur dann allgemein umlagefähige Kosten dar, wenn die Geräte auch der Allgemeinheit ohne besonderes Entgelt zur Verfügung gestellt werden. Meist ist es jedoch so, daß die Nutzer der Waschmaschinen und Trockner die Geräte nur nach entsprechendem Geld- bzw. Münzeinwurf bedienen können. In diesem Fall müssen die Kosten für die maschinelle Wascheinrichtung separat ermittelt und mit den Einnahmen verrechnet werden. Unterdeckungen in diesem Bereich sind dann – da sie ausschließlich durch Kalkulationsfehler bedingt sein dürften – als nichtumlagefähige Kosten anzusehen. Genausowenig stellen Abschreibungs-und Leasingkosten in diesem Bereich umlagefähige Kosten dar.

126
Klingelschilderkosten

Ein häufig anzutreffendes Problem stellt die Anschaffung einheitlicher **Klingelschilder** dar. Geschieht dies auf Wunsch der Eigentümergemeinschaft oder zur Wahrung eines einheitlichen und optisch vorteilhaften Außenbildes, so handelt es sich um nichtumlagefähige Kosten. Dies folgt auch schon daraus, daß diese Kosten keine Erwähnung in Anlage 3 zu § 27 Abs. 1 II. BV finden.

127
Sonstige Kosten

Nichtumlagefähig sind die Kosten der Eigentümerversammlung und des Geldverkehrs (Kontoführungsgebühren, Zinsen etc.), ebenso die Zuführungen zur Instandhaltungsrücklage; letzteres ist schon deshalb nichtumlagefähig, weil es sich nicht um eigentliche Kosten, sondern um eine bloße Vermögensumschichtung handelt.

In der Praxis beschließen Eigentümergemeinschaften häufig die Erhebung von Umzugspauschalen. Der jeweilige Eigentümer wird mit einem Pauschalbetrag belastet, wenn er bzw. sein Mieter auszieht. Hierdurch sollen die erhöhten Anforderungen an die Treppenhausrenovierung ausgeglichen werden, die durch den häufigen Wechsel der Hausbewohner verursacht werden. Diese Kosten sind gegenüber dem Mieter nichtumlagefähig. Das OLG Stuttgart stellt sich sogar auf den Standpunkt, daß die Einführung dieser Pauschale durch Beschluß gegenüber dem Eigentümer unwirksam (anfechtbar) ist, wenn in der Gemeinschaftsordnung vorgesehen ist, daß die Instandhaltungskosten nach Miteigentumsanteilen aufzubringen sind (OLG Stuttgart MDR 1981, 857). M.E. wird diese Entscheidung dem Verursachungsprinzip nicht gerecht. Der Eigentümer, der Teile des Treppenhauses beschädigt, kann in Regreß genommen werden. Hier soll die Umzugspauschale Beweiserleichterungen bringen. Der Beweis, inwieweit das Treppenhaus durch den ausziehenden Eigentümer bzw. dessen Mieter tatsächlich beschädigt wurde, ließe sich kaum führen. Die Pauschale darf jedoch das finanziell Zumutbare (z.B. 100,– DM) nicht übersteigen. **128 Umzugspauschale**

(3) Vertragliche Anpassung von Hausgeld und Nebenkostenvorauszahlungen. Bei der Frage, ob eine vertragliche Anpassung der Nebenkostenvorauszahlungen des Mieters an die Hausgeldverpflichtung des Eigentümers zulässig ist, ist zwischen einem Wohnungsmieter und einem gewerblichen Mieter zu unterscheiden.

Die Klausel „der Mieter trägt die Mietnebenkosten in voller Höhe so, wie diese von der Hausverwaltung dem Wohnungseigentümer als Wohngeld belastet werden und wie dies in der Wohngeldabrechnung ermittelt wird", ist im Wohnraummietvertrag unwirksam (LG Hannover WM 1985, 92; a.A. Korff, DWE 1976, 4, 5). Die Wirksamkeit dieser Klausel scheitert einmal an ihrer Unbestimmtheit und somit an mangelnder Vorhersehbarkeit der entstehenden Nebenkosten für den Mieter. Ebenso widerspricht diese Regelung der grundsätzlichen Kosten- und Risikoverteilung zwischen den Mietvertragspartnern. Nach § 536 BGB hat der Vermieter die vermietete Sache dem Mieter in einem zu dem vertragsmäßigen Gebrauche geeigneten Zustand zu überlassen und sie während der Mietzeit in diesem Zustand zu erhalten. Hieraus folgt die eindeutige Risikozuweisung an den Vermieter, für die Instandhaltung der Mietsache zu sorgen und deren Kosten einschließlich der hierdurch entstandenen Verwertungskosten zu tragen. Weiterhin ist zu bedenken, daß der Eigentümer im Rahmen seiner Wohngeldzahlungen nur Instandhaltungsbeiträge für das Gemeinschaftseigentum leistet. Inwieweit der einzelne Mieter **129 Wohnraummieter** an diesen Verbesserungen bzw. Reparaturen partizipiert, läßt sich nicht ermessen. Das vom Wohnungseigentümer zu zahlende Wohngeld deckt sich somit auch dann nicht mit den auf den Wohnungsmieter umzulegenden Kosten, wenn eine entsprechende Regelung im Mietvertrag aufgenommen wurde. Allerdings können gegenüber den Wohnraummietern die Nebenkosten nach dem Verteilungsschlüssel der Gemeinschaftsordnung abgerechnet werden, wenn

1. im Mietvertrag nichts anderes vereinbart ist und
2. der Mieter hierdurch nicht unbillig belastet wird (LG Düsseldorf DWE 1989, 35).

130 Gewerblicher Mieter

Im Verhältnis des Eigentümers zu einem **gewerblichen Zwischenmieter** stellt sich die Sachlage allerdings anders dar. Nach mittlerweile gefestigter Rechtsprechung ist der Mietvertrag mit einem gewerblichen Zwischenmieter auch dann ein Gewerbemietvertrag und nicht ein solcher über Wohnraum, wenn die angemieteten Räume letztendlich an Endmieter zu Wohnzwecken weitervermietet werden sollen (BGH WM 1982, 109). Diese Rechtsprechung eröffnet im Verhältnis des Eigentümers zum gewerblichen Zwischenmieter die allgemeine Vertragsfreiheit, unabhängig von den zahlreichen Mieterschutzvorrichtungen. Danach ist beispielsweise eine Klausel wirksam, wonach der gewerbliche Zwischenmieter zur Zahlung der Kosten verpflichtet wird, die sich nach Abrechnung des Gemeinschaftsobjekts durch den Verwalter für die einzelne Einheit ergeben (OLG Frankfurt WM 1985, 91). Das OLG Frankfurt betont in dieser Entscheidung, daß der gewerbliche Mieter durch Beschlüsse der Wohnungseigentümergemeinschaft im Hinblick auf die Kostenverteilung und die Jahresabrechnung nicht den Entscheidungen der Eigentümergemeinschaft schutzlos ausgeliefert sei. Der gewerbliche Mieter habe die Entscheidungen der Gemeinschaft entsprechend §§ 317 Abs. 1, 319 Abs. 1 BGB nur dann zu akzeptieren, wenn sie ihm gegenüber nicht offenbar unbillig sind, was einer gerichtlichen Entscheidung zugänglich ist. Die Entscheidung stellt als Konsequenz ebenfalls fest, daß dem gewerblichen Mieter, dem der gewerbliche Anmieter gleichzustellen ist, auch die Kosten des Verwalters bei entsprechender mietvertraglicher Vereinbarung aufgegeben werden können. Für den gewerblichen Zwischenmieter im Bereich der **Bauherrengemeinschaften** folgt hieraus die Gefahr, daß er mit Kosten im Verhältnis zum Eigentümer belastet wird, die er auf den Endmieter nicht abwälzen kann. Der gewerbliche Anmieter kann somit in eine Kostenschere gelangen, vor der er sich nur durch sorgfältige Abstimmung der einzelnen Mietverträge schützen kann. In den gewerblichen Anmietungsvertrag sollte er keine Nebenkostenregelungen aufnehmen, die nicht ebenso im Endmietvertrag enthalten sind und nach unstreitiger Auffassung auch wirksam abgewälzt werden können.

bb) Abkürzung der Zahlungswege

Bei **Bauherrenmodellen** unter Einschaltung eines sog. gewerblichen Zwischenmieters ergeben sich für die Gemeinschaft und den Verwalter Möglichkeiten der abrechnungstechnischen Vereinfachung. Die Vereinbarung eines abgekürzten Zahlungsweges wird häufig angetroffen. Entspricht die Höhe der festgesetzten Nebenkostenvorauszahlungen (i. S. der umlagefähigen Kosten) der Eigentümer den Zahlungen, die der gewerbliche Anmieter seinerseits an die Eigentümer leistet, so kann praktischerweise vereinbart werden, daß der gewerbliche Anmieter die Nebenkosten nicht seinem Vertragspartner, d. h. dem jeweiligen Eigentümer und Vermieter erstattet, sondern die Zahlungen unmittelbar an den Verwalter zugunsten des jeweiligen Eigentümers leistet. Hierdurch wird der Zahlungsverkehr erheblich abgekürzt. Die Eigentümer werden weitgehend freigestellt. Bankspesen werden durch unnötig verursachte durchlaufende Posten verringert. Diese Verfahrensweise ist darin begründet, daß der gewerbliche Anmieter neben der Miet- auch die Nebenkostengarantie übernimmt. Steht eine Wohnung leer, so hat der gewerbliche Anmieter auch für diese Wohnung die Nebenkostenvorauszahlung in der vereinbarten Höhe zu erbringen. **131 Abrechnungsvereinfachungen bei Bauherrenmodellen**

Bei diesem abgekürzten Leistungsweg darf jedoch nicht übersehen werden, daß Schuldner der Wohngeldzahlungen im Verhältnis zur Eigentümergemeinschaft weiterhin der einzelne Eigentümer ist. Der abgekürzte Zahlungsweg ist nicht mit einer Freistellung von der Zahlungsverpflichtung zugunsten des Eigentümers gleichzustellen. Zahlungsweg und zivilrechtliche Zahlungsverpflichtung sind hier zu trennen.

Führt man dieses System des abgekürzten Leistungsweges in aller Konsequenz fort, so kann zwischen Eigentümer, Verwalter und gewerblichem Zwischenmieter vereinbart werden, daß der gewerbliche Zwischenmieter auch die nichtumlagefähigen Kosten monatlich unmittelbar von der Miete abhält und an den Verwalter abführt. Dann erhält der Eigentümer lediglich die Nettomiete ausgezahlt, die ihm letztendlich auch nur zusteht. Dies hat zur Folge, daß der Eigentümer keinerlei Zahlungsverkehr mehr auszuführen hat. Er braucht lediglich monatlich seine Miete zu verbuchen.

Die vorstehende Verfahrensweise begegnet jedoch zahlreichen Bedenken. Bedingung ist zunächst, daß die Nebenkostenvorauszahlungen des gewerblichen Zwischenmieters tatsächlich dem Kostenansatz für die umlagefähigen Kosten im Wirtschaftsplan entsprechen. Bestehen hier Differenzen, ist das vorstehende Verfahren untunlich, da der gewerbliche Zwi- **132 Praktische Bedenken** schenmieter nur die Vorauszahlungen leisten wird, die er mietvertraglich vereinbart hat. Darüber hinausgehende Beträge müßten dann vom Eigentümer gezahlt werden. Führt das Verfahren also dazu, daß nicht alle Zahlungen vom gewerblichen Zwischenmieter geleistet werden, sondern einzelne Beträge noch vom jeweiligen Eigentümer hinzugezahlt werden müssen, verkehrt sich die Arbeitserleichterung in eine Doppelbelastung für den Verwalter. Entscheidend spricht aber gegen die Abkürzung der Zahlungswege das Risiko der Zahlungsunfähigkeit bei einem gewerblichen Zwischenmieter. Kann dieser seinen Zahlungsverpflichtungen nicht mehr nachkommen, hat der Verwalter nicht ohne weiteres die Befugnis, rechtliche Schritte gegen den gewerblichen Anmieter hinsichtlich rückständiger Nebenkostenzahlungen einzuleiten. Der Verwalter steht mit dem gewerblichen Zwischenmieter in keinem Rechtsverhältnis. Auch wenn die Zahlungswege abgekürzt werden, bleibt es bei der Vertragskette gewerblicher Anmieter – Eigentümer – Eigentümergemeinschaft – Verwalter. Hinsichtlich der Zahlungsverweigerung des gewerblichen Anmieters hat demnach der Verwalter keine Klagebefugnis. Der einzelne Eigentümer muß diese Ansprüche durchsetzen oder an den Verwalter abtreten. Hierin liegt die erhebliche Gefahr der abgekürzten Zahlungswege. Der Eigentümer, der die Klagebefugnis besitzt, überwacht den Zahlungseingang nicht selbst. Er ist auf Anzeige des Verwalters angewiesen. Die Eigentümer reagieren wiederum möglicherweise nicht sofort, da sie das Ausbleiben der Nebenkostenvorauszahlungen beim Verwalter nicht bemerken und sich daher – solange ihre Miete eingeht – nicht belastet fühlen. Soweit der gewerbliche Anmieter sogar beauftragt wurde, die nichtumlagefähigen Kosten von der auszuzahlenden Miete abzuhalten und unmittelbar an den Verwalter zu zahlen, besteht ein weiteres konkursrechtliches Problem. Fällt der gewerbliche Anmieter in **Konkurs**, während er die nichtumlagefähigen Kosten noch nicht vollständig abgeführt hat, stellen diese Forderungen bloße Konkursforderungen dar, die in der Konkursabwicklung in der Regel ausfallen dürften. Die Eigentümer laufen in diesem Fall Gefahr, daß sie einen Mieteinbehalt geduldet haben und jetzt die nicht abgeführten Beträge nochmals aufbringen müssen. Daher sollten die abgekürzten Zahlungswege schon gar nicht bei einer Verflechtung zwischen gewerblichem Anmieter und Verwalter eingeführt werden. Dies hätte zur Folge, daß die Eigentümer während des Wirtschaftsjahres kaum Prüfmöglichkeiten haben, ob die Beträge tatsächlich zur Auszahlung kommen. Bei verflochtenen Unternehmen besteht das Risiko, daß der Verwalter dem gewerblichen Anmieter ungerechtfertigte Stundungen einräumt, um die Liquidität des gewerblichen Anmieters auf Kosten der Eigentümergemeinschaft zu verbessern.

Ist der gewerbliche Anmieter auch berechtigt und verpflichtet, das jeweilige Jahresergebnis auszugleichen, so wird bei den Eigentümern oft der Eindruck vermittelt, daß ihnen das Ergebnis und die Form der Jahresabrechnung relativ gleichgültig sein können, da sie es nicht unmittelbar ausgleichen müssen. Die Abkürzung der Zahlungswege kann daher insgesamt für die Praxis nicht empfohlen werden.

cc) Verwirkung, Verspätung

133 Mietrechtliche Fristbestimmung

Das Wohnungseigentumsgesetz spricht in § 28 Abs. 3 lediglich die Verpflichtung aus, daß der Verwalter nach Ablauf eines Kalenderjahres eine Abrechnung aufzustellen hat. Das Gesetz sieht keine Frist vor, bis zu der im neuen Jahr die Rechnung für das vergangene Jahr vorgelegt werden muß. Ist auch in der Gemeinschaftsordnung nichts Entsprechendes geregelt, könnte angenommen werden, daß sich der Verwalter mit der Abrechnung beliebig viel Zeit lassen kann.

Dem ist zumindest im Bereich des vermieteten Wohnraums nicht zuzustimmen. Weiß der Verwalter, daß das Objekt nicht ausschließlich von den Eigentümern selbst genutzt wird, besteht für ihn die vertragliche Nebenpflicht, die **Jahresabrechnung** in der Zeit vorzulegen, in der die Eigentümer ihrerseits verpflichtet sind, die Nebenkostenabrechnung ihrem Mieter vorzulegen. Die mietrechtliche Zeitbestimmung schlägt wohnungseigentumsrechtlich insoweit durch. In welcher Zeit der Vermieter abzurechnen hat, ist umstritten.

134 Verwirkungseinwand und Verwalterpflichten

In den Mietgesetzen ist keine Frist genannt, in der der Vermieter zur Vorlage der Nebenkostenabrechnung verpflichtet ist. In der Rechtsprechung wird jedoch nach Ablauf gewisser Fristen der Verwirkungseinwand zugelassen. Danach ist eine Forderung des Vermieters auf Nebenkostennachzahlung dann verwirkt, wenn nach längerem Zeitablauf und nach dem bisherigen Verhalten des Vermieters der Mieter mit der Geltendmachung der Forderung durch den Vermieter nicht mehr zu rechnen brauchte und er sich hierauf eingerichtet hat (OLG Hamm WM 1982, 72). Dieser Grundsatz kann mittlerweile als gefestigte Rechtsprechung angesehen werden. Uneinigkeit besteht jedoch, was als „längerer Zeitablauf" anzusehen ist. Nach AG Düsseldorf hat der Mieter alsbald nach Ablauf eines Abrechnungszeitraums einen Anspruch auf Information, ob und wieviel Guthaben besteht (WM 1978, 22). Eine ungebührlich lange Zeitdauer definiert beispielsweise das AG Ekkernförde als drei Monate nach Kenntnis der Höhe der umlagefähigen Kosten durch den Vermieter (AG Eckernförde WM 1984, 165). OLG Hamm (WM 1982, 326) und AG Lüdenscheid (WM 1983, 348) stimmen der Dreimonatsfrist unter der Nuance zu, daß nicht die Kenntnis der umlagefähigen Kosten, sondern das Ende der vereinbarten Abrechnungsperiode den

Fristenablauf auslöst. Demgegenüber wird teilweise die Verwirkung erst dann bejaht, wenn eine Abrechnung über ein Jahr nach dem Ende des Abrechnungszeitraums nicht erstellt wurde (LG Stade WM 1981, U 15; LG Osnabrück WM 1980, 136; AG Hamburg WM 1981, 9; AG Rheinbeck WM 1981, U 5; AG Bremerhaven WM 1981, U 9; AG Frankfurt WM 1981, U 9). Der BGH hat sich mit Urteil vom 28.2. 1984 (NJW 1984, 1684) und Beschluß vom 11.4. 1984 (WM 1984, 185 ff.) mit dieser Frage beschäftigt. Darin kommt der BGH zu der Auffassung, daß der Nachteil, der dem Mieter durch die Säumigkeit des Vermieters entsteht, allein in der fortdauernden Ungewißheit seiner endgültigen Zahlungspflicht liege und die Schutzbedürftigkeit des Mieters diesbezüglich nicht überspannt werden dürfe. Der Vermieter unterliege durch komplizierte gesetzliche Regelungen tatsächlichen und rechtlichen Schwierigkeiten bei der Erstellung der Jahresabrechnung. Dies noch durch eine enge Fristsetzung zu verstärken, sei unangemessen. Dem Mieter würde ausreichender Schutz durch die Möglichkeiten der Klage gegen den Vermieter auf Abrechnung und durch das **Zurückbehaltungsrecht** nach § 273 BGB und der damit verbundenen Einstellung weiterer Vorauszahlungen zuteil. Ohne Nennung einer konkreten Frist hält der BGH eine Dreimonatsfrist für nicht ausreichend und macht die Verwirkung ausschließlich von den Umständen des Einzelfalls abhängig (BGH a. a. O.).

135
Dreimonatsfrist

Die Dreimonatsfrist dürfte auch als praxisfremd abzulehnen sein. Unter dem Gesichtspunkt der periodengerechten Kostenerfassung und der Abhängigkeit von der oft verspätet erfolgenden Rechnungsstellung der öffentlichen Versorgungsträger und der Heizkostenabrechnungsfirmen ist eher der Jahresfrist der Vorzug zu geben. Zuzugeben ist, daß der Zeitablauf allein nicht ausreichend sein kann. Hinzukommen muß, daß der Mieter nach dem Verhalten des Vermieters annehmen durfte und angenommen hat, Nachforderungen würden nicht mehr erhoben, und er sich hierauf eingerichtet hat (OLG Hamm WM 1982, 72). Mit dem Zeitmoment muß ein Umstandsmoment einhergehen, das sich vom Zeitmoment in der Regel nicht trennen lassen dürfte. Auch wenn nach der Rechtsprechung des BGH jetzt nicht davon auszugehen ist, daß nach bloßem Ablauf von 12 Monaten (oder gar weniger) Verwirkung eintritt, so muß der Verwalter die Verwirkungsgefahr doch nach wie vor berücksichtigen. Es ist seine vertragliche Nebenpflicht, den vermietenden Wohnungseigentümer hinsichtlich der Nebenkostenforderungen nicht der Gefahr der Verwirkung auszusetzen. Hinzu kommt, daß dem Mieter unabhängig vom Verwirkungseinwand das Sanktionsmittel zusteht, die säumige Abrechnung durch Einstellung oder Kürzung der Nebenkostenvorauszahlungen zu erzwingen.

Dies bedeutet nun für den Verwalter, daß er sich schadensersatzpflichtig nach den Grundsätzen der positiven Vertragsverletzung machen kann, wenn er seinerseits die Jahresabrechnung nach § 28 Abs. 3 WEG nicht unverzüglich und für den vermietenden Wohnungseigentümer fristgerecht vorlegt. Ihn trifft die vertragliche Nebenpflicht, seinem Auftraggeber die fristgerechte Grundlage zur mietrechtlichen Nebenkostenabrechnung zu verschaffen. Die Schadensersatzpflicht ist dann begründet, wenn der jeweilige Eigentümer Nebenkostennachforderungen oder -vorauszahlungen beim Mieter nicht geltend machen kann, weil dieser rechtserheblich den Verwirkungseinwand führt. Der Forderungsausfall stellt das haftungserfüllende Ereignis dar, das den Verwalter zum Ersatz verpflichtet. Eine Abrechnung innerhalb eines Jahres dürfte diese Gefahr wohl ausschließen. **136**

Überwiegend wird angenommen, daß der Vermieter der drohenden **Verwirkung** dadurch begegnen kann, daß er dem Mieter als Vorbehalt mitteilt, daß sich die Jahresabrechnung verzögert. Ein wirksamer Vorbehalt setzt voraus, daß Gründe die Abrechnung verhindern, die vollkommen außerhalb der Sphäre des Vermieters liegen. Vom Vermieter ist es nicht zu vertreten, wenn die verspätete Vorlage der Abrechnung daraus resultiert, daß die mit der Erstellung der Abrechnung beauftragte Firma nicht termingerecht liefert und dem Vermieter hieraus kein Vorwurf erwächst (AG Lörrach WM 1987, 32; a. A. LG Mannheim WM 1976, 225; Sternel, III, 283). Der Sphäre des Vermieters ist ein Verschulden des Verwalters nicht generell zuzurechnen. Aus der Vorbehaltsmöglichkeit folgt grundsätzlich für den Verwalter die Verpflichtung, bei einer Abrechnungsverzögerung seinerseits die Eigentümer und Vermieter darauf hinzuweisen, daß sich die Abrechnung verzögert und die Eigentümer daher gehalten seien, eine entsprechende Mitteilung an ihre Mieter zum Zwecke der Verwirkungsunterbrechung zu senden. Durch diese Mitteilung kann sich der Verwalter exkulpieren. Diese **Exkulpationsmöglichkeit** wird dadurch beschränkt, daß der Verwalter nach Ablauf der Jahresfrist kaum Gründe nennen dürfte, die nicht in seinem Einflußbereich liegen. Es spricht der Anscheinsbeweis dafür, daß der Verwalter den Ablauf der Jahresfrist zu vertreten hat. **137** **Verspätungsvorbehalt**

g) Verjährung

Von den vorstehenden Ausführungen zur Verwirkung ist die Frage der **Verjährung** zu trennen. Wann die Ansprüche der Eigentümer auf die anteiligen Zahlungsansprüche nach § 16 Abs. 2 WEG verjähren, ist umstritten. Überwiegend wird eine 30jährige Verjährungsfrist gemäß § 195 BGB angenommen (Müller, Praktische Fragen, Rdn. 680; Deckert, Die Eigentumswohnung, Gruppe 5/62 o; BayObLGZ 83, 289). Weitnau- **138** **Verjährungsfrist** er differenziert zwischen den Abschlußzahlungen aus Jahresabrechnungen, die nach 30 Jahren verjähren sollen, und den Ansprüchen aus Wohngeldverpflichtungen, die einer vierjährigen Verjährungsfrist unterlägen (Weitnauer, § 16 Rdn. 25). Dabei subsumiert er zutreffend die laufenden Wohngeldverpflichtungen als regelmäßig wiederkehrende Leistungen im Sinne von § 197 BGB. Nicht einzusehen ist jedoch, warum die Nachzahlungsergebnisse aus Jahresabrechnungen einer anderen Verjährungsfrist unterliegen sollen. Auch die Jahresabrechnungen werden jährlich wiederkehrend erstellt. § 197 BGB geht für die vierjährige Verjährungsfrist nicht davon aus, daß die Beträge stets eine gleiche Höhe haben müssen. Es kommt ausschließlich auf die regelmäßige Wiederkehr an. Die Jahresabrechnungen stellen die konkreten Kostenanteile des jeweiligen Eigentümers aufgrund der tatsächlich vorliegenden Verbrauchszahlen fest. Soweit es sich um Nachzahlungsbeträge handelt, sind diese – zwar im vorhinein der Höhe nach unbestimmt – doch jährlich wiederkehrend. Diese Lasten entfallen nur dann, wenn im einzelnen Jahr der **Wirtschaftsplan** so hinreichend kalkuliert war, daß es nicht zu Nachzahlungsbeträgen kommt. Von solchen Guthaben abgesehen, muß grundsätzlich jeder Wohnungseigentümer mit jährlich wiederkehrenden Nachzahlungslasten aus der Jahresabrechnung rechnen. Die Frage der Regelmäßigkeit der wiederkehrenden Lasten kann nicht von dem Zufall abhängen, ob die Eigentümer einen reichlich kalkulierten Wirtschaftsplan beschließen, der Nachzahlungen in der Jahresabrechnung nicht erwarten läßt, oder knapp kalkulieren, so daß es jährlich zu Nachzahlungen kommt. Ungeachtet dessen ist aber von entscheidender Bedeutung, daß eine Differenzierung zwischen Wohngeldzahlungen und Jahresabrechnungsergebnissen eine einheitliche Beitragspflicht der Wohnungseigentümer in zwei selbständige Schicksale zerschlagen würde. Dies wird dem Charakter von Wirtschaftsplanung und Jahresabrechnung nicht gerecht. Die Wohngeldzahlungen sind lediglich Abschlagszahlungen auf die spätere Jahresabrechnung.

139 Regelmäßige Wiederkehr

Die **Jahresabrechnung** ist die nachträgliche Überprüfung des Wirtschaftsplans. Sie dient der endgültigen Ermittlung der Wohngeldverpflichtung (so auch Weitnauer, § 28 Rdn. 12). An die Stelle der geschätzten Beträge treten die tatsächlichen Einnahmen und Ausgaben. Wirtschaftsplan und Jahresabrechnung prägen die Finanzverfassung der Eigentümergemeinschaft und bauen ergänzend aufeinander auf. Dies wird auch verfahrensrechtlich deutlich, da die Wohnungseigentümer nicht mehr den Antrag auf Zahlung von rückständigen Wohngeldbeträgen gegen den einzelnen Eigentümer stellen können, wenn die Jahresabrechnung über den betreffenden Zeitraum bereits beschlossen wurde (BayObLG WE 1986, 104). Die re-

140 Jahresabrechnung = Nachträgliche Überprüfung des Wirtschaftsplans

gelmäßige Wiederkehr der Leistungen ist unabhängig davon zu sehen, ob die geschätzten oder die tatsächlichen Kosten angefordert werden. Daher ist auch für einen Nachzahlungsbetrag aus einer beschlossenen Jahresabrechnung die vierjährige Verjährungsfrist gem. § 197 BGB anzuwenden.

141 Beginn der Verjährung

Als weiteres Problem zur Feststellung der Verjährung ist die Frage zu untersuchen, wann die **Verjährungsfrist** beginnt. Nach Deckert (Die Eigentumswohnung, Gruppe 5/62 o) und Müller (Praktische Fragen, Rdn. 681) begegnet es Bedenken, daß der BayObLG die Verjährung auch dann eintreten läßt, wenn die Jahresabrechnung noch nicht genehmigt wurde (BayObLG B. v. 13. 7. 1984 – 2 Z 67/84 –). Der Verjährungsbeginn ist danach zu bestimmen, ob nur Ansprüche verjähren können, die bereits fällig sind und somit wohnungseigentumsrechtlich in der Eigentümerversammlung beschlossen wurden. § 198 BGB bestimmt jedoch, daß die Verjährung mit der Entstehung des Anspruchs beginnt. Hieraus wird teilweise gefordert, daß, da nichts verjähren könne, was noch nicht fällig sei, gleichzeitig mit Entstehung des Anspruchs auch die Fälligkeit verbunden sein müsse (Deckert a. a. O.; Müller a. a. O.; BGH NJW 1991, 836 ff. mit weiteren Nachweisen). Zutreffend ist an dieser Auffassung, daß die Jahresabrechnungsergebnisse erst fällig werden, wenn sie beschlossen sind. Die Fälligkeit ist als Kriterium des Verjährungsbeginns jedoch in § 198 BGB nicht genannt. Die Auffassung, daß die Entstehung des Anspruchs von seiner Fälligkeit zu trennen ist, findet auch in § 271 Abs. 2 BGB eine gesetzliche Bestätigung. § 271 Abs. 2 BGB regelt das Recht des Schuldners, eine Leistung bereits bewirken zu können, obschon sie noch nicht fällig ist. Hieraus ist zu folgern, daß ein Anspruch dann entstanden ist, wenn der vom Gesetz zu seiner Entstehung verlangte Tatbestand verwirklicht ist, auch wenn der Gläubiger die Leistung zu diesem Zeitpunkt noch nicht verlangen kann, also die Fälligkeit hinausgeschoben ist (so auch Larenz, AT § 14 III S. 243). Die Richtigkeit dieser Auffassung ergibt sich auch aus teleologischen Überlegungen. Für den Verjährungsbeginn kommt es nur auf die theoretische Möglichkeit der Geltendmachung und nicht auf die tatsächliche Durchsetzung des Anspruchs an. Es ist nicht erforderlich, daß der Gläubiger seinen Anspruch bereits beziffern kann (BGHZ 79, 178). Es kommt nicht darauf an, ob der Gläubiger seine Abrechnung erstellt und seine Forderung dem Schuldner aufgibt. Im Sinne der Verjährungsregeln kann der untätige Gläubiger nicht deshalb bevorzugt werden, nur weil er bisher seinen Anspruch nicht abgerechnet hat. Andernfalls würde es nicht nur dem freien Willen des Gläubigers überlassen, ob, wann und in welchem Umfang er seine Forderung durchsetzt, sondern auch, ob, wann und in welchem Umfang die Verjährung in Gang gesetzt wird (Wieser, JR 1967, 322).

Abzustellen ist somit für den **Verjährungsbeginn** nicht auf die Beschlußfassung über die Jahresabrechnung. Die Verjährung beginnt mit dem Eintritt der theoretischen Abrechnungsmöglichkeit. Theoretisch kann die Jahresabrechnung zum 31.12. eines Jahres erstellt werden. In entsprechender Anwendung von § 201 BGB beginnt mit dem Jahresende die vierjährige Verjährungsfrist.

h) Leerstehender Wohnraum und andere Abgrenzungsprobleme

142 Kostentragungspflicht

142 Der **Wohnungsleerstand** entbindet den betreffenden Wohnungseigentümer nicht von seiner Pflicht zur Tragung von Kosten und Lasten. Soweit Kosten allerdings verbrauchsabhängig abgerechnet werden, dürfte durch den Leerstand eine **Entlastung** eintreten. Bei der Heizkostenabrechnung tritt eine solche Entlastung allenfalls in Höhe des prozentualen Verbrauchsanteils ein. Die sogenannten Grundkosten in Höhe von meist 50% der Gesamtkosten werden stets berechnet. Zu bedenken ist in diesem Zusammenhang, daß auch eine leere Wohnung etwas beheizt werden muß, damit die Nachbarwohnungen nicht zu sehr auskühlen.

143 Die uneingeschränkte Kostenlast gilt im übrigen nicht nur für echte Fixkosten wie Versicherungsbeiträge und Straßenreinigungsgebühren, sondern auch für unechte Fixkosten wie Entwässerung, Treppenhausreinigung und Müllabfuhr, die sich zwar als wiederkehrende Beträge darstellen, letztendlich aber in einer Relation zum Verbrauch stehen. Der Ansicht von Zoebe ist diesbezüglich nicht zu folgen, der nach den einzelnen Kostengruppen differenziert und dementsprechend quasiverbrauchsabhängige Kosten – wozu er auch die Kosten für Verwalter und Hausmeister rechnet – in reduziertem Umfang und echte Verbrauchskosten überhaupt nicht auf die Eigentümer umlegen will, deren Wohnungen leerstehen (Zoebe, DWE 1976, 7). Eine solche differenzierende Betrachtung findet weder im Gesetz noch in der Rechtsprechung eine Stütze und sprengt den Grundsatz der Solidarhaftung. Abgrenzungsstreitigkeiten wären zu erwarten.

144 Noch nicht nutzbare Flächen

144 Etwas anderes muß allerdings für den seltenen Fall gelten, daß sich das Miteigentum eines Eigentümers nicht auf Wohnraum, sondern auf eine zur Zeit noch nicht nutzbare Fläche bezieht. Zu denken ist an den Fall, daß ein Eigentümer beispielsweise eine Speicherfläche mit dem Recht erwirbt, diese in Wohnraum umzubauen. Bis zum Umbau verursacht diese Fläche in keiner Weise verbrauchsabhängige Kosten. Ungenutzt steht sie in keinem Zusammenhang mit den Wasser- und Stromkosten des Hauses. Kosten für Treppenreinigung, Müllabfuhr und Entwässerung sind ebenfalls nicht durch diese Fläche beeinflußt. Falls die Teilungserklärung hierzu keine gegenteilige

Regelung vorsieht, dürfte sich folgende Kostenverteilung anbieten:
Der Raum nimmt an den Fixkosten wie Versicherung und Instandhaltungsbeiträgen teil, da diese Beträge die Gesamtanlage im vorhandenen Zustand betreffen und unabhängig von der Nutzung zu bewerten sind. Alle übrigen Kosten dürften jedoch zumindest indirekt verbrauchsabhängig sein. Der vorliegende Fall ist vom oben zitierten wesentlich dadurch zu unterscheiden, daß es sich hierbei nicht um leerstehenden Wohnraum, sondern überhaupt nicht um Wohnraum handelt. Flächen, die zur Zeit noch nicht genutzt werden und somit auch keinen Ertrag abwerfen, können billigerweise nur vermindert an der Kostenlast teilnehmen. Eine solche Begünstigung fällt selbstverständlich nach der Umwandlung in Wohnraum weg. Während etwaiger Umbauarbeiten müßte der hierdurch verursachte zusätzliche Strom- und Wasserverbrauch separat erfaßt und auf den umbauenden Eigentümer umgelegt werden.

145 Fertigstellung in Bauabschnitten

Wird eine Mehrhausanlage in mehreren Bauabschnitten fertiggestellt, so ist hinsichtlich der Abrechnungspflicht zu differenzieren: Ist jeder Bauabschnitt separat aufgeteilt worden, so liegen einzelne Eigentümergemeinschaften vor, die jeweils von den anderen unabhängig sind. Handelt es sich lt. Teilungserklärung jedoch nur um eine einheitliche Baumaßnahme, die nur zu unterschiedlichen Zeiten fertiggestellt wurde, ist die Kostentragungslast im Jahr der Bezugsfertigkeit schrittweise anzusetzen (vgl. mit weiteren Nachweisen Röll, Handbuch, S. 61; Weitnauer, § 3 Rdn. 11). Für den Verwalter verursacht dies insoweit einen Mehraufwand, als er im Jahr der Bezugsfertigkeit die Kosten jeweils zeitanteilig je nach Fertigstellungszeitpunkt aufteilen muß. Dies gilt jedoch nur für das Jahr der unterschiedlichen Bezugsfertigkeit und nicht für Folgejahre. In den Folgejahren nehmen alle Wohnungen entsprechend der Regelung in der Teilungserklärung gleichmäßig an den Kosten teil.

146 Überschneidung von Bauabschnitten

Ein weiteres Problem stellt der Einzelfall dar, daß sich mehrere Bauabschnitte und somit selbständige Eigentümergemeinschaften in einem Bereich überschneiden. Dies kann beispielsweise eine gemeinsam genutzte Tiefgarage, Gartenanlage oder Heizung sein.
Die Abrechnung ist auch hier zunächst von der Teilungserklärung her anzusetzen. Möglicherweise stellt der gemeinsame Bereich eine separate Eigentümergemeinschaft dar. Häufig sehen Teilungserklärungen vor, daß neben den verschiedenen Eigentümergemeinschaften die Eigentümer der Tiefgarage eine separate Eigentümergemeinschaft darstellen. In diesem Fall ist der Verwalter auch zu einer separaten Abrechnung, verbunden mit allen weiteren Pflichten wie separater Eigentümerversammlung etc., gezwungen. Meist ist die Regelung je-

doch so getroffen, daß der gemeinsame Berührungspunkt in das Eigentum einer Eigentümergemeinschaft fällt und daß den übrigen Eigentümern lediglich ein Nutzungsrecht eingeräumt wird. In diesem Fall hat der Verwalter der „herrschenden" Eigentümergemeinschaft an die „nutzenden" Gemeinschaften entsprechend ihrem Kostenanteil eine separate Abrechnung zu erstellen. Dies gilt auch für den Fall, daß die „gemeinsame Sache" mit der Bezugsfertigkeit der „herrschenden" Eigentümergemeinschaft einhergeht und die Bezugsfertigkeit der übrigen Gemeinschaften nachfolgt. In diesem Fall ist die **Kostentragungslast** der nachfolgenden Eigentümergemeinschaften wie die der Eigentümer leerstehender Wohnungen zu beurteilen. Auch wenn ihr Wohnungseigentum noch nicht fertiggestellt ist, haben sie die Kosten für das bereits fertiggestellte und unter das Nutzungsrecht fallende Gemeinschaftseigentum mitzutragen.

i) Umsatzsteuerausweis

aa) Steuerfreie Umsätze

147 Umsatzsteuer für Gemeinschaftskosten

Die umsatzsteuerliche Behandlung der Gemeinschaftskosten (es soll im folgenden nicht mehr zwischen umlagefähigen und nichtumlagefähigen Kosten differenziert werden) ist sowohl dogmatisch als auch pragmatisch problembehaftet.

Die Lösung des Problems setzt bei der Begriffsbestimmung „steuerbare" bzw. „nicht steuerbare" und „steuerpflichtige" bzw. „nicht steuerpflichtige" Umsätze an.

148 Steuerbarkeit

Steuerbar sind gemäß § 1 Abs. 1 UStG Lieferungen und sonstige Leistungen, die ein Unternehmer im Inland gegen Entgelt im Rahmen seines Unternehmens ausführt.

Damit ist der Haupttatbestand des Umsatzsteuergesetzes erfaßt. Steuerbar ist immer nur der einzelne Umsatz, bei dem alle Tatbestandsmerkmale eines der gesetzlichen Tatbestände des § 1 Abs. 1 UStG erfüllt sind. Sind bei einem Umsatz nicht alle gesetzlichen Tatbestandsmerkmale erfüllt, so handelt es sich um einen nicht steuerbaren Umsatz, d. h. der Umsatz unterliegt nicht der Umsatzsteuer.

149 Steuerpflichtigkeit

Die steuerbaren Umsätze sind grundsätzlich auch steuerpflichtig. Das Umsatzsteuerrecht enthält aber zahlreiche Befreiungen, insbesondere in der Vorschrift des § 4 UStG. Wenn bei einem steuerbaren Umsatz eine Befreiungsvorschrift Anwendung findet, liegt ein steuerbarer, aber steuerfreier Umsatz vor.

150 Steuerfreie und nicht steuerbare Leistungen der Gemeinschaft

Die Wohnungseigentümergemeinschaft ist Unternehmer im umsatzsteuerlichen Sinne. Sie erbringt ihre Leistungen dort, wo das betreffende Grundstück gelegen ist, § 3a Abs. 2 UStG. Bei den Leistungen dieses Unternehmens an die einzelnen Wohnungseigentümer wird unterschieden zwischen nicht steuerbaren Gemeinschaftsleistungen, die den Gesamtbelangen aller Mitglieder dienen, und den steuerbaren Sonderleistungen an die einzelnen Eigentümer, vgl. Abschnitt 87 UStR. Um Schwierigkeiten bei der Abgrenzung zwischen steuerbaren und nicht steuerbaren Leistungen zu vermeiden, wurden in § 4 Nr. 13 UStG alle Leistungen der Wohnungseigentümergemeinschaft an ihre Mitglieder von der Umsatzsteuer befreit, soweit die Leistungen in der Überlassung des gemeinschaftlichen Eigentums zum Gebrauch, seiner Instandhaltung, Instandsetzung und sonstigen Verwaltung sowie der Lieferung von Wärme und ähnlichen Gegenständen bestehen. Der Zweck dieser Steuerbefreiung ist es, den Wohnungs- oder Teileigentümer nicht schlechter zu stellen als Hauseigentümer und Mieter. Auf eine Differenzierung zwischen steuerbaren oder steuerfreien Leistungen wird im Gesetzestext verzichtet. Diese Differenzierung ist jedoch bei der Option zur Steuerpflicht von großer Bedeutung, so daß die erhoffte Steuervereinfachung in diesen Fällen nicht eintritt.

Nach einer älteren Auffassung der Finanzverwaltung (OFD **151** Köln, Vfg. v. 23. 8. 1984, S. 716 9/1) waren nur die Umlageeinnahmen zur Deckung der Kosten für die Lieferungen von Wärme (Heizung), Waschküchenbenutzung und Wassergeld steuerbare Leistungen der Wohnungseigentümergemeinschaft an ihre Mitglieder. Diese Auffassung hatte auch für den Bereich anderer Oberfinanzdirektionen Gültigkeit gewonnen (OFD München, Vfg. v. 20. 11. 1984, S. 7169/1/6 St 411 = BB 1985, 320, mit Verweis auf gleichlautende Verfügungen der OFD Düsseldorf und OFD Frankfurt). Alle übrigen Kosten stellten danach keine steuerbaren Leistungen dar, so daß bei diesen Beträgen ein **Umsatzsteuerausweis** in der Jahresabrechnung überhaupt nicht erfolgen durfte.

Mit Schreiben des Bundesministers der Finanzen vom 30. 1. 1987 – IV A 2-S7100-5/87, BB 1987, 254 – wurde die Finanzverwaltung angewiesen, alle Leistungen der Wohnungseigentümergemeinschaft als umsatzsteuerbar zu qualifizieren. Die Abgrenzungsfrage, ob in § 4 Ziffer 13 UStG nur bestimmte Leistungen der Wohnungseigentümergemeinschaft gemeint waren, oder ob diese Aufzählung nur unvollständig war, kann jetzt für den Bereich der Finanzverwaltung als ausgestanden angesehen werden.

bb) Optionserklärung

Auf Steuerbefreiungen kann grundsätzlich gemäß § 9 UStG **152** verzichtet werden (sog. Optionserklärung). Eine **Optionserklärung** ist aber nur im Bereich der steuerbaren Leistungen und nur für Lieferungen und Leistungen an Unternehmer möglich. Die Optionserklärung bewirkt, daß die grundsätzliche Steuerfreiheit bei Leistungen der Eigentümergemeinschaft aufgehoben wird. Als „Unternehmer" sind hier nur die

Anwendungsbereich

Wohnungseigentümer anzusehen, die ihre Räume nicht selbst privat nutzen, sondern vermieten.

153
Erklärungsbeschluß und Erklärungsabgabe

Der einzelne Eigentümer kann gemäß § 9 Abs. 2 UStG seine Mieteinnahmen nur dann der Umsatzsteuer unterwerfen und somit auf die Steuerfreiheit nach § 4 Nr. 12 UStG verzichten, wenn die Räume weder zu Wohnzwecken noch anderen nicht unternehmerischen Zwecken dienen. Durch diese zum 1.1. 1985 eingeführte Novellierung stellt das Gesetz jetzt klar, daß eine Optionserklärung auch dann nicht möglich ist, wenn der Eigentümer seine Räume an einen gewerblichen Zwischenmieter und somit an einen Unternehmer vermietet hat und der gewerbliche Zwischenmieter diese zu Wohnzwecken an einen Endmieter weitervermietet. Für die Frage der Optionsmöglichkeit ist somit auf die tatsächliche Nutzung abzustellen. Es kommt nicht mehr auf das direkte Leistungsverhältnis zwischen Eigentümer und Mieter an, sondern entscheidend ist, ob der gewerbliche Zwischenmieter die Räume einem Dritten zu Wohnzwecken überläßt. § 27 Abs. 5 UStG hat diesbezüglich eine Übergangsvorschrift formuliert, wonach die Optionserklärung in solchen Fällen noch dann möglich war, wenn die Wohnungen vor dem 1.4. 1985 fertiggestellt und mit der Errichtung des Gebäudes vor dem 1.6. 1984 begonnen wurde.

Der einzelne Wohnungseigentümer wird daher nur dann einen **Umsatzsteuerausweis** in der **Jahresabrechnung** des Verwalters wünschen, wenn er – von der Übergangsvorschrift abgesehen – an einen Gewerbetreibenden vermietet hat und somit Teileigentum besitzt. Nur dann kann er seinerseits zur Umsatzsteuer optieren und die ihm in Rechnung gestellten Umsatzsteuerbeträge (Vorsteuern) geltend machen.

Die Optionsmöglichkeit besteht je Umsatz. Die Wohnungseigentümergemeinschaft kann also je nach Unternehmereigenschaft des einzelnen Eigentümers Jahresabrechnungen mit oder ohne Umsatzsteuerausweis ausstellen.

Optiert die Eigentümergemeinschaft für einzelne oder alle Leistungen gegenüber den einzelnen Eigentümern zur Umsatzsteuer, so sind hierdurch Mehraufwendungen für die Eigentümergemeinschaft bedingt. Es sind gegebenenfalls monatliche Voranmeldungen abzugeben und jährlich eine Umsatzsteuererklärung einzureichen. Hierzu wird die Eigentümergemeinschaft einen Steuerberater einschalten. Die hierdurch bedingten Kosten stellen keine Gemeinschaftskosten dar. Sie sind – wenn nicht gegenüber allen Eigentümern optiert wurde – Einzelbelastungen der jeweiligen Eigentümer, die in den Vorteil des Vorsteuerausweises kommen. Entgegen der in der ersten Auflage dieses Buches geäußerten Auffassung ist ein einstimmiger Beschluß zur Abgabe der Optionserklärung nicht erforderlich (vgl. Rdn. 183 der 1. Auflage unter Verweis auf AG Düsseldorf B. v. 14.5. 1981, 29 II 42/90). Andernfalls könnte das Recht eines einzelnen Eigentümers, einen Umsatzsteuerausweis erhalten zu wollen, vollkommen übergangen werden. Aus diesem Grunde ist sogar ein Mehrheitsbeschluß nicht erforderlich (a. A. Sauren, BB 1986, 436, 438), wenn zwischen der Eigentümergemeinschaft und den optierungswilligen Eigentümern ein Geschäftsbesorgungsvertrag abgeschlossen wird. Inhalt dieses Vertrages sollte die Verpflichtung der Eigentümergemeinschaft sein, für die betreffenden Eigentümer in der Jahresabrechnung die Umsatzsteuer offen auszuweisen und die hieraus für die Gemeinschaft resultierenden Steuererklärungen abzugeben. Hiermit muß die Verpflichtung der optierenden Eigentümer korrespondieren, die übrigen Eigentümer von sämtlichen steuerlichen Zahllasten und Haftungsrisiken sowie zusätzlichen Vergütungen für die steuerrechtliche Geschäftsbesorgung freizustellen (so auch OLG Hamm BB 1992, 1308f.). Der Abschluß eines solchen Geschäftsbesorgungsvertrages setzt keinen Beschluß der Eigentümerversammlung voraus, weil die optierenden Eigentümer entsprechend § 21 Abs. 4 WEG einen Anspruch auf Abschluß dieses Vertrages haben. Dann ist es Aufgabe des Verwalters, die **Wohngeldabrechnung** so zu erstellen, daß auch der gewerbliche Teileigentümer sie zur Grundlage seiner Nebenkostenabrechnung und seiner Steuererklärung machen kann (so auch AG Düsseldorf B. v. 20. 6. 1988, 291 II 42/88).

cc) Formelle Anforderungen

Wird von der Eigentümergemeinschaft eine Optionserklärung abgegeben, so ist hierfür das Finanzamt zuständig, in dessen Bezirk die Gemeinschaft ihr Unternehmen betreibt, d. h. die Wohnanlage liegt. Da der Vorsteuerabzug zunächst nur der Gemeinschaft zusteht, ist diese verpflichtet, eine einheitliche und gesonderte Umsatzsteuererklärung abzugeben. Danach können die jeweiligen Umsatzsteuerbeträge den einzelnen Eigentümern zugewiesen werden. Die Einschaltung eines Steuerberaters dürfte hierzu unumgänglich sein. **154**

Die **Jahresabrechnung** bewirkt, daß die einzelnen Leistungen erst mit Ablauf des jeweiligen Jahres als erbracht gelten. Die Versteuerung der steuerbaren und nach Optionserklärung steuerpflichtigen Umsätze hat deshalb für den letzten Voranmeldungszeitraum des betreffenden Jahres durch Abgabe einer Voranmeldung für Dezember bzw. für das 4. Kalendervierteljahr zu erfolgen (so OFD Köln, a. a. O.). Da bis zu diesem Zeitpunkt, zu dem die vorgenannte Voranmeldung abzugeben ist, die Abrechnung in der Regel noch nicht vorliegt, bestehen keine Bedenken, wenn die Gemeinschaft geschätzte Umsätze voranmeldet und nach Abrechnung die Differenz in der Jahreserklärung nachmeldet (vgl. ebenda).

Wird vom Verwalter in der **Jahresabrechnung** Umsatzsteuer ausgewiesen, obschon mangels Optionserklärung ein solcher Ausweis nicht erfolgen dürfte, kommt eine Rechnungsberichtigung in Betracht. Voraussetzung für die erforderliche Anerkennung der Berichtigung ist die Rückgabe der ursprünglichen Rechnung (Min.-Erl. vom 17.5. 1985 - S 7282 - 5 - VL 4, veröffentlicht in DB 1985, 1439).

j) Instandhaltungsrücklage

aa) Gesetzliche Grundlage

155 Regelung in § 21 WEG

§ 21 Abs. 5 Ziff. 4 WEG stellt fest, daß die Ansammlung einer angemessenen **Instandhaltungsrückstellung** zu einer ordnungsgemäßen, dem Interesse der Gesamtheit der Wohnungseigentümer entsprechenden Verwaltung gehört. Nähere Einzelheiten über die in der Praxis sehr wichtige Frage der Instandhaltungsrücklage sind dem Wohnungseigentumsgesetz nicht zu entnehmen. § 21 Abs. 5 Ziff. 4 WEG ist lediglich als eine Art Empfehlung formuliert, die durch Beschlüsse der Eigentümerversammlung abbedungen werden kann. Reformbestrebungen sehen eine Erweiterung von § 21 WEG dahingehend vor, daß die Ansammlung einer angemessenen Instandhaltungsrücklage nicht ausgeschlossen werden kann (so der Diskussionsentwurf des Bundesministeriums der Justiz, Stand 1.6. 1989). Dies hätte zur Konsequenz, daß die Bildung einer Instandhaltungsrücklage ohne Rücksicht auf die Struktur der betreffenden Wohnanlage und der Vermögenslage der Eigentümer zwingend wäre.

156 Terminologische Reformbedürftigkeit

Die bestehende Regelung des § 21 Abs. 5 Ziff. 4 WEG ist aber auch terminologisch reformbedürftig. Der Begriff der Instandhaltungsrückstellung ist in der jetzigen Fassung vom Gesetzgeber unzutreffend gewählt worden. Bilanz- und steuerrechtlich sind Rückstellungen Bilanzposten der Passivseite, die in der Höhe oder/und der endgültigen Entstehung nach noch ungewisse Ausgaben bilanz- und erfolgsmäßig erfassen sollen. Die die künftige Belastung begründenden Tatsachen müssen am Bilanzstichtag bereits vorhanden sein (BFH BStBl. II 87, 845).

157 Der Begriff der Rücklagen unterscheidet sich demgegenüber zunächst durch die Art der Bildung. Rücklagen können nur aus festgestelltem Reingewinn oder durch Hinzuführung von Kapital gebildet werden. Da eine Eigentümergemeinschaft keine Gewinne im bilanztechnischen Sinne erwirtschaftet, sondern auf reine Kostendeckung angelegt ist, kommt hier nur die Möglichkeit der Bildung durch Zuführung von Kapital in Betracht. Während die Rückstellungen für dem Grunde nach bestehende Verbindlichkeiten gebildet werden, erfassen Rücklagen wirtschaftliche Vorgänge, deren Grund und auslösendes Moment noch unbekannt sind. Rücklagen werden daher allgemein zur Absicherung unbekannter Zukunftsrisiken gebildet. **Rückstellungen** sind konkret ereignisbezogen, während **Rücklagen** der allgemeinen Vermögensvorsorge dienen. Danach ist immer dann von Instandhaltungsrücklage im Sinne von § 21 Abs. 5 Ziff. 4 WEG zu sprechen, wenn die Gemeinschaft einen allgemeinen Fonds für ungewisse, zukünftige Reparaturen und Instandhaltungsmaßnahmen plant. Rückstellungen liegen hingegen dann vor, wenn die durchzuführende Maßnahme bereits bekannt ist und lediglich der Ausführungszeitpunkt verschoben wird. Das Ansparen einer konkret erforderlichen Investitionssumme, um z. B. eine beschlossene Dachreparatur durchzuführen, müßte als Bildung einer Instandhaltungsrückstellung definiert werden.

Problematisch ist für den Verwalter nach dieser Begriffsbestimmung nicht die Beschlußfassung über die Bildung einer Instandhaltungsrückstellung bei gegebenem Anlaß, sondern die Bildung einer Instandhaltungsrücklage. Dieses Vorsorgesparen stößt in der Praxis häufig auf Widerstand der Eigentümer, die mangels konkretem Anlaß nur ungern mehr zahlen, als nach ihrer trügerischen Auffassung erforderlich ist. **158**

bb) Zielsetzung

Die Bildung von Instandhaltungsrücklagen im Sinne des WEG dient unstreitig der wirtschaftlichen Vorsorge für das Auftreten größerer Instandhaltungsarbeiten (z. B. Dachreparatur, Abdichten des Garagendaches, Erneuerung der Fenster und Türen, Erneuerung der Heizungsanlage oder der elektrischen Anlagen). Die Begriffsverwendung **„Instandhaltung"** im Zusammenhang mit der Bildung von Rücklagen läßt den Eindruck entstehen, daß die Rücklagenbildung nur für größere Maßnahmen vorgesehen ist. Hiervon sind laufende Kleinreparaturen einerseits und Substanzveränderungen bzw. Erneuerungen andererseits zu unterscheiden. **159** **Größere Instandhaltungsarbeiten**

Substanzveränderungen stellen beispielsweise dar:

- die vorzeitige Instandhaltung und Instandsetzung vor Eintritt der Notwendigkeit, **160** **Substanzveränderungen**
- Maßnahmen, die über das hinausgehen, was zur Erhaltung notwendig ist (vgl. LG Stuttgart Beschluß vom 22. 2. 1972, 2 T 690/71),
- Veränderungen an unbebauten Grundstücken,
- der Umbau oder die Erweiterung ohne Reparaturerfordernis.

Gelegentlich wird argumentiert, daß für diese Investitionen nicht nur einstimmige Beschlüsse, sondern auch die Bewirtschaftung durch Sonderumlagen erforderlich seien. Das Erfordernis der Einstimmigkeit dürfe jedoch nicht dadurch unterlaufen werden können, daß der Verwalter die erforderlichen Mittel eigenmächtig oder durch bloßen Mehrheitsbeschluß aus der Rücklage entziehen könne. Darüber hinaus ergäbe die Begriffswahl „Instandhaltungsrücklage" im Gesetzeswortlaut, daß diese nicht in eine „Umbaurücklage" verkehrt werden dürfte.

Dieser Argumentation kann jedoch nicht gefolgt werden. Ein Zusammenhang zwischen dem Einstimmigkeitserfordernis der Beschlußfassung und der Verwendung der Rücklage ist nicht herzustellen. Die Frage, „ob" Substanzveränderungen vorgenommen werden und „wie" diese zu finanzieren sind, sind denknotwendig voneinander zu trennen. Auch ist zu bedenken, daß zwar die Instandhaltungsrücklage für zukünftige Notfälle angesammelt werden soll, daß aber ebenfalls bauliche Neuerungen der Substanzerhaltung und der Verfestigung der laufenden Objektrendite dienen. Durch solche Neuerungen kann möglicherweise eine Verwahrlosung der Anlage verhindert werden.

161 Kleinreparaturen

Uneinheitlich wird auch die Frage beantwortet, ob mit Mitteln der Instandhaltungsrücklage Kleinreparaturen beglichen werden können. Als Gegenargument wird angeführt, daß die Rücklage nicht den laufenden und wiederkehrenden Kleinreparaturen, sondern den noch unvorhersehbaren Großreparaturen dienen solle. Aber auch diese Differenzierung zwischen Groß- und Kleinreparaturen ist dem Gesetz nicht zu entnehmen. § 21 Abs. 5 Ziff. 4 WEG besagt nichts über den **Verwendungszweck** der Rücklage. Auch Kleinreparaturen sind in ihrer Höhe und Häufigkeit nur schwer zu kalkulieren. Dürften hierzu die Rücklagen nicht angegriffen werden, müßten ggf. im Laufe des Wirtschaftsjahres die Wohngeldvorauszahlungen erhöht werden, je nach Abweichung der tatsächlichen Kleinreparaturen von den kalkulierten. Zu denken ist auch an den Fall, daß die Verwaltung bei zu gering veranschlagten Umlagevorauszahlungen nicht über ausreichende flüssige Mittel verfügt, um die laufend notwendig werdenden Reparaturen auszuführen. Um solche Schwierigkeiten und die begriffliche Abgrenzung zwischen Groß- und Kleinreparaturen zu vermeiden, ist das OLG Hamm (OLGZ 1971, 96 ff.) zutreffend der Auffassung, daß aus den Rücklagen der gesamte Reparaturaufwand bestritten werden darf.

Andererseits kann es ordnungsgemäßer Verwaltung widersprechen, Instandhaltungsmaßnahmen durch Umlagen zu finanzieren, falls eine ausreichende Rücklage vorhanden ist (OLG Hamm OLGZ 1971, 96, 102).

162 Beschluß über andere Verwendung

Schließlich ist noch die Frage zu erörtern, ob aus den Mitteln der Instandhaltungsrücklage auch reparaturfremde Vorgänge oder Liquiditätsengpässe ausgeglichen werden können. Eine solche Auffassung läßt sich jedoch weder mit dem Wortlaut noch mit dem Sinn und Zweck von § 21 Abs. 5 Ziff. 4 WEG vereinbaren. Wenn die Instandhaltungsrücklage eine Vorsorge für künftig erforderliche Reparaturen darstellt, so kann sie diesen Zweck nur erfüllen, wenn die hierfür bestimmten Gelder ihr auch zugeführt, d.h. regelmäßig auf ein Bankkonto überwiesen werden (BayObLG DWE 1984, 108). Die Eigentümer können allerdings durch Mehrheitsbeschluß den Verwalter ermächtigen, die Rücklagen auch anderweitig zu verwenden (offengelassen in BayObLG a.a.O.). Dies folgt aus der grundsätzlichen Freiwilligkeit der Rücklagenbildung. Wenn auf eine Rücklagenbildung gänzlich verzichtet werden kann, dann kann auch ihr Verwendungszweck beliebig bestimmt werden. Diese Bestimmbarkeit kann allerdings nicht soweit gehen, daß die Wohnungseigentümer den Anteil eines Miteigentümers an der Instandhaltungsrücklage zur Deckung seiner Wohngeldrückstände heranziehen (BGH WE 1989, 197). Eine solche Vorgehensweise widerspräche der Zweckbindung der Rücklage. Auch würde die Verrechnung dazu führen, daß der Erwerber einer Wohnung zu verpflichten wäre, die verrechnete Rücklage des Vorgängers wieder aufzufüllen, wozu jedoch eine Anspruchsgrundlage nicht ersichtlich ist.

Bei Mehrhausanlagen ist eine separate Instandhaltungsrücklage je Gebäude zu bilden, wenn dies in der Gemeinschaftsordnung vorgesehen ist. Gleiches gilt aber auch dann, wenn die Instandhaltungsverpflichtung laut Gemeinschaftsordnung jeweils nur die Sondereigentümer des betreffenden Gebäudes betrifft (BayObLG WE 1988, 71). Instandhaltungs- und Rücklagenverpflichtung decken sich insoweit.

cc) Erforderliche Höhe der Rücklagenbildung

§ 21 Abs. 5 Ziff. 4 WEG fordert lediglich die Ansammlung einer „angemessenen" Instandhaltungsrücklage. **Angemessen** ist ein unbestimmter Rechtsbegriff, der eine Einzelfallauslegung zuläßt. Für die Angemessenheit können keine allgemeinverbindlichen Kriterien aufgestellt werden. Ausstattung und Alter des Gebäudes beeinflussen die notwendige Höhe nachhaltig. Gesetzlich bietet lediglich § 28 der II. Berechnungsverordnung einen Anhaltspunkt. Danach dürfen im Bereich des öffentlich geförderten Wohnungsbaus **163**

„Angemessene" Höhe nach § 28 II. BV

- für Wohnungen, die bis zum 31. 12. 1952 bezugsfertig geworden sind, höchstens 20,– DM,
- für Wohnungen, die in der Zeit vom 1. 1. 1953 bis zum 31. 12. 1969 bezugsfertig geworden sind, höchstens 18,50 DM,
- für Wohnungen, die in der Zeit vom 1. 1. 1970 bis zum 31. 12. 1979 bezugsfertig geworden sind, höchstens 14,– DM,
- und für Wohnungen, die nach dem 31. 12. 1979 bezugsfertig geworden sind oder bezugsfertig werden, höchstens 11,– DM.

angesetzt werden.

Diese Sätze werden in § 28 Abs. 2 bis 5 II. BV für besondere Ausstattungsmerkmale wiederum erhöht. Diese Wertgrenzen sind für den freifinanzierten Wohnungsbau in keiner Weise verbindlich. Selbstverständlich können sowohl für den freifinanzierten als auch für den öffentlich geförderten Wohnungs- **164** bau höhere Instandhaltungsbeiträge von den Eigentümern erhoben werden. Die Sätze der II. Berechnungsverordnung sind nur für die Frage maßgebend, inwieweit der Eigentümer einer sogenannten Sozialwohnung diese Kosten im Rahmen der Kostenmiete abwälzen kann. Werden in der Eigentümergemeinschaft höhere Beträge als die des § 28 Abs. 2 II. BV beschlossen, muß der Eigentümer (wenn es sich um eine Sozialwohnung handelt) die Differenz ohne Abwälzungsmöglichkeit auf die Mieter selbst erbringen. Im freifinanzierten Wohnungsbau besteht für eine Instandhaltungskostenpauschale weder eine Abwälzbarkeit auf den Mieter noch eine Wertvorgabe. Andererseits stellen die Wertvorgaben der II. Berechnungsverordnung auch für diesen Wohnungsbau wertvolle Orientierungshilfen dar.

165
Alt- und Neubauobjekte

Generell kann gesagt werden, daß die Ansammlung einer **Instandhaltungsrücklage** proportional mit fortschreitendem Alter des Objektes zunehmen muß. Bei der Aufteilung und dem Verkauf von Altbauwohnungen (Häuser aus der Vorkriegszeit) im sogenannten Erwerbermodell werden sehr häufig Rentabilitätsberechnungen prospektiert, die eine angemessene Instandhaltungsrücklage außer Acht lassen. Monatliche Instandhaltungsbeiträge von 3 DM je qm und mehr dürften hierbei durchaus dem kaufmännischen Vorsichtsprinzip entsprechen. Demgegenüber wird bei Neubauobjekten häufig argumentiert, daß in den ersten zwei bis fünf Jahren, je nach vertraglicher Gewährleistungsvereinbarung, Instandhaltungsmaßnahmen zu Lasten der Eigentümergemeinschaft kaum erforderlich sein dürften. Hieraus ist jedoch nicht der Schluß zu ziehen, daß im gleichen Zeitraum auf die Bildung einer Instandhaltungsrücklage verzichtet werden kann. Gerade die „Gewährleistungsjahre" sollten dazu genutzt werden, Rücklagen zu bilden. Eine echte Rücklagenbildung kommt dann nicht mehr zustande, wenn bereits erhebliche Instandhaltungsmaßnahmen notwendig sind. Daher gilt es im Interesse der Eigentümer, entsprechende Vorsorge zu treffen. Nur durch die stetige Verteilung dieser Kosten über einen längeren Zeitraum hält sich die Belastung der Eigentümer in Grenzen, und der Eintritt von Zahlungsschwierigkeiten zahlungsschwacher Eigentümer wird vermieden.

dd) Anlage der Rücklage

166 Der Verwalter ist im Rahmen der ordnungsgemäßen Verwaltung verpflichtet, angesparte Instandhaltungsrücklagen zinsbringend anzulegen. Bei der Anlage ist jedoch zu berücksichtigen, daß eine ständige Verfügbarkeit, insbesondere für Notstandsmaßnahmen, gewährleistet sein muß. Daher dürfte in der Regel nur eine Anlage als monatlich kündbares Festgeld in Betracht kommen. Darüber hinaus werden von diversen

Bausparkassen mittlerweile auch Bausparverträge für Eigentümergemeinschaften angeboten. Die Anlage von Teilbeträgen der angesammelten Instandhaltungsrücklage in einem solchen Bausparvertrag kann durchaus opportun sein. Hierdurch wird der Eigentümergemeinschaft für Instandhaltungsmaßnahmen eine zinsgünstige Verschuldungsmöglichkeit geboten. Selbstredend verbietet es sich, die Rücklage spekulativ anzulegen.
Über die Entwicklung des Rücklagenkontos sollte in der Jahresabrechnung hervorgehoben Rechnung gelegt werden.

ee) Auflösung der Instandhaltungsrücklage

167 **Auflösung und Zahlungsaussetzung**

Wenn nach einigen Jahren in der Instandhaltungsrücklage größere Beträge angesammelt sind, wird häufig in der Eigentümerversammlung der Antrag gestellt, die **Instandhaltungsrücklage** teilweise aufzulösen und zurückzuzahlen. Die Form der Auflösung kann meines Erachtens – anders als die Bildung der Instandhaltungsrücklage – nur einstimmig beschlossen werden, da eine solche Handlung nicht einer ordnungsgemäßen Verwaltung entspricht (unter ausdrücklicher Aufgabe gegenüber der Auffassung in der 1. Aufl.). In der Praxis sollte daher allenfalls die Aussetzung weiterer Rücklageneinzahlungen, verbunden mit einem Einfrieren der bisherigen Instandhaltungsrücklage, beschlossen werden dürfen.

168

Die Instandhaltungsrücklage ist gemeinschaftliches Eigentum aller Wohnungseigentümer. Durch die Zahlung von Beiträgen für die Instandhaltungsrücklage wandelt sich das Eigentum des einzelnen Wohnungseigentümers in Gemeinschaftseigentum, an dem der einzelne entsprechend seines eingezahlten Anteils beteiligt ist. Die Instandhaltungsrücklage gehört nicht mehr zum Sondervermögen der einzelnen Wohnungseigentümer. Entsprechend § 11 Abs. 2 WEG ist der Anteil auch nicht pfändbar. Beim Konkurs des Wohnungseigentümers fällt der Rücklagenanteil nicht in die Konkursmasse. Das Recht eines Pfandgläubigers (§ 751 BGB) sowie das Recht des Konkursverwalters (§ 16 Abs. 2 KO), die Aufhebung der Gemeinschaft zu verlangen, ist ausgeschlossen, § 11 Abs. 2 WEG.

169

Bruchteilsberechtigte am Wohnungseigentum haften für Rückstände von Lastenbeiträgen als Gesamtschuldner (LG Stuttgart Justiz 1968, 127; OLG Stuttgart NJW 1969, 1176). Kommt ein Eigentümer seiner Zahlungspflicht hinsichtlich der Instandhaltungsrücklage nicht nach, sind die übrigen Eigentümer verpflichtet, diesen Anteil mit zu übernehmen.

170 **Übergang auf Erwerber**

Bei der Veräußerung des Wohnungseigentums geht der Rücklagenanteil des Veräußerers auf den Erwerber über (KG DWE 1989, 17). Dies folgt einmal daraus, daß der einzelne Wohnungseigentümer weder die Auflösung noch die Rückzahlung seines Beitrages verlangen kann. Zum anderen stellt § 6

Abs. 1 WEG fest, daß das Sondereigentum nicht ohne den Miteigentumsanteil, zu dem es gehört, veräußert oder belastet werden kann. Zum Miteigentum gehört aber auch der Anteil des Einzelnen an der Instandhaltungsrücklage. Die im Grundbuch eingetragenen Eigentümer üben die ausschließliche Herrschaftsbefugnis über das verwaltungsbezogene Mobiliarvermögen aus. Hieraus ergibt sich eine sachenrechtliche Zuordnung je nach Grundbuchstand. Hiervon zu trennen ist die Möglichkeit des Veräußerers, vom Erwerber internen Ausgleich zu verlangen. Der Anteil an der Instandhaltungsrücklage erhöht den Wert der veräußerten Wohnung und kann sich demzufolge im Kaufpreis niederschlagen.

ff) Steuerliche Behandlung der Instandhaltungsrücklage

171 **Ansatz als Werbungskosten**

Die steuerliche Behandlung der Zuführungsbeträge ist in Literatur und Rechtsprechung umstritten. § 11 Abs. 2 EStG geht vom **Abflußprinzip** aus. Danach sind Ausgaben in dem Kalenderjahr als Werbungskosten abzusetzen, indem sie geleistet worden sind. Werbungskosten sind nach § 9 Abs. 1 EStG alle Aufwendungen zur Erwerbung, Sicherung und Erhaltung der Einnahmen. Streitig ist nur, ob schon die Zahlungen in die Instandhaltungsrücklage den Ansatz von Werbungskosten rechtfertigt oder erst die tatsächliche Ausgabe bei der Gemeinschaft für konkrete Instandhaltungen. Der maßgebliche Zeitpunkt wird auch in der Rechtsprechung nicht einheitlich beantwortet.

172 **Einzahlung oder Ausgabe als Ansatzzeitpunkt**

Die Finanzgerichte Bremen und Schleswig-Holstein vertreten die Auffassung, daß der bloße Zufluß der Instandhaltungsbeiträge in die **Instandhaltungsrücklage** beim einzelnen Eigentümer noch nicht den Werbungskostenansatz rechtfertigt (FG Bremen, Urt. v. 18.1. 1974, I 67/73; FG Schleswig-Holstein, EFG 1970, 164). Als Begründung wird angeführt, daß die Bildung einer Instandhaltungsrücklage für den einzelnen Eigentümer nur zu einer Vermögensumschichtung führe (so auch Brosch, BB 1973, 1068). Die Mittel der Instandhaltungsrücklage blieben gemeinschaftliches Eigentum, an dem jeder einzelne Wohnungseigentümer entsprechend seinem geleisteten Anteil beteiligt sei. Nach dieser Betrachtungsweise führt der Eigentümer durch Zahlung in die Instandhaltungsrücklage Geld von seinem Privatbereich in den Gemeinschaftsbereich über, ohne daß diese Maßnahme bereits der Erwerbung, Sicherung und Erhaltung der Einnahmen dient.

173 Demgegenüber hat das Hessische Finanzgericht (DWE 1984, 118) entschieden, daß die Beiträge des Wohnungseigentümers zur Instandhaltungsrücklage in der Überschußrechnung zur Ermittlung der Einkünfte aus Vermietung und Verpachtung als Werbungskosten für das Jahr abzuziehen sind, in dem sie auf das Gemeinschaftskonto eingezahlt wurden.

Durch Entscheidung des BFH (BB 1988, 1165) kann diese unterschiedliche Rechtsauffassung der Finanzgerichte als ausgestanden angesehen werden. Der BFH hat in diesem Urteil die Auffassungen der FG Schleswig-Holstein und Bremen bestätigt und den Zufluß zur Rücklage nicht als Werbungskosten anerkannt. Dieser Entscheidung ist jedoch dogmatisch nicht zu folgen.

Zunächst ist festzustellen, daß der einzelne Wohnungseigentümer keine Rückzahlung seiner geleisteten Rücklagenbeiträge verlangen kann. Die Auflösung des Fonds dürfte in der Regel keiner ordnungsgemäßen Verwaltung entsprechen und daher unzulässig sein. Damit stellen die geleisteten Beiträge keine bloße Vermögensumschichtung dar, sondern sie werden der Sphäre des Wohnungseigentümers endgültig entzogen. Nach dem **Abflußprinzip** hat er diese Beträge unwiderruflich in die Instandhaltung des Objekts bereits investiert. Wann die Investition tatsächlich realisiert wird, ist für ihn unter dem Abflußgesichtspunkt vollkommen unbedeutend. Veräußert der Eigentümer seine Wohnung, so geht die Rücklage auf den Erwerber über. Für den Veräußerer sind die anteiligen Beträge dann endgültig verloren. In konsequenter Anwendung der BFH-Rechtsprechung dürfte dennoch der Veräußerer in diesem Zeitpunkt nicht zum Werbungskostenabzug berechtigt sein. Wird dann nach Eigentumsübergang eine Reparaturmaßnahme zu Lasten der Rücklage durchgeführt, so würde der Erwerber in den Vorzug der Werbungskosten kommen, obschon er möglicherweise überhaupt keine Beiträge zur Rücklage geleistet hat. Hier wird die Schwäche der BFH-Entscheidung besonders deutlich (so auch die kritische Stellungnahme von Spiegelberger, WE 1989, 83 ff.). Zudem stellt die Auffassung der Finanzgerichte den Verwalter vor Aufgaben, die er nach dem Wohnungseigentumsgesetz nicht erfüllen muß.

Er hat eine **Jahresabrechnung** zu erstellen, ohne bei den Instandhaltungskosten zwischen Herstellungs- und Werbungskosten differenzieren zu müssen. Dies ist jedoch nach der Auffassung der Finanzgerichte wesentlich, da die Investitionen für den einzelnen Eigentümer dann Herstellungskosten darstellen, wenn sie beispielsweise dem Ausbau des Dachgeschosses oder einer sonstigen Gebäudeerweiterung dienen (so auch Brosch, a. a. O.). Wurden die Beträge demgegenüber für kleinere Reparaturen verwandt, so wären sie nur in diesem Fall als Werbungskosten anzusetzen. Abgrenzungsprobleme zwischen Herstellungs- und Werbungskosten wären unvermeidbar. Demgegenüber vereinfacht die hier geäußerte Auffassung die Einordnung der Zahlungen dahingehend, daß sie stets beim Abfluß Werbungskosten darstellen. Der einzelne Wohnungseigentümer wendet die Beträge im Zeitpunkt der Zahlung subjektiv zur Erhaltung des Gebäudes auf. Wie diese **174**

Beträge später verwendet werden, entzieht sich teilweise seinem Einflußbereich, wenn er beispielsweise in einer Eigentümerversammlung überstimmt wird. Die Rechtsprechung des BFH läuft darauf hinaus, daß es nicht auf die subjektive Zielsetzung des leistenden Wohnungseigentümers, sondern auf den Erfolgseintritt bei der Gemeinschaft ankommt. Nicht die Gemeinschaft ist jedoch Steuersubjekt, sondern der Einzelne. Vergleiche zum Gesellschaftsrecht bieten sich schon deshalb nicht an, weil die Eigentümergemeinschaft überwiegend als steuerrechtlich irrelevante Gemeinschaftsform angesehen wird (vgl. auch hierzu Brosch, a.a.O.).

175
Zinsen

Hinsichtlich der durch die Rücklage erwirtschafteten **Zinsen** stellt die Oberfinanzdirektion Münster in einer Verfügung vom 9.1. 1989 (BB 1989, 409) fest, daß diese als Einkünfte aus Kapitalvermögen von den einzelnen Wohnungseigentümern zu versteuern sind. Dies ist ebenfalls inkonsequent. Die Zinsen fließen dem einzelnen Eigentümer nicht zu, wenn sie der Rücklage zugebucht werden. Zahlungen des Eigentümers zur Rücklage stellen nach Auffassung der Finanzverwaltung keine Werbungskosten dar, während Zahlungen Dritter (Banken) bereits Einkünfte des einzelnen Eigentümers bilden sollen, ein Widerspruch, der nicht zu rechtfertigen ist.

176
Grunderwerbsteuer

Beim Erwerb einer Eigentumswohnung ist der gleichzeitige Erwerb eines in der Instandhaltungsrückstellung nach § 21 Abs. 5 Nr. 4 WEG angesammelten Guthabens durch den Erwerber nicht in die grunderwerbsteuerrechtliche Gegenleistung einzubeziehen (BFH BB 1992, 696). Der Kaufpreisanteil, der auf die Übernahme des Anteils an der Instandhaltungsrücklage entfällt, stellt keine Gegenleistung im Sinne von §§ 8, 9 Grunderwerbsteuergesetz 1983 dar. Der Besteuerung soll grunderwerbsteuerrechtlich nur der Grundstückswert und nicht der Erwerb von Geldforderungen oder anderen vergleichbaren Vermögenspositionen unterliegen. Wird im Kaufvertrag ein einheitlicher Kaufpreis gebildet, in dem der Gegenwert für die Übernahme des Rücklagenanteils enthalten ist, so ist für die Berechnung der Grunderwerbsteuer der Rücklagenanteil vom Kaufpreis abzuziehen.

VIII. Abrechnungsprüfung

1. Befugnis zur Einsichtnahme

1 **Rechnungslegungspflicht und Abrechnungsprüfung**

Das Wohnungseigentumsgesetz enthält keine Vorschriften über die Befugnis der Eigentümer, Ort, Zeit, Art und Weise einer Abrechnungsprüfung bzw. der Präsentation von Belegen und Buchführungsunterlagen zu verlangen. In § 28 Abs. 4 WEG ist lediglich geregelt, daß die Wohnungseigentümer durch Mehrheitsbeschluß jederzeit von dem Verwalter **Rechnungslegung** verlangen können. Das Erfordernis der vorhergehenden Beschlußfassung betrifft nach dem eindeutigen Wortlaut dieser Vorschrift nur die Rechnungslegung, d. h. eine Gesamtabrechnung des Verwalters in Form einer Einnahmen/Ausgaben-Gegenüberstellung zu Prüfzwecken, die auch während des Wirtschaftsjahres verlangt werden kann. Diese Art der Rechnungslegung stellt eine Form eines Mißtrauensantrages gegen den Verwalter dar. Hiervon zu unterscheiden ist die vorliegende Frage der Überprüfung der jährlich vom Verwalter ohne besondere Aufforderung durch die Eigentümer zu erstellenden Jahresabrechnung.

2 **Kontrollrechtsbefugte**

Das Wohnungseigentumsgesetz regelt in § 29 Abs. 3 WEG das Kontrollrecht des Verwaltungsbeirats. Danach sollen der Wirtschaftsplan, die Abrechnung über den Wirtschaftsplan, Rechnungslegungen und Kostenvoranschläge, bevor die Wohnungseigentümerversammlung über sie beschließt, vom Verwaltungsbeirat geprüft und mit dessen Stellungnahme versehen werden. Bei dieser Vorschrift handelt es sich nicht nur um eine bloße Soll-Vorschrift, die außerdem von der nicht zwingenden Existenz eines Beirats abhängig ist, sondern um die Bestätigung der umfassenden Kontrollrechte des Beirats. Die Kontrollrechte des einzelnen Wohnungseigentümers werden nicht berührt. Diese bestehen unabhängig davon, ob der Beirat seinerseits eine Abrechnungsprüfung vorgenommen hat.

3 Mit dem Kontrollrecht des Beirats korrespondiert die Pflicht, die gesamte Finanzwirtschaft des Verwalters sorgfältig zu prüfen und allen zweifelhaften Fragen nachzugehen. Pflichtverletzungen können eine Haftung nach § 276 BGB begründen. Sieht sich der Beirat zu einer umfassenden Prüfung außerstande, muß er Sachverständigenrat einholen. Die Kosten trägt die Gemeinschaft nach § 16 Abs. 2 WEG.

4 Jeder Wohnungseigentümer kann ohne Mehrheitsbeschluß gemäß § 28 Abs. 3 WEG, §§ 675, 666, 259 BGB Einsicht in die Belege verlangen und sich Abschriften fertigen (OLG Karls-

ruhe MDR 1976, 758). Dieses Recht folgt aus der Pflicht des Verwalters zur Rechnungslegung gemäß § 259 Abs. 1 BGB. **Rechnungslegung** umfaßt auch die Pflicht, die zugrundeliegenden Belege vorzulegen (BayObLG Rpfl. 1972, 411). Dieses Einsichtsrecht wird auch nicht durch den Beschluß der Eigentümerversammlung über die Jahresabrechnung tangiert (OLG Karlsruhe, ebenda; OLG Hamm DWE 1985, 127). Grundsätzlich sind die Rechte des einzelnen Eigentümers umfassend.

5 **Sachverständigenprüfung**

Vereinzelt wird die durchaus sinnvolle Forderung aufgestellt, bei größeren Eigentümergemeinschaften eine Abrechnungsprüfung stets durch einen Wirtschaftsprüfer vornehmen zu lassen. Diese Prüfung durch einen unabhängigen Wirtschaftsprüfer ist aus Kostengesichtspunkten sicherlich erst ab einer gewissen Größenordnung der Eigentümergemeinschaft sinnvoll. Andererseits ist nicht zu übersehen, daß der Jahresetat einer Eigentümergemeinschaft, bestehend aus beispielsweise 250 Wohnungen, durchaus dem Jahresetat eines mittleren Unternehmens entsprechen kann. Die Kosten für die Abrechnungsprüfung durch einen Wirtschaftsprüfer stellen nicht umlagefähige Kosten der Eigentümergemeinschaft dar. Allzuoft wird jedoch unter Kostengesichtspunkten von der Prüfung Abstand genommen, was ein Sparen an falscher Stelle darstellt. Die immer schwieriger werdenden Fragen der Verwalterabrechnung können in der Eigentümerversammlung ohne fachkundige Vorprüfung nur leichtfertig und äußerst gutgläubig verabschiedet werden. Die Abrechnungsprüfung durch einen fachkundigen Dritten tangiert aber auf keinen Fall das Kontrollrecht des einzelnen Wohnungseigentümers. Dieses ist als umfassendes und uneinschränkbares Gemeinschaftsrecht anzusehen.

6 Eine **Abrechnungsprüfung** kann nur dann erfolgreich sein, wenn die Buchführung für den einzelnen Wohnungseigentümer auch ohne Hinzuziehung eines Sachverständigen verständlich und überprüfbar ist (BayObLG Rpfl. 1975, 426, 436). Dies ist insbesondere dann nicht der Fall, wenn der Verwalter den bestehenden Belegzwang nicht erfüllt hat (OLG Hamm Rpfl. 1975, 255). Erfordert der Zustand der Buchführung die Abrechnungsprüfung durch einen Sachverständigen, so ist dies schon ausreichender Anlaß, die Buchführung zu verwerfen. Der Verwalter macht sich schadensersatzpflichtig, wenn Unklarheiten der Abrechnung erst durch ein Gutachten ausgeräumt werden können (BayObLG Rpfl. 1975, 426, 436).

Verweigert der Verwalter den mit der Abrechnungsprüfung beauftragten Eigentümern die Einsicht in die Belege, so kann dies einen wichtigen Grund zur Abberufung des Verwalters darstellen (BayObLG WM 1990, 464).

2. Inhalt des Prüfungsrechts

7 **Auskunftsverlangen**

Rechtsgrundlage des Auskunftsverlangens ist der Verwaltervertrag i.V.m. §§ 21 Abs.1 und 4, 28 Abs.4 WEG. Die Eigentümergemeinschaft ist Vertragspartnerin der Verwalterin. Die **Auskunftserteilung** ist eine unteilbare Leistung, die nach § 432 Abs.1 S.1 BGB allen Wohnungseigentümern gemeinsam zusteht. Würde hingegen jedem einzelnen Eigentümer ein individueller Auskunftsanspruch zustehen, so müßte der Verwalter auch über die Eigentümerversammlung hinaus jederzeit Auskunft erteilen. Grundsätzlich ist jedoch die Eigentümerversammlung das Forum, Auskünfte vom Verwalter zu verlangen. Hingegen würde die individuelle Auskunft außerhalb der Versammlung gerade bei größeren Gemeinschaften zu einer unübersehbaren Mehrbelastung des Verwalters führen können. Rechtsprechung und Schrifttum vertreten deshalb die Auffassung, daß die Entscheidung über ein Auskunftsverlangen primär der Eigentümerversammlung zusteht und Individualansprüche erst dann gegeben sind, wenn die Gemeinschaft von ihren Auskunftsrechten keinen Gebrauch macht (KG WM 1987, 100f.; OLG Celle DWE 1984, 126; Palandt-Bassenge, § 28 WEG Rdn.11; Bärmann/Pick/Merle, § 28 Rdn.40). Der Individualanspruch des einzelnen Eigentümers ist daher erst dann begründet, wenn der Eigentümer zuvor vergeblich verlangt hat, daß sein Auskunftsverlangen zum Gegenstand einer Eigentümerversammlung gemacht wird. Dabei kann es nicht darauf ankommen, ob dies auch tatsächlich geschieht, da es andernfalls der Verwalter in der Hand hätte, den Tagesordnungspunkt nicht zuzulassen, um hierdurch das Recht des Einzelnen auszuhöhlen (a.A.: KG NJW-RR 1987, 462; LG Bochum DWE 1989, 35). Das BayObLG ist hingegen der Auffassung, daß der Auskunftsanspruch des einzelnen Eigentümers auch nach der Beschlußfassung zur Jahresabrechnung und Verwalterentlastung noch fortbesteht, wenn die Jahresabrechnung notwendige Angaben – wie z.B. den Stand und die Entwicklung der Instandhaltungsrücklage – vermissen läßt (BayObLG WE 1989, 181). Demgegenüber steht das Recht, **Belegeinsicht** zu verlangen, dem einzelnen Eigentümer stets als Individualanspruch zu. Ist der einzelne Eigentümer im konkreten Fall als berechtigt anzusehen, den Auskunftsanspruch geltend zu machen, so kann sein gerichtlicher Antrag jedoch nur auf Auskunftserteilung an die Gemeinschaft lauten. Gegenüber der Gemeinschaft ist der Verwalter verpflichtet, alle gewünschten Auskünfte zu erteilen. Neben dem Inhalt der Jahresabrechnung hat der Verwalter beispielsweise über den Stand gewisser Geschäfte, über die Abführung der nach dem Wirtschaftsplan vorgesehenen Gelder sowie den Eingang derselben, über den Stand der Reparaturen,

Instandhaltungs- und Instandsetzungsarbeiten zu informieren (Bärmann/Pick/Merle, § 28 Rdn. 43). Zur Absicherung dieser Auskünfte kann der Verwalter auch durch die Gemeinschaft auf Abgabe einer Versicherung an Eides Statt gezwungen werden (OLG Köln ZMR 1981, 89).

8 Da die Eigentümergemeinschaft einen Anspruch auf Erläuterung der Jahresabrechnung und auf Auskunftserteilung des Verwalters über alle wesentlichen Vorgänge im Wirtschaftsjahr hat, sollte der Verwalter zur Vorbereitung der Beschlußfassung über die Jahresabrechnung dieser einen Erläuterungs- und Berichtteil anhängen. Zwar ist diesbezüglich nicht an eine so ausführliche Stellungnahme wie beispielsweise im Geschäftsbericht einer Aktiengesellschaft zu denken; gewisse Parallelen drängen sich jedoch auf.

3. Ort der Präsentationspflicht

9 **Ort der Wohnanlage**

Umstritten ist weiterhin die Frage, an welchem Ort der Verwalter die Belege zur Abrechnungsprüfung zu präsentieren hat. Die **Abrechnungsprüfung** setzt die Möglichkeit voraus, die Belege und Buchführungsunterlagen einsehen zu können. Bei einer am Ort der belegenen Sache tätigen Verwaltungsfirma bestehen keine Probleme des Leistungsortes. Der Verwalter kann hier auf seine Geschäftsräume verweisen. Bei überörtlich tätiger Verwaltung entsteht ein Problem, wenn der Sitz der Gesellschaft und der Ort der belegenen Sache auseinanderfallen. Das OLG Karlsruhe ist in einem solchen Fall der Auffassung, daß **Leistungsort** für die Vorlage von Abrechnungsbelegen der Ort der Wohnanlage sei (OLG Karlsruhe NJW 1969, 1968 f.).

Das Gericht stützt seine Auffassung auf die Vorschrift des § 269 BGB. Danach kommt es für die Frage, an welchem Ort der Schuldner die Leistungshandlung vorzunehmen hat, in erster Linie darauf an, ob der für die Leistung maßgebliche Ort durch Vereinbarung zwischen den Parteien festgelegt worden ist oder sich ein solcher Umstand, insbesondere aus der Natur des Schuldverhältnisses, ergibt. Liegen diese Voraussetzungen nicht vor, so hat die Leistung an dem Ort zu erfolgen, an welchem der Schuldner zur Zeit der Entstehung des Schuldverhältnisses seinen Wohnsitz oder seine gewerbliche Niederlassung hat. Vertragliche Nebenpflichten sind am Leistungsort der Hauptpflicht zu erfüllen (Palandt/Heinrichs, § 269 Rdnr. 18). Somit ist hinsichtlich der Feststellung des Leistungsortes für die Präsentation der Abrechnungsunterlagen die Frage des Leistungsortes der Verwaltungstätigkeit im allgemeinen maßgebend.

10 Zur Frage des Leistungsortes ist das Gericht in der oben zitierten Entscheidung der Auffassung, daß der Verwalter seine

Tätigkeiten nach dem Wohnungseigentumsgesetz in erster Linie am Ort der Wohnanlage zu erbringen hat. Dies ergäbe sich mangels einer vertraglichen Bestimmung aus den gesamten Umständen, insbesondere der Natur des zwischen den Beteiligten bestehenden Schuldverhältnisses (OLG Karlsruhe, ebenda). Diese Auffassung hat zur Konsequenz, daß der Verwalter die Abrechnungsunterlagen auf Verlangen der Wohnungseigentümer am Ort der belegenen Sache präsentieren muß. Das hierdurch entstehende Durchführungsproblem kann in der Praxis dadurch gelöst werden, daß der Verwalter im Rahmen der bereits dargestellten Sprechzeiten einen Geschäftsraum oder ein Tagungszimmer in einem Hotel für wenige Stunden mietet und dort die Unterlagen auslegt. Die hierdurch entstehenden Kosten sind mangels anderweitiger vertraglicher Regelung gemäß § 670 BGB von der Gemeinschaft zu tragen.

11 Ort der Verwaltung

Die Auffassung des OLG Karlsruhe ist sowohl dogmatisch als auch unter Praktikabilitätsgesichtspunkten bedenklich. Zunächst ist nochmals darauf hinzuweisen, daß grundsätzlich jeder Eigentümer ohne zeitliche Beschränkung ein Einsichts- und Kontrollrecht besitzt. Demzufolge könnte der Verwalter nicht nur wiederholt gezwungen werden, die Belege zur Einsichtnahme bereitzuhalten, er müßte dies zusätzlich am Ort der belegenen Sache tun. Hierzu müßte gegebenenfalls mehrfach ein Hotelraum angemietet werden. Da die Belege dort auch nicht unbeaufsichtigt ausgelegt werden können, entsteht durch zusätzlichen Personaleinsatz im Einzelfall ein vollkommen unverhältnismäßiger Aufwand für die Gemeinschaft und für den Verwalter. Darüber hinaus verkennt das Gericht meines Erachtens den Schwerpunkt der Verwaltertätigkeit nach dem Wohnungseigentumsgesetz. Es räumt zwar ein, daß eine Reihe von Verwaltungsarbeiten vom Verwalter ohne weiteres auch als reine Schreibtischtätigkeit von den eigenen Geschäftsräumen aus erledigt werden können. Der Schwerpunkt der **Verwaltertätigkeit** liege jedoch am Ort der Wohnanlage, da beispielsweise gerade die zur Instandhaltung und Instandsetzung des Hauses erforderlichen Maßnahmen, die Überprüfung und Abnahme der ausgeführten Arbeiten, die Verhandlungen mit den örtlichen Behörden und Handwerkern im Interesse einer ordnungsgemäßen Verwaltung nur vor Ort getroffen werden könnten. Mit dem beispielhaft aufgeführten Fall der Durchführung und Überwachung von Instandhaltungsmaßnahmen und der laufenden Überwachung des Zustands der Wohnanlage einschließlich der Einhaltung der Hausordnung sind meines Erachtens die Tätigkeiten am Ort des Objektes bereits überwiegend erfaßt. Demgegenüber werden in § 21 Abs. 5 und § 27 Abs. 1 und 2 WEG zahlreiche Aufgaben des Verwalters aufgezählt, die er durchaus von seinem

Geschäftslokal aus schriftlich oder telefonisch erledigen kann. Hier sei die Aufstellung einer Hausordnung, der Abschluß von Versicherungen, die Ansammlung einer angemessenen Instandhaltungsrücklage, die Aufstellung eines Wirtschaftsplanes, die Duldung aller Maßnahmen, die zur Herstellung einer Fernsprechteilnehmereinrichtung etc. erforderlich sind, ein etwaiger Tilgungs- und Hypothekendienst, die Leistung von allen laufenden Zahlungen, Entgegennahme von Willenserklärungen und Zustellungen, das Treffen von Maßnahmen zur Wahrung von Fristen oder zur Abwendung sonstiger Rechtsnachteile und die gerichtliche und außergerichtliche Verfolgung von Ansprüchen genannt.

12 Kaufmännische Tätigkeit des Verwalters

In der Praxis wird man die kaufmännische Tätigkeit des Verwalters im Durchschnitt mit zwei Drittel der Gesamtaufgaben bewerten können. Auch wenn das Gericht zutreffend erkennt, daß der Umfang von Instandhaltungsmaßnahmen mit zunehmendem Alter des Objektes proportional ansteigt, so differenziert es jedoch nicht hinsichtlich der Frage des Leistungsortes nach dem Alter des Gebäudes. Eine solche Differenzierung wäre die logische Konsequenz der zitierten Entscheidung. Bei Neubauobjekten dürfte sich sehr häufig die Verwaltertätigkeit vor Ort darauf beschränken, daß der Verwalter etwa einmal monatlich Objektbegehungen durchführt, was bei älteren Objekten möglicherweise nicht mehr ausreichend ist. Aber auch bei älteren Anlagen ist der Tätigkeitsschwerpunkt immer noch im Büro des Verwalters zu sehen. Jede Reparaturmaßnahme führt neben dem obligatorischen Ortstermin zu zahlreichen Bürohandlungen.

13 Schwerpunkt der Verwaltungstätigkeit

Der Schwerpunkt der Verwaltungstätigkeit kann, abgesehen von wenigen Extremfällen, am Geschäftssitz des Verwalters gesehen werden, so daß der Leistungsort der Verwaltungstätigkeit im allgemeinen dort anzunehmen ist. Ein Abstellen auf den Instandhaltungsaufwand des Einzelfalls ist abzulehnen, da dies zu Rechtsunsicherheiten und Zweifelsfällen führt. Der Ort der Aufbewahrung korrespondiert mit dem Leistungsort für die Gewährung des Einsichtsrechts der Wohnungseigentümer. Da der Verwalter berechtigt und verpflichtet ist, die Verwaltungsunterlagen aufzubewahren, reicht es auch, das Einsichtsrecht am Sitz der Verwaltung zu gewähren (so auch Müller, PiG 1988, 63 unter Verweis auf OLG Karlsruhe MDR 1976, 758).

14

Damit ist das Problem bei vermietetem Wohnungseigentum noch nicht gelöst, wenn der Mieter die Belegeinsichtnahme wünscht. Für den Bereich des Mietrechts wird teilweise in der Rechtsprechung diese Belegpräsentation am Ort der Mietsache verlangt (so LG Hanau WM 1981, 102; LG Hannover WM 1985, 346; AG Mönchengladbach-Rheydt MDR 1979, 1024). Die mietrechtliche Präsentationspflicht weicht nach

dieser Rechtsprechung von der hier geäußerten wohnungseigentumsrechtlichen Pflicht ab. Ein Problem, das sich durch treuhänderische Übergabe der Belege an den jeweiligen Eigentümer zum Zwecke der Präsentation beim Mieter nur unvollkommen lösen läßt. Gerade bei größeren Eigentümergemeinschaften führt der Versand der Originalbelege zu einer unkontrollierbaren Rotation von Verwaltungsunterlagen.
Aus Gründen der Unzumutbarkeit ist daher Sternel der Auffassung, daß der Vermieter, der am Ort des Mietobjektes wohnt, die Belege nur in seinen Geschäftsräumen bereithalten muß. Ist das nicht der Fall, so sei der Vermieter gehalten, eine angemessene und zeitlich ausreichende Einsichtszeit am Ort des Mietobjekts (etwa in der Wohnung des Hausmeisters) zu schaffen (Sternel, Mietrecht III 372). Diese Auffassung ist überzeugend und führt zu keinen untragbaren Belastungen beim Verwalter bzw. der Eigentümergemeinschaft.

4. Anspruch auf Belegversand

Neben der Frage nach dem Einsichtsrecht des einzelnen Eigentümers in die Abrechnungsunterlagen ist die weitere Frage zu erörtern, ob der Verwalter auf entsprechendes Verlangen der Eigentümer auch **Ablichtungen** von den Belegen fertigen und diese den Eigentümern zusenden muß. Eine solche Verpflichtung zur Erteilung von Ablichtungen ist im Wohnungseigentumsgesetz nicht dargelegt. Als Anspruchsgrundlage könnte zumindest für den Bereich des vermieteten Wohnungseigentums auch hier der Grundsatz von Treu und Glauben (§ 242 BGB) in Betracht kommen, wenn den Eigentümer seinerseits eine Verpflichtung zum Belegversand treffen kann. **15** **Mieteranspruch**

Im Bereich des Mietrechts ergibt sich eine solche Verpflichtung aus § 29 Abs. 2 Neubaumietenverordnung 1970 (NMV 1970). Diese Norm bestimmt, daß der Mieter anstelle der Einsichtnahme in die Rechnungsunterlagen verlangen kann, daß ihm der Vermieter gegen Erstattung Ablichtungen zur Verfügung stellt. Die Vorschrift gilt allerdings nur im Rahmen des Anwendungsbereichs der NMV 1970 für preisgebundenen Wohnraum. Für freifinanzierten Wohnraum besteht keine entsprechende Regelung. Eine analoge Anwendung des § 29 Abs. 2 NMV 1970 auch auf freifinanzierten Wohnraum ist möglich, da kein sachlicher Grund für unterschiedliche Rechtsansprüche der Mieter ersichtlich ist (so auch Schmid, WM 1984, 67). Eine andere Auffassung würde zu einer Art Zweiklassenmietrecht führen, das den Mietern im preisgebundenen Wohnraum mehr Rechte einräumt als den Mietern im freifinanzierten Wohnungsbau. Die Kontrollrechte des Mieters sind aber unabhängig von der Finanzierungsart des Wohngebäudes zu sehen. Die unterschiedliche Finanzierungsart hat **16** lediglich Auswirkungen auf die Art der Mietberechnung. Die elementaren Mieterrechte werden hierdurch nicht berührt. Für den Bereich des freifinanzierten Wohnungsbaus kann daher von einer Regelungslücke ausgegangen werden, die der Gesetzgeber unbewußt gelassen hat und die dementsprechend durch eine analoge Anwendung von § 29 Abs. 2 NMV 1970 geschlossen werden kann. Durch die Übersendung von Ablichtungen wird der Vermieter auch nicht ungebührlich belastet, da § 29 Abs. 2 NMV 1970 einen Erstattungsanspruch für die Fertigung der Ablichtungen vorsieht. Gleichzeitig verliert hierdurch das Problem an Bedeutung, wo der Vermieter die Abrechnungsunterlagen zu präsentieren hat.

17 **Vermieter- und Eigentümeranspruch**

Ist der Vermieter demnach verpflichtet, dem Mieter auf entsprechendes Verlangen Ablichtungen der Abrechnungsunterlagen zuzusenden, so greift diese Verpflichtung nach dem Grundsatz von Treu und Glauben auf den Verwalter durch. Die Abrechnungsunterlagen befinden sich ausschließlich im Besitz des Verwalters und nicht im Besitz des vermietenden Eigentümers. Der Eigentümer als Vermieter kann daher nur das Verlangen seines Mieters befriedigen, wenn der Verwalter seinerseits verpflichtet werden kann, die notwendigen Ablichtungen dem Eigentümer zur Verfügung zu stellen (so auch Schmid, WM 1984, 67).

18 Aber auch der nicht vermietende Wohnungseigentümer wird Ablichtungen fordern dürfen, wenn er hierzu ein berechtigtes Interesse darlegen kann (OLG Celle, Beschluß vom 25.6. 1984, 4 W 87/84).

19 Analog zu § 29 Abs. 2 NMV 1970 muß sich der Mieter und dementsprechend auch der Eigentümer entscheiden, ob er die Originalbelege einsehen oder die Ablichtungen zugesandt erhalten will. Ein Anspruch auf beides besteht nicht (Schmid, a. a. O.). Ebensowenig besteht ein Anspruch auf Herausgabe der Originalbelege und der über die Belege hinausgehenden Buchführungsunterlagen (OLG Celle, a. a. O.).

20 **Auslagenerstattung**

Der Verwalter braucht die Ablichtungen allerdings nur gegen Erstattung der Auslagen zur Verfügung zu stellen. Dies folgt aus § 670 BGB. Entgegen der Entscheidung des Amtsgerichts Wuppertal (WM 1983, 208) ist der Kostenerstattungsanspruch mit 1 DM pro fotokopierte Seite (AG Köln DWE 1989, 72) und nicht lediglich mit 0,50 DM anzusetzen. Dieser Kostenansatz ist nicht nur heute üblich, sondern er findet in diversen gesetzlichen Regelungen seine Bestätigung. Im einzelnen kann auf § 27 Abs. 2 Bundesrechtsanwaltsgebührenordnung, § 136 Abs. 3 Kostenordnung und § 36 Abs. 2 Gerichtsvollzieherkostengesetz verwiesen werden. Nach diesen Vorschriften betragen die Schreibauslagen für die ersten 50 Seiten 1 DM, für jede weitere Seite 0,30 DM. Anhaltspunkte, weshalb der Kostenansatz für Ablichtungen des Verwalters niedriger bemessen werden soll als beispielsweise bei der Tätigkeit von Rechtsanwälten, sind nicht ersichtlich.

5. Zeitpunkt des Belegeinsichtsrechts

Jeder Wohnungseigentümer hat das Recht, die der Jahresabrechnung zugrundeliegenden Belege in angemessener Frist vor der Beschlußfassung hierüber einzusehen. Als angemessene **Frist** kann ein Zeitraum bis zu vier Wochen vor der betreffenden Eigentümerversammlung angenommen werden. Um den Eigentümern auch entsprechend viel Zeit zur Rechnungsprüfung einzuräumen, ist ein Versand der Jahresabrechnung an die Eigentümer mindestens vier Wochen vor der beschlußfassenden Eigentümerversammlung erforderlich. **21** **Zeitliche Unbegrenztheit**

Zeitlich begrenzt wird das Einsichtsrecht auch nicht durch die Auslegung der Jahresabrechnung in der Eigentümerversammlung. Auch nach der Beschlußfassung steht dem einzelnen Wohnungseigentümer ein eigenes Recht auf Offenbarung der Abrechnungsunterlagen noch zu (OLG Frankfurt, NJW 1972, 1377). Dies folgt schon aus dem Umstand, daß dem Wohnungseigentümer innerhalb eines Monats seit der Beschlußfassung noch das gerichtliche Anfechtungsrecht zusteht. Dieses Anfechtungsrecht würde aber weitgehend leerlaufen, wenn die Eigentümer nicht mehr berechtigt wären, sich die notwendigen Fakten für eine Beschlußaufhebung zu beschaffen (OLG Frankfurt, ebenda). Nach Ablauf der Monatsfrist wird das Einsichtsrecht ebenfalls nicht aufgehoben. Die Wohnungseigentümer können zwar jetzt die Jahresabrechnung nicht mehr anfechten. Anlaß für die Rechnungsprüfung kann aber noch die Überwachung der wirtschaftlichen Verwaltungstätigkeit sein. Ergibt die nachträgliche Durchsicht der Belege schwere Pflichtverletzungen des Verwalters, so können hierin wichtige Argumentationshilfen für eine Abwahl des Verwalters bestehen. Hinzu kommt die Verpflichtung der vermietenden Wohnungseigentümer, ihren Mietern zur Überprüfung der Nebenkostenabrechnung ihrerseits Belegeinsicht zu gewähren. Da sich die Belege beim Verwalter befinden, ist der Wohnungseigentümer hierzu nur dann in der Lage, wenn er zu diesem Zeitpunkt sich selbst die Belege noch beschaffen kann. Wenn er nach der Beschlußfassung über die Jahresabrechnung einen solchen Anspruch nicht mehr hätte, könnte er vom Mieter keine Entrichtung der Nebenkosten mehr fordern. Schmid begründet daher zu Recht ein zeitlich unbefristetes Einsichtsrecht aus dem Grundsatz von Treu und Glauben (Schmid, BlGBW 1982, 45). **22**

6. Beschränkung des Prüfungsrechts

a) Gesetzliche Beschränkungen

23 § 29 Abs. 3 WEG formuliert als Sollvorschrift die besonderen Prüfungsrechte des Verwaltungsbeirats. Diese Vorschrift stellt somit keine echte Einschränkung der Kontrollrechte der einzelnen Wohnungseigentümer dar.

24 **Schikaneverbot** Mangels anderweitiger gesetzlicher Regelung wird das Kontrollrecht nur noch durch das allgemeine **Schikaneverbot** des § 226 BGB beschränkt (BayObLG Rpfl. 1972, 412; OLG Hamm DWE 1985, 127). Danach ist die Ausübung eines Rechts unzulässig, wenn sie nur den Zweck haben kann, einem anderen Schaden zuzufügen. Die Anwendung dieses Grundsatzes läßt beispielsweise ein mehrfaches Einsichtsbegehren eines einzelnen Eigentümers ebenso unwirksam erscheinen wie den Ausspruch des Einsichtsbegehrens zur sogenannten Unzeit. Das **Einsichtnahmerecht** kann grundsätzlich auch auf Dritte übertragen werden. Die Einsichtnahme des Dritten kann nur dann abgelehnt werden, wenn die Gefahr einer nicht objektiven Prüfung besteht und der Dritte mit der Einsichtnahme nur eigene oder sachfremde Interessen verfolgt (vgl. zur mietrechtlichen Entscheidung LG Hamburg, WM 1985, 400). Auch stehen keine datenschutzrechtlichen Bedenken entgegen, wenn der einzelne Wohnungseigentümer Einsicht auch in die Unterlagen und Belege wünscht, die die Zahlungen anderer Wohnungseigentümer betreffen (OLG Hamm DWE 1985, 127).

25 Im weitesten Sinne stellen auch die gesetzlichen Aufbewahrungspflichten Grenzen des Prüfungsrechts dar. Wenn der Verwalter berechtigtermaßen die Verwaltungsunterlagen vernichtet, so endet selbstredend das Prüfungsrecht der Eigentümer. Die Aufbewahrungsdauer beträgt nach §§ 44 HGB, 147 Abs. 1 und 3 AO für Bücher und Aufzeichnungen, Inventare, Bilanzen sowie die zu ihrem Verständnis erforderlichen Arbeitsanweisungen zehn Jahre. Unter diese 10-Jahresfrist sind auch die Jahresabrechnungen nebst Kontenblätter zu subsumieren. Alle sonstigen Unterlagen sind grundsätzlich sechs Jahre lang aufzubewahren. Die **Aufbewahrungsfrist** beginnt mit dem Schluß des Kalenderjahres, in dem die letzte buchhalterische Eintragung gemacht oder die Bilanz festgestellt wurde. Dies bedeutet für die Jahresabrechnung, daß die 10-Jahresfrist mit Ablauf des Jahres beginnt, in dem die Jahresabrechnung beschlossen wurde.

b) Beschränkungen durch Vereinbarung/Beschluß

26 Unterschiedlich wird in der Literatur die Frage beantwortet, ob und wieweit eine vertragliche Einschränkung des Einsichtnahme- und Prüfungsrechts besteht.

Nach einer Entscheidung des AG Frankfurt/Main-Höchst (BlGBW 1980, 201) ist eine Regelung in der Teilungserklärung zulässig, in der die Einsichtnahme- und Prüfungsrechte auf Personen des Beirats beschränkt werden. Als Begründung führt das Gericht in erster Linie Praktikabilitätsgesichtspunkte an. Einer Gemeinschaft mit ca. 500–600 Mitgliedern könne kaum jederzeit die gewünschten Unterlagen vorgelegt werden, da dies die Verwaltertätigkeit erheblich behindern und zu erheblichen Kostensteigerungen führen würde. **27** **Beschränkung auf Verwaltungsbeirat**

Aber auch bei kleineren Gemeinschaften dürfte gegen eine Beschränkung des Prüfungsrechts in der Gemeinschaftsordnung kein Einwand bestehen. Die Regeln des Wohnungseigentumsrechts unterliegen grundsätzlich der Vertragsfreiheit. Auch hinsichtlich des Prüfungsrechts steht es den Eigentümern frei, ihre Rechte einzuschränken (so auch Schmid, BlGBW 1982, 45). Nicht zulässig ist es aber, das Einsichtsrecht des einzelnen Wohnungseigentümers durch Mehrheitsbeschluß zu beschränken und auf den Beirat zu deligieren (OLG Hamm NJW-RR 1988, 597). Das Einsichtsrecht in die Belege ist ein elementares Recht des einzelnen Wohnungseigentümers und kann nicht wirksam in vollem Umfang durch Mehrheitsbeschluß abbedungen werden. **28**

Ein völliger Ausschluß des Einsichtsrechts der Wohnungseigentümer wird ebenfalls nicht zu akzeptieren sein (so auch Schmid, a. a. O.). Indem der Verwalter das Miteigentum und erhebliche Geldbeträge der Eigentümer betreut, geht es um wesentliche wirtschaftliche Interessen. Auf die Kontrollrechte zu verzichten bedeutet die Auslieferung an die Solidität und Fachkenntnis des Verwalters oder, wie Schulz feststellt, die Freigabe eines essentiellen Wohnungseigentumsrechts (Schulz, BlGBW 1980, 201). Für eine solche Bevorteilung des Verwalters sind auch keine sachlichen Gründe ersichtlich, zumal die Wohnungseigentümer i. d. R. nicht an der Abfassung der Teilungserklärung beteiligt sind. **29** **Völliger Ausschluß**

Wird der Ausschluß des Prüfungsrechts in der Teilungserklärung als unzulässig angesehen, gilt dies erst recht für einen vertraglichen Ausschluß im Rahmen des Verwaltervertrags. Bei formulargemäßen Verwalterverträgen folgt die Unwirksamkeit bereits aus § 9 AGBG, da eine solche Klausel mit dem wesentlichen Grundgedanken des Wohnungseigentumsgesetzes nicht zu vereinbaren ist und daher zu einer unangemessenen Benachteiligung der Wohnungseigentümer führt (so auch Schmid, a. a. O.). **30**

Eine Individualvereinbarung auf Ausschluß des Prüfungsrechts wird ebenfalls nicht als wirksam angesehen werden können, da der Verwaltervertrag nur einer einfachen Mehrheit bedarf (§ 26 Abs. 1 Satz 1 WEG) und somit weder Minderheiten noch zukünftige Erwerber schützt. **31**

c) Faktische Beschränkungen

32 **Prüfungstermine** Bei größeren Wohnungseigentümergemeinschaften wird das Einsichts- und Prüfungsrecht auch ohne vertragliche Regelung häufig auf sog. **Prüftermine** beschränkt. Auch wenn hierzu ein praktisches Bedürfnis bestehen kann, die Belegpräsentation unter Aufrechterhaltung eines geordneten Geschäftsbetriebes durch den Verwalter vornehmen zu können, so ist die Verweisung der Eigentümer auf die vorgegebenen Prüftermine ohne weitere Wirkung. Es besteht keine gesetzliche Regelung, wonach der Verwalter die Belegprüfung zeitlich einengen kann. Die Einsichtnahme ist auch nicht von dem Nachweis eines besonderen Interesses des betreffenden Eigentümers abhängig (OLG Hamm NJW-RR 1988, 597f.).

7. Herausgabepflicht bei Beendigung des Verwaltervertrages

33 Die Belege und alle anderen Bestandteile der Buchführung gehören zum Verwaltungsvermögen und sind demnach gemeinschaftliches Eigentum (BayObLGZ 1978, 231). Der abberufene Verwalter hat gem. §§ 675, 667 BGB den Eigentümern alles, was er zur Ausführung des Auftrages erhalten und was er aus der Geschäftsbesorgung erlangt hat, herauszugeben. Insbesondere ist das gemeinschaftliche Eigentum und somit auch die vollständige Buchführung herauszugeben. Ein Zurückbehaltungsrecht ist dem Verwalter nicht zugesprochen worden (BayObLGZ 1975, 329). Soweit der Verwalter wegen bestimmter Vorgänge noch auskunftspflichtig ist oder ihm Haftpflichtansprüche angedroht werden, kann er sich zur Rechtsverteidigung auf eigene Kosten die notwendigen Fotokopien dieser Vorgänge vor Herausgabe der Unterlagen fertigen (Müller, PiG 1988, 65).

IX. Erzwingung der Jahresabrechnung

Jeder Wohnungseigentümer kann die Erstellung einer Jahresabrechnung (dies gilt ebenso für den Wirtschaftsplan) durch den Verwalter gerichtlich durchsetzen (OLG Karlsruhe NJW 1969, 1968; OLG Frankfurt NJW 1972, 1376; OLG Hamm OLGZ 1975, 157). Dieses Recht des Einzelnen folgt aus § 21 Abs. 4 WEG. Danach steht jedem Wohnungs- und Teileigentümer ein Anspruch gegen den Verwalter auf Vorlage von Wirtschaftsplan und Jahresabrechnung zu (BayObLG WM 1990, 368). Eines besonderen Eigentümerbeschlusses bedarf es zuvor nicht. Wird der Verwalter im Verfahren der freiwilligen Gerichtsbarkeit verurteilt, die Jahresabrechnung zu erstellen, so stellt dieses Urteil für den Antragsteller einen vollstreckbaren Titel dar. Die Vollstreckung erfolgt nach den Grundsätzen der Erzwingung von vertretbaren Handlungen nach § 887 ZPO. Auch wenn die Jahresabrechnung eine Art persönlicher Rechenschaftsbericht des Verwalters darstellt, so kann die Jahresabrechnung durchaus von jedem sachverständigen Dritten erstellt werden. Um die Erstellung der Jahresabrechnung durch einen Dritten zu ermöglichen, ist der Verwalter verpflichtet, die erforderlichen Unterlagen herauszugeben (OLG Hamm OLGZ 1975, 157). 1

Zwangsvollstreckung durch Ersatzvornahme

Nach § 887 ZPO bedarf es für diese **Ersatzvornahme** eines Antrags des Gläubigers (Wohnungseigentümers). Nach § 887 Abs. 2 ZPO kann gleichzeitig beantragt werden, den Schuldner (Verwalter) zur Vorauszahlung der Kosten zu verurteilen, die durch die Vornahme der Handlung entstehen werden, unbeschadet des Rechts auf eine Nachforderung, wenn die Vorauszahlungen nicht ausgereicht haben. Der Beschluß kann den Wohnungseigentümer ermächtigen, die Handlung durch einen Dritten vornehmen zu lassen oder selbst vorzunehmen (Baumbach/Lauterbach, § 887 ZPO Anm. 3 A). Der Beschluß darf die Person des Dritten nicht näher benennen (vgl. ebenda). Es ist das Recht des Wohnungseigentümers, die Person des Dritten frei wählen zu können, wobei dieser die erforderliche Sachkunde besitzen muß. Andernfalls würde die Ersatzvornahme nicht notwendige Kosten verursachen, die vom Schuldner (Verwalter) nicht zu ersetzen sind. Die Kosten der Ersatzvornahme stellen gemäß § 788 ZPO Kosten der **Zwangsvollstreckung** dar. 2

Zuständig für den Zwangsvollstreckungsantrag ist das Prozeßgericht des ersten Rechtszuges, das bei Wohnungseigentumsangelegenheiten das Amtsgericht im Rahmen der freiwilligen Gerichtsbarkeit ist. 3

X. Abrechnung durch den abberufenen Verwalter

1 **Zwischenabrechnung und Rechnungslegung**

Bei der Abrechnungspflicht des abberufenen Verwalters ist auf den jeweiligen Abberufungszeitpunkt abzustellen. Scheidet der abberufene Verwalter während des Wirtschaftsjahres aus, ist er nicht zur Erstellung einer Jahresabrechnung verpflichtet (BayObLG Rpfleger 1979, 218; KG WE 1988, 17f.). Die Begründung ist darin zu sehen, daß eine Gesamtabrechnung mit Aufteilung des Ergebnisses auf die einzelnen Wohnungseigentümer während des Wirtschaftsjahres keine wirtschaftlichen Auswirkungen hat. Die so erstellte Jahresabrechnung würde nicht zur Grundlage von Wohngeldzahlungen oder Beschlüssen der Eigentümergemeinschaft gemacht. Somit stellt die Anforderung an den abberufenen Verwalter auf Erstellung einer Zwischenabrechnung eine unverhältnismäßige Verpflichtung dar, die gerichtlich aufgehoben werden kann.

2 Vom abberufenen Verwalter kann allerdings auch während des Wirtschaftsjahres **Rechnungslegung** im Sinne des § 28 Abs. 4 WEG verlangt werden. Ein solcher Beschluß der Wohnungseigentümer ist auch tunlich, da hierdurch der Verwalter gezwungen wird, eine geordnete Zusammenstellung der Einnahmen und Ausgaben (gegliedert nach Kostenarten) und Angabe der Kontenstände der Bankkonten unter Beifügung der Belege zum Stichtag seines Ausscheidens zu erstellen. Hierdurch wird nicht nur eine Kontrollmöglichkeit des abberufenen Verwalters gegeben, sondern auch die Basis für einen Entlastungsbeschluß auf der nächsten Eigentümerversammlung. Damit die Eigentümer die erfolgte Rechnungslegung überprüfen und ggf. möglichst kurzfristig zur Grundlage von Schadensersatzprozessen machen können, empfiehlt sich die Bestellung eines möglichst externen Rechnungsprüfers. Bei größeren Eigentümergemeinschaften bietet sich hier die Bestellung eines fachkundigen Steuerberaters, Wirtschaftsprüfers oder eines sonstigen Sachverständigen an. Dies dürfte auch im Interesse des neuen Verwalters sein, da nur so seine „Erblast" definitiv festgestellt wird und er sich von allen Vorgängen exkulpieren kann, die nachweislich vom Vorverwalter verursacht wurden.

Zweifelhaft ist die Auffassung, wonach es regelmäßig ordnungsgemäßer Verwaltung widerspricht, wenn die Eigentümerversammlung im Hinblick auf mögliche Unregelmäßigkeiten bzw. Unklarheiten bei der Führung der Verwaltungsgeschäfte durch die Vorverwaltung schon vor Herausgabe der Verwaltungsunterlagen beschließt, einen Wirtschaftsprüfer zu beauftragen (KG DWE 1987, 135). Dies dürfte zumindest dann abzulehnen sein, wenn gerade zweifelhafte Vorgänge zur Abwahl des Verwalters geführt haben und der Verdacht auf Unregelmäßigkeiten nicht ins „Blaue“ hinein aufgestellt wurde. Bei erheblichen wirtschaftlichen Vorwürfen dürfte die Bestellung eines Wirtschaftsprüfers durch die Eigentümergemeinschaft gerade ordnungsgemäßer Verwaltung entsprechen.

3
Herausgabe der Verwaltungsunterlagen

Der abberufene Verwalter hat nach Beendigung seiner Tätigkeit die Buchhaltungsunterlagen herauszugeben, die er für die Eigentümergemeinschaft angelegt hat und die zur ordnungsmäßigen Fortführung der Verwaltung erforderlich sind (BayObLGZ 69, 209; OLG Köln WEM 1980, 1982). Da sich die Herausgabepflicht auf das bezieht, was der Beauftragte erlangt, ergibt sich bereits aus der Formulierung des § 667 BGB, daß der Verwalter die Herausgabe der Originalunterlagen schuldet (BayObLG WE 1993, 288). Dem abberufenen Verwalter steht auch kein Zurückbehaltungsrecht hinsichtlich der Verwaltungsunterlagen zu, da diese Eigentum der Wohnungseigentümergemeinschaft sind. Weiter bleibt der Verwalter zur Auskunftserteilung und Rechnungslegung verpflichtet über Vorgänge, die sich während seiner Verwaltungstätigkeit ereignet haben, wie das allgemein für Geschäftsbesorgungsverträge gilt (Weitnauer, § 28 Rdn. 22). Dies gilt selbst für den Fall, daß der bisherige Verwalter den Abberufungsbeschluß angefochten hat.

4
Jahresabrechnung

Wird der Verwalter zum Ende des Wirtschaftsjahres abberufen, so hat er die **Jahresabrechnung** für den zurückliegenden Zeitraum zu erstellen (so auch Sauren, ZMR 1985, 326; a. A. OLG Stuttgart, Justiz 1980, 278; LG Frankfurt, MDR 1985, 59; OLG Köln NJW 1986, 328f.; OLG Hamburg WE 1987, 83f.). Der anderslautenden Rechtsprechung kann insoweit nicht gefolgt werden. Dem Argument in der Entscheidung des OLG Köln (NJW 1986, 328) ist nicht beizupflichten, daß als Verwalter nur derjenige anzusehen ist, der das Amt nach Ablauf des Kalenderjahres tatsächlich inne hat. Wenn § 28 Abs. 3 WEG festlegt, daß nach Ablauf des Kalenderjahres der Verwalter eine Abrechnung aufzustellen hat, könne hiermit nur der neue Verwalter gemeint sein. Dem ist jedoch entgegenzuhalten, daß auch hinsichtlich der Rechnungslegung in § 28 Abs. 3 WEG nur von dem Verwalter schlechthin die Rede ist. Die Pflichten des Verwalters zur Erstellung eines Wirtschaftsplanes (§ 28 Abs. 1), einer Jahresabrechnung (§ 28 Abs. 3) und gegebenenfalls einer Rechnungslegung (§ 28 Abs. 4) sind jeweils als Bestandteile einer einheitlichen Abrechnungsverpflichtung anzusehen, die nicht aufzuteilen sind. Daß die Jahresabrechnung faktisch erst nach Ablauf des Wirtschaftsjahres aufzustellen ist, bestimmt nur den Zeitpunkt der Erstellung, ohne daß sich hierdurch der Verpflichtete ändert. Gerade die Rechnungslegung nach § 28 Abs. 4 wird häufig vom abberufenen Verwalter gefordert werden. Warum sollte etwas anderes für die Jahresabrechnung gelten? Weiterhin ist der abberufene Verwalter auch noch zur Herausgabe der Akten und zur Erteilung von Auskünften verpflichtet. Seine Mitwirkungspflichten enden auch diesbezüglich nicht sofort mit dem Vertragsende. Auch hat der abberufene Verwalter noch das Protokoll der betreffenden Eigentümerversammlung zu erstellen, falls ihm die Protokollführung nicht während der Versammlung entzogen wurde.

Die laufende Verwaltervergütung ist gleichzeitig als eine Vorauszahlung auf die Arbeiten im Zusammenhang mit der Erstellung der Jahresabrechnung zu sehen. Der abberufene Verwalter kann daher nicht einwenden, daß er für diese Arbeiten nicht mehr bezahlt werde und daher eine Verpflichtung dieser Art entfalle. Ein Großteil der Verwaltervergütung wird vom professionellen Verwalter für die Erstellung der Jahresabrechnung einkalkuliert. Wird der abberufene Verwalter von dieser Erstellung zum Zeitpunkt des Ausscheidens befreit, kommt dies der Zahlung einer wohl ungewollten Abfindung gleich. Die Gemeinschaft zahlt eine Vergütung, ohne eine vollständige Gegenleistung zu erhalten.

Hinsichtlich der Jahresabrechnung hat der Verwaltervertrag Werkvertragscharakter. Der Erfolg ist erst dann eingetreten, wenn die Jahresabrechnung als Ergebnis der laufenden Buchführung abgeschlossen wurde. Mit der Auflösung des Verwaltervertrages erklären die Wohnungseigentümer die Entbindung des Verwalters von der Dauerverpflichtung, weitere Werke (Jahresabrechnungen) in den Folgejahren erstellen zu müssen.

Die Befreiung des abberufenen Verwalters von der Abrechnungspflicht nach herrschender Rechtsprechung würde dem **5**
neuen Verwalter eine schwere Erbschaft aufbürden, die der Eigentümergemeinschaft erhebliche Mehrkosten verursacht und somit die Hemmschwelle zur Abwahl eines unzuverlässigen Verwalters unverhältnismäßig erhöht. Der neue Verwalter wird die Erstellung der Jahresabrechnung nur gegen ein Zeithonorar durchführen können, da er bei seiner Verwalterbestellung nicht übersehen kann, in welchem Zustand sich die Buchführung des ausscheidenden Verwalters befindet.

6
Sondervergütung

Der abberufene Verwalter ist auch noch zur Abrechnung imstande, wenn er inzwischen pflichtgemäß die Unterlagen an den neuen Verwalter abgegeben hat, denn nach der Herausgabe steht ihm, soweit erforderlich, das Recht auf Einsicht zu, von dem er entsprechend Gebrauch machen muß (OLG Hamm OLGZ 1975, 157). Aus Gründen der Praktikabilität ist es sinnvoll, wenn sich die Eigentümergemeinschaft vom Verwalter möglichst nur zum Ende eines Wirtschaftsjahres trennt. Sind die vom ausscheidenden Verwalter ausgehändigten Buchführungsunterlagen mangelhaft und werden hierfür Mehrarbeiten des neuen Verwalters erforderlich, ist der ausscheidende Verwalter gegenüber der Eigentümergemeinschaft schadensersatzpflichtig. Oft entstehen, ohne daß die Buchführungsunterlagen mangelhaft sind, auch schon dadurch Mehrarbeiten, daß der neue Verwalter die übergebenen Buchführungsunterlagen sichten, sich in das vorgefundene System eindenken und bei elektronischer Datenverarbeitung den bereits erfaßten Zeitraum bzw. die Anfangsbestände wieder neu in die eigene Datenerfassung eingeben muß. Hierdurch werden zumindest doppelte Arbeiten verursacht, die möglicherweise dem neuen Verwalter vergütet werden müssen, ohne daß hierfür eine Rückgriffsmöglichkeit gegenüber dem abberufenen Verwalter besteht. Ob eine Sondervergütung erforderlich ist, ist eine Frage des im Einzelfall erforderlichen Arbeitsaufwands (KG Berlin WE 1993, 82). Als Kriterien für das Erfordernis einer Sondervergütung dienen u.a. Übersichtlichkeit der übergebenen Buchführungsunterlagen und Ausführlichkeit und Vollständigkeit der von dem ausgeschiedenen Verwalter nach Amtsbeendigung erstellten Rechnungslegung.

Die Entlastung des ausgeschiedenen Verwalters kann auf der nächsten Eigentümerversammlung, die der neue Verwalter einzuberufen hat, beschlossen werden.

XI. Beschlußfassung über Wirtschaftsplan und Jahresabrechnung

1. Beschlußfassung über den Wirtschaftsplan

§ 28 Abs. 5 WEG stellt fest, daß über den Wirtschaftsplan, die Abrechnung und die Rechnungslegung des Verwalters die Wohnungseigentümer durch Stimmenmehrheit beschließen. 1

2 **Beschlußfassung und Wirkung**

Der **Wirtschaftsplan** wird erst verbindlich für den einzelnen Eigentümer durch Mehrheitsbeschluß der Eigentümerversammlung (OLG Karlsruhe DWE 1978, 56). Gleichzeitig ist die Zahlungspflicht der Eigentümer hierdurch festgelegt. Trotzdem kann es der Billigkeit entsprechen, den Eigentümer von Kosten ganz freizustellen, wenn er unberechtigt auf Vorschüsse in Anspruch genommen würde, ohne daß die zur Klärung des Anspruchs nahe bevorstehende Eigentümerversammlung abgewartet wurde (BayObLG WM 1987, 39). Ebenso kann es im Einzelfall gegen den Grundsatz von Treu und Glauben verstoßen, wenn in einer Eigentümergemeinschaft ein Eigentümer auf erhebliche Nachzahlungsbeträge aus dem Wirtschaftsplan in Anspruch genommen wird, während die von der Verwaltung inzwischen vorgelegte Jahresabrechnung keine nennenswerten Nachzahlungsbeträge ausweist und die Eigentümergemeinschaft sich weigert, über die Jahresabrechnung zu beschließen bzw. die Jahresabrechnung aus unwesentlichen Gründen ablehnt.

Nach LG Wuppertal sei der Verwalter verpflichtet, den Wirtschaftsplan möglichst mit der Einladung zur Versammlung – spätestens jedoch so rechtzeitig, daß sich die Eigentümer sachgerecht auf dieses Thema vorbereiten können – den Eigentümern zuzustellen (Beschluß v. 16.3.1988, 6T 168/88). Dem kann in dieser Generalität nicht gefolgt werden. Die Einladung muß nicht alle Einzelheiten und Auswirkungen eines etwaigen Beschlusses erkennen lassen (BayObLGZ 61, 322; OLG Stuttgart NJW 1974, 2137). So genügt es, wenn die Geladenen durch die Angaben der Tagesordnung vor Überraschungen geschützt sind (BayObLG Rpfleger 1978, 445). Weist die Einladung als Tagesordnung die Beschlußfassung über den Wirtschaftsplan aus, so bedarf es keiner weiteren Angaben und auch nicht der Beifügung des Wirtschaftsplans zur Einladung, wenn das Wohngeld unverändert bleiben soll. Bei geringen Veränderungen reicht der Hinweis in der Einladung aus, daß beispielsweise eine Wohngelderhöhung von 0,10 DM/qm/Monat geplant ist. Lediglich, wenn sich die wirtschaftlichen Grunddaten wesentlich verändern, ist eine weitergehende Information unter Beifügung des Wirtschaftsplans in der Einladung unumgänglich, um Überraschungen der Eigentümer vorzubeugen.

3
Fortdauer des Wirtschaftsplans

Nach BayObLG WE 1988, 141 gilt der Wirtschaftsplan, der für ein bestimmtes Jahr verabschiedet wird, grundsätzlich nur für dieses Jahr (so auch KG DWE 1989, 18). Für die Folgezeit könnten Vorschüsse vom Verwalter nur aufgrund eines neuerlichen Eigentümerbeschlusses über einen Folge-Wirtschaftsplan verlangt werden. Diese Auffassung verkennt, daß in der Praxis der Wirtschaftsplan oft nur ungenau zeitlich überschrieben (z. B. ohne Zeitangaben) wird, alle Beteiligten aber übereinstimmend davon ausgehen, daß der Wirtschaftsplan in der jeweiligen Fassung bis zur nächsten Eigentümerversammlung gelten soll. Dieses durch Auslegung zu ermittelnde Ergebnis wird auch in einer Entscheidung des OLG Hamm (OLGZ 71, 96) in dem dort zugrunde liegenden Einzelfall als rechtlich zulässig angesehen. Wie sollte auch anders der Fall gelöst werden, wenn der beschlossene Wirtschaftsplan das Jahr 1991 betrifft und die nächste Eigentümerversammlung erst im April 1992 stattfindet. Dann hätten die Eigentümer nach Auffassung des BayObLG in den Monaten Januar bis April 1989 kein Wohngeld zu zahlen, ein Ergebnis, das der Verpflichtung zur Tragung der gemeinschaftlichen Lasten nach § 16 Abs. 2 WEG widerspricht und eine weitere Bewirtschaftung des Objekts in der betreffenden Zeit ausschließt. Das BayObLG hält selbst eine Auslegung der Beschlußfassung über den Wirtschaftsplan für möglich (BayObLG NJW-RR 1988, 272), ohne in der Einscheidung WE 1988, 141 auf dieses Mittel zurückzugreifen. Die Auffassung des BayObLG würde schließlich dazu führen, daß unmittelbar vor Ende des Wirtschaftsjahres eine Eigentümerversammlung zur Beschlußfassung über den Wirtschaftsplan des nächsten Jahres einberufen werden müßte. Hierdurch entstünde die Notwendigkeit von zwei Eigentümerversammlungen im Jahr. Da die Jahresabrechnung des laufenden Wirtschaftsjahres noch nicht vorliegt, könnte der neue Wirtschaftsplan auch nicht hieran anknüpfen. Die Aufstellung eines neuen Wirtschaftsplans kann aber sachgerecht nur mit der Vorlage der Jahresabrechnung für das abgelaufene Wirtschaftsjahr erfolgen (OLG Hamm NJW-RR 1989, 1161). Es hält sich daher im Rahmen ordnungsgemäßer Verwaltung, wenn der Wirtschaftsplan auf einer in den ersten Monaten des Jahres abgehaltenen Eigentümerversammlung beschlossen wird (so auch OLG Hamburg WE 1988, 173).

Um die Geltungsdauer des Wirtschaftsplans unzweifelhaft festzulegen, sollten die Wohnungseigentümer in der Beschlußfassung klarstellen, daß die vorgesehenen Wohngeldvorschüsse über das Jahr hinaus bis zum Inkrafttreten eines neuen

Wirtschaftsplans weiterzuzahlen sind (so auch OLG Hamm NJW-RR 1989, 1161; KG DWE 1990, 110).

Ein Beschluß über Lastentragungsquoten betrifft seiner Natur nach für die Vergangenheit die periodische Abrechnung und für die Zukunft den Wirtschaftsplan für das bevorstehende Wirtschaftsjahr (KG WM 1986, 355). Im Zweifel wird selbst bei Einstimmigkeit einer solchen Beschlußfassung nicht anzunehmen sein, daß mit diesem Beschluß gleichzeitig auf künftige Mehrheitsentscheidungen auf diesem Gebiet verzichtet werden sollte (KG ebenda). **4**

Haben die Wohnungseigentümer die in der Gemeinschaftsordnung getroffene Regelung der Kostenverteilung durch einen Beschluß mit der in der Gemeinschaftsordnung hierfür vorgesehenen qualifizierten Mehrheit geändert, so ist eine weitere Abänderung nur mit der gleichen qualifizierten Mehrheit möglich (BayObLG WM 1988, 416).

Der Beschluß über den Wirtschaftsplan stellt ein dreifaches fest:

1. Der Jahresetat wird determiniert.
2. Die Vorauszahlungen der Eigentümer werden bestimmt.
3. Der wirtschaftliche Handlungsspielraum des Verwalters wird festgelegt.

Es reicht nicht aus, wenn nur über den Gesamtwirtschaftsplan abgestimmt wird. Dem Eigentümerbeschluß muß unmittelbar entnommen werden können, welche Vorschüsse die einzelnen Wohnungseigentümer zu bezahlen haben, es sei denn, diese Beträge lassen sich aus dem Gesamtwirtschaftsplan schon unschwer ermitteln (BayObLG NJW-RR 1990, 720).

5
Beschluß über Eigenleistungen

In Zusammenhang mit dem Wirtschaftsplan ist ein Mehrheitsbeschluß unwirksam, wenn anstelle von Fremdkosten Eigenleistungen beschlossen werden. Dies ist beispielsweise in der Praxis häufiger bei Treppenhausreinigungs- oder Gartenpflegekosten der Fall. Die Gemeinschaft will durch Eigenleistungen Kosten sparen. Die Aufbürdung von Eigenleistungen durch Mehrheitsbeschluß entspricht aber nicht der ordnungsmäßigen Instandhaltung des gemeinschaftlichen Eigentums im Interesse aller Wohnungseigentümer. Die Festlegung von Dienstleistungen überschreitet die Kompetenz der Eigentümerversammlung zumindest im Rahmen eines Mehrheitsbeschlusses. Dieser würde sich inhaltlich nicht mit Fragen der Kostenverteilung beschäftigen, sondern tatsächlich würde über die persönliche Arbeitskraft des einzelnen Eigentümers verfügt. Dieser Beschlußgegenstand ist aber der Disposition der Eigentümerversammlung entzogen (so auch KG Berlin DWE 1994, 32). Ein einstimmiger Beschluß wäre hingegen im Sinne einer Einverständniserklärung aller Wohnungseigentümer zulässig.

Das Kammergericht weist in der vorerwähnten Entscheidung mit Recht darauf hin, daß auch ein Mehrheitsbeschluß un-

wirksam ist, der es dem einzelnen Eigentümer freistellt, ob er sich zur tätigen Mithilfe entschließt oder ob er die Fremdkosten für die Pflege eines Teilstückes, soweit diese durch eine Drittfirma durchgeführt wird, übernehmen will. Dieser Beschluß legt zumindest mittelbar eine Dienstleistung fest und zwingt indirekt den einzelnen Eigentümer, sich gegen die Auftragserteilung eines Drittunternehmers zu entscheiden, da solche Kleinaufträge in der Praxis unverhältnismäßig teuer sind und den betreffenden Miteigentümer über das in § 16 Abs. 2 WEG bestimmte Maß hinaus belasten würden.
Ein Mehrheitsbeschluß über unterschiedlich hohe monatliche Vorauszahlungen muß nicht unwirksam sein. Die Grenzen ordnungsmäßiger Verwaltung sind nach Ansicht des LG Frankfurt (DWE 1992, 8) vielmehr erst dann überschritten, wenn für jeden einzelnen Monat ein unterschiedlich hohes und darüber hinaus auf Pfennigsbeträge ausgerechnetes Wohngeld erhoben wird.

6

2. Abdingbarkeit des Wirtschaftsplans

§ 28 WEG wird allgemein als abdingbar angesehen. Danach kann der Verwalter auch von der Erstellung eines Wirtschaftsplans befreit werden (vgl. Bärmann/Pick, § 28 Rdn. 5; Palandt/Bassenge, § 28 WEG Rdnr. 13; Weitnauer, § 28 Rdn. 4).

7

Mehrheitserfordernisse des Befreiungsbeschlusses

Fraglich ist aber, ob zur Befreiung ein Mehrheitsbeschluß ausreichend ist. Nach Bärmann kann der Verwalter nur dann mit Stimmenmehrheit von der Aufstellung des Wirtschaftsplans entbunden werden, wenn die Aufstellung untunlich ist und das Unterlassen einer ordnungsmäßigen Verwaltung entspricht (Bärmann/Pick, § 28 Rdn. 6). In der Regel sei jedoch von einer erforderlichen Einstimmigkeit des Beschlusses auszugehen (vgl. ebenso KG WE 1987, 122). Diese Auffassung begegnet Bedenken. Durch das Erfordernis der Einstimmigkeit wird dem Wirtschaftsplan eine zu große Bedeutung beigemessen. Als bloße Kostenschätzung dient er der Orientierung und Disposition. Liegt eine detaillierte Jahresabrechnung vor, so wird der bisher bestehende Wirtschaftsplan an ihr überprüft werden können. Stellt sich heraus, daß die bisherige Kalkulation realistisch und angemessen war, liegt die Beibehaltung des bisherigen Wirtschaftsplans nahe. Die Umschreibung des bisherigen Wirtschaftsplans auf das neue Wirtschaftsjahr zu fordern, wäre bloßer Formalismus. Den Wohnungseigentümern dürfte die Information genügen, daß die Wohngeldbeträge gegenüber dem Vorjahr beibehalten oder aufgrund allgemeiner Kostensteigerungen gering erhöht werden müssen. Bei erwarteten geringfügigen Kostensteigerungen (etwa bis zu 10 %) kommt meines Erachtens auch eine pauschale Fortschreibung des bisherigen Wirtschaftsplans in

Betracht, ohne daß es einer detaillierten Kostenkalkulation bedarf. Die Frage, bei welchen Positionen der Verwalter im einzelnen Steigerungsraten erwartet, hat bloß statistische Bedeutung und ist für die Beschlußfassung ohne Bedeutung. Allerdings dürfte für die erste Eigentümerversammlung nach Bezugsfertigkeit bzw. nach Konstituierung der Gemeinschaft der Meinung Bärmanns zuzustimmen sein, daß auf die Erstellung eines detaillierten Wirtschaftsplans nur durch einstimmigen Beschluß verzichtet werden kann, da sonst der Willkür ein zu großer Freiraum verschafft würde. Ebenfalls ist ein Wirtschaftsplan bei geplanten größeren Instandhaltungsmaßnahmen oder erwarteten erheblichen Kostensteigerungen unumgänglich. Von diesen Ausnahmen abgesehen sollte es einer ordnungsgemäßen Verwaltung schon dann entsprechen, wenn der Verwalter eine detaillierte Jahresabrechnung vorlegt, hieran den bisherigen Wirtschaftsplan messen und letzteren durch Mehrheitsbeschluß, ggf. unter Hinzufügung pauschaler Ergänzungen, als Wirtschaftsplan anerkennen läßt. Nach der hier geäußerten Auffassung wird auf die Erstellung eines Wirtschaftsplans de facto nicht verzichtet, sondern die Erstellung und Darlegungspflicht des Verwalters lediglich erleichtert. Für diese Auffassung sprechen auch die Entscheidungen OLG Hamm OLGZ 71, 96 und KG WM 1990, 367, wonach der Wirtschaftsplan nicht mit Ablauf des Geschäftsjahres ohne weiteres gegenstandslos wird, denn im Zweifel bildet er bis zum Inkrafttreten eines neuen die Grundlage für die abzuführenden Beträge. Es entspricht regelmäßig ordnungsgemäßer Verwaltung, eine Fortschreibung des bisherigen Wirtschaftsplans zu beschließen.

Jeder Wohnungseigentümer hat einen Anspruch auf Vorlage **8** (BayObLG NJW-RR 1990, 659) und Beschlußfassung (OLG Karlsruhe NJW 1969, 1969; OLG Frankfurt NJW 1972, 1376; OLG Hamm OLGZ 1975, 157) über den Wirtschaftsplan, der nach §§ 21 Abs. 4, 43 Abs. 1 Nr. 1 WEG gerichtlich durchsetzbar ist, es sei denn, daß mehrheitlich die Fortschreibung des bisherigen Wirtschaftsplans beschlossen wurde und dieser Beschluß unter Berücksichtigung der Umstände des Einzelfalls nicht den Grundsätzen ordnungsmäßiger Verwaltung widerspricht.

Kommt ein Wirtschaftsplan der Gemeinschaft nicht zustande, kann das Gericht ersatzweise einen Wirtschaftsplan aufstellen. Dies kommt jedoch nur unter der Voraussetzung in Betracht, daß sich die Wohnungseigentümer als unfähig erweisen, diese Regelung selbst zu treffen, und alle Möglichkeiten, den Anspruch auf ordnungsgemäße Verwaltung durchzusetzen, erfolglos blieben (KG WM 1990, 614).

Ein Beschluß, der die Aufstellung des Wirtschaftsplans durch **9** den Verwalter für verbindlich erklärt und eine Beschlußfassung der Wohnungseigentümer ausschließt, ist anfechtbar. Nichtigkeit ist hingegen nicht anzunehmen (a. A. LG Berlin ZMR 1984, 424), da dies eine bloße Vorläufigkeit des Wirtschaftsplans nicht hinreichend berücksichtigen würde (so auch Bassenge, S. 49).

3. Beschlußfassung über die Jahresabrechnung

10 **Verfahren und Wirkung der Beschlußfassung**

Falls in der Gemeinschaftsordnung nichts anderes bestimmt ist, entscheiden die Wohnungseigentümer auch über die Jahresabrechnung mit einfacher Stimmenmehrheit. Die **Beschlußfassung** nach § 28 Abs. 5 WEG ist abdingbar (OLG Hamm OLGZ 782, 20, 26; BayObLG, WEM 1979, 129). Eine Regelung in der Gemeinschaftsordnung, daß die Abrechnung als anerkannt gilt, wenn ihr nicht innerhalb von 4 Wochen nach Absendung schriftlich widersprochen wird, ist zulässig (OLG Hamm OLGZ 82, 20; OLG Frankfurt OLGZ 1986, 34; a. A. KG WE 1990, 209). Da durch bloßen Widerspruch die **Jahresabrechnung** nicht fällig wird, ist der Schutz der Eigentümer hinreichend. Andererseits ist es nicht zulässig, die Entscheidung über die Jahresabrechnung dem Verwaltungsbeirat zu überlassen (BayObLG WM 1988, 331). Andernfalls würden sich die Wohnungseigentümer ihres Mitbestimmungsrechts begeben.

11 Der Beschluß über die Jahresabrechnung hat eine dreifache Bedeutung:

1. Die Jahresabrechnung wird ihrem Inhalt nach festgestellt.
2. Die ausgewiesenen Guthaben sind den Eigentümern zu erstatten, Nachzahlungen werden fällig.
3. Die wirtschaftliche Verwaltungstätigkeit des Verwalters wird anerkannt (Entlastung).

Durch den billigenden Eigentümerbeschluß über die Jahresabrechnungen werden die in ihnen festgesetzten Zahlungspflichten oder Rückerstattungsansprüche der einzelnen Wohnungseigentümer verbindlich; ohne einen entsprechenden Beschluß besteht keine Nachzahlungspflicht für den Wohnungseigentümer (BayObLG WE 1988, 35; BGH NJW 1985, 912; OLG Karlsruhe WM 1980, 80). Ein vollständiger Beschluß über die Jahresabrechnung muß die Gesamt- und Einzelabrechnung zum Gegenstand haben. Andernfalls kann der einzelne Wohnungseigentümer eine entsprechende Ergänzung verlangen (BayObLG NJW-RR 1989, 1163).

12 Bei nur unwesentlichen Abrechnungsfehlern wird die Verweigerung der Beschlußfassung rechtsmißbräuchlich sein. Wird eine mit kleinen Fehlern behaftete Jahresabrechnung beschlossen, so besteht kein Anfechtungsrecht eines überstimmten Wohnungseigentümers, da der Beschluß nicht ermessensfehlerhaft ist (KG B. v. 13. 4. 1987, 24 W 5174/86; BayObLG

WE 1989, 218). Unwesentlich ist ein Fehler, wenn er sich wirtschaftlich nur völlig unbedeutend auswirkt (LG Darmstadt Beschluß vom 31.8.1976, 5 T 840/76). Als Beispiele seien Auf- oder Abrundungsfehler bei der Wohnflächenberechnung, Verteilung bestimmter Kostengruppen nach dem Gesamtpersonenzahlschlüssel, wobei anstatt 456 Personen 457 Personen zugrundegelegt werden (so auch für die mietrechtliche Nebenkostenabrechnung AG Münster WM 1984, 337) oder Fehler, die sich nur in Pfennigsbeträgen auswirken (BayObLG WE 1989, 218), genannt.

Eine neue Abrechnung oder deren Berichtigung kann nicht verlangt werden, wenn die vorgelegte Abrechnung im wesentlichen den formellen Anforderungen genügt und die Eigentümer diese in der Versammlung nicht abgelehnt haben; es sei denn, ein die Abrechnung bestätigender Beschluß wird rechtskräftig für ungültig erklärt (BayObLG WM 1988, 100).

Der Eigentümerbeschluß bezieht sich auch auf die Heizko- **13**
stenabrechnung, die unselbständiger Bestandteil der Jahresabrechnung ist (BayObLG WM 1985, 303).

Ein ordnungsgemäßer Eigentümerbeschluß über die Jahresabrechnung muß die Jahresgesamtabrechnung einschließlich Einzelabrechnung zum Gegenstand haben und den Stand der gemeinschaftlichen Kosten, insbesondere der Instandhaltungsrücklage, ausweisen (BayObLG WM 1989, 530).

Ein Beschluß der Wohnungseigentümer über die Jahresabrechnung unter der Bedingung, daß sie richtig ist, läßt die für die Fälligkeit von Jahresverpflichtungen notwendige Klarheit vermissen und ist daher anfechtbar (BayObLG WM 1989, 531).

Die Jahresabrechnung wird vom Verwalter nur zur Beschluß- **14**
fassung vorgeschlagen. Der Beschluß stellt das Ergebnis fest, während die Bestandskraft der Jahresabrechnung erst nach Ablauf der Monatsfrist des § 23 Abs. 4 WEG eintritt.

Haben die Wohnungseigentümer eine bauliche Veränderung **15**
beschlossen und dabei für die Kosten eine Höchstgrenze festgelegt, so ist ein Beschluß über die Jahresabrechnung anfechtbar, in der Kosten über die Höchstgrenze hinaus zur Verteilung gebracht werden (BayObLG WE 1987, 12).

4. Entlastung des Verwalters

Der Entlastung des Verwalters kommt die Funktion zu, die Jahresabrechnung für die Jahre, für die Entlastung erteilt wird, bindend festzustellen und nachträglich dem Streit zu entziehen. Sie beinhaltet grundsätzlich auch den Verzicht auf die Geltendmachung von Schadenersatzansprüchen, soweit den Wohnungseigentümern die Voraussetzungen bekannt oder zumindest bei Anwendung der gebotenen Sorgfalt erkennbar gewesen seien (so KG Berlin NJW-RR 1987, 80; BayObLG

NJW-RR 1989, 841; OLG Köln WM 1989, 207; KG Berlin WM 1993, 140). Aus diesem Grund können Zahlungsansprüche der Wohnungseigentümer gegen den früheren Verwalter nicht auf Zahlungsvorgänge und Handlungen in solchen Jahren gestützt werden, für die dem Verwalter bestandskräftig Entlastung erteilt worden ist (so BayObLG für einen Anspruch der Wohnungseigentümer gegen den früheren Verwalter nach § 667 BGB, vgl. WE 1994, 283).

16 **Strafbares Verhalten des Verwalters**

Etwas anderes soll für den Fall gelten, daß der Verwalter sich durch strafbares Verhalten gegenüber der Eigentümergemeinschaft schadenersatzpflichtig gemacht hat. Dann nämlich soll in der Entlastung nicht der Verzicht auf die Geltendmachung von Schadenersatzansprüchen gesehen werden können (OLG Celle DWE 1992, 84). Im Fall des möglichen Vorliegens einer strafbaren Handlung darf also eine inhaltliche Prüfung der Jahresabrechnung nicht mit dem Hinweis abgeschnitten werden, dem Verwalter sei Entlastung erteilt worden.

Häufig sind die Verwalter der Auffassung, daß ihre **Entlastung** nicht ausdrücklich beschlossen werden muß, da dies mit dem Beschluß über die Jahresabrechnung identisch sei. Dies ist nur bedingt richtig.

17 **Entlastung für Gesamt- und Einzelabrechnung**

Die Anerkennung der Jahresabrechnung durch Mehrheitsbeschluß der Eigentümerversammlung kann gleichzeitig die Erklärung der Gemeinschaft über die Entlastung des Verwalters für das zurückliegende Wirtschaftsjahr enthalten. Eines separaten Beschlusses bedarf es hierzu i. d. R. nicht (BayObLG Beschluß vom 24.10.1978, 2 Z 45/77). Durch den Entlastungsbeschluß erklären die Wohnungseigentümer konkludent ihr Anerkenntnis nur über die Vorgänge und Umstände, die im Zusammenhang mit der Jahresabrechnung stehen und den Eigentümern bei der Beschlußfassung bekannt waren oder bekannt sein mußten (BayObLG DWE 1981, 126). Er betrifft die Einnahmen und Ausgaben bei der Verwaltung des gemeinschaftlichen Eigentums (BayObLG WM 1988, 30), soweit die Eigentümer bei sorgfältiger Prüfung aller Vorlagen und Berichte die erforderliche Kenntnis von der Tätigkeit des Verwalters erlangen konnten (KG WM 1993, 140). Die Beschlußfassung über die Gesamtabrechnung umfaßt auch die in der Gesamtabrechnung festgestellten Überzahlungen und Rückstände von Wohngeldern einzelner Wohnungseigentümer als Teil der Gesamtabrechnung. Der Mehrheitsbeschluß über die Entlastung des Verwalters bedeutet in der Regel ein negatives Schuldanerkenntnis (BayObLG Beschluß vom 13.4.1984, 2 Z 19/83; OLG Frankfurt DWE 1988, 142). Die Entlastung bezieht sich daher auch auf die Einzelabrechnung (BayObLG DWE 1971, 126).

18 Zwingend ist die Identität zwischen Beschluß über die Jahresabrechnung und Beschluß über die Entlastung nicht. Recht-

lich handelt es sich um zwei verschiedene Gegenstände, die sich unterschiedlich entwickeln können (BayObLG WE 1989, 144). Auch wenn die Jahresabrechnung richtig ist, kann die Verwaltertätigkeit zu mißbilligen sein, so z.B. wenn der Verwalter unberechtigte Ausgaben getätigt hat (BayObLG WM 1990, 175).

Zweifel, ob mit der Beschlußfassung über die Jahresabrechnung auch die Entlastung erteilt werden sollte, sind durch Auslegung zu ermitteln (BayObLG NJW-RR 1988, 81f.).

Das negative Schuldanerkenntnis beschränkt sich aber auf die im Abrechnungsformular enthaltenen Kostenpositionen mit den dazugehörigen Rechnungsbelegen. Damit wird nicht die Richtigkeit interner Buchungen und die ordnungsmäßige Verwaltung im Sinne des § 741 BGB bestätigt (OLG Celle, Beschluß vom 31.1.1983, 4 W 191/82). Ebensowenig werden durch den Entlastungsbeschluß Schadensersatzansprüche eines Wohnungseigentümers gegen den Verwalter berührt, die aus einer Pflichtverletzung gegen den einzelnen Eigentümer herrühren (BayObLG WM 1988, 30). Mit der Entlastung wird der Auskunftsanspruch des einzelnen Eigentümers eingeengt (OLG Celle, Beschluß vom 13.6.1984, 4 W 89/84). **19**

Nach Ansicht des BayObLG (BayObLG WE 1989, 147; DWE 1992, 76; WE 1994, 153) liegt in der Entlastung des Verwalters durch Eigentümerbeschluß in der Regel zugleich die Billigung der Jahresabrechnung. Dieser Ansicht kann nur teilweise gefolgt werden. Der Entlastungsbeschluß stellt gegenüber der Beschlußfassung über die Jahresabrechnung ein Minus dar, da die Entlastung nicht gleichzeitig Fragen der Verteilungsschlüssel, der Rücklagenzuweisung oder der Fälligkeit von Nachzahlungsbeträgen umfaßt. Ein Eigentümerbeschluß über die Entlastung des Verwalters umfaßt somit für sich allein nicht gleichzeitig eine Billigung der Jahresabrechnung (so auch KG NJW-RR 1986, 1337f.).

20
Unvollständiges Protokoll

Nicht zwingend erforderlich ist, daß aus dem Protokoll der Eigentümerversammlung erkennbar ist, über welche Abrechnung abgestimmt wurde. Es genügt, wenn dies aus den Umständen zu entnehmen ist und sich durch Auslegung der Beschlußfassung ermitteln läßt.

Wird der Jahresabrechnungsbeschluß bzw. die Entlastung des Verwalters angefochten, so ruht die Zustellungsvollmacht des Verwalters grundsätzlich nicht (BayObLG WG 1988, 104f.). Anders ist nach der vorzitierten Entscheidung nur die Zustellungsvollmacht zu beurteilen, wenn dem Verwalter erhebliche Pflichtwidrigkeiten vorzuwerfen sind und er aus diesen haftbar gemacht werden soll. Bei dieser erheblichen Gefahr der Interessenkollision ist die Zustellungsvollmacht zum Schutz der Wohnungseigentümer aufgehoben. Wird dem Verwalter durch Beschluß die Entlastung versagt, so steht ihm hierge- **21** gen ein eigenes Anfechtungsrecht zu. Wird ein Entlastungsbeschluß durch Anfechtung eines Eigentümers gerichtlich aufgehoben, so steht dem Verwalter gegen diese Entscheidung die Beschwerde zu (KG WE 1989, 134).

22 Stimmrechtsausschluß

Der Verwalter ist bei der Beschlußfassung über die Jahresabrechnung und der damit verbundenen Entlastung von einem Stimmrecht allerdings ausgeschlossen. Dies gilt sowohl für die eigenen Stimmen, falls er gleichzeitig Eigentümer ist, als auch für die ihm mit Vollmacht übertragenen Stimmen (OLG Zweibrücken, Beschluß vom 4.6./4.7.1982, 3 W 38/82; LG Lübeck, Beschluß vom 25.2.1985, 7 T 15/83; BayObLG WM 1987, 101 u. WE 1989, 64).

Der Verwalter kann den Stimmrechtsausschluß bei seiner eigenen Entlastung auch nicht dadurch umgehen, daß er einen Wohnungseigentümer mit der Stimmrechtsausübung bevollmächtigt. Etwas anderes gilt dann, wenn der Entlastungsbeschluß von der Beschlußfassung über die Jahresabrechnung getrennt wird. Dann kann der Verwalter über die Jahresabrechnung mitabstimmen (AG Frankfurt WM 1991, 712).

Hat der Verwalter eine vollständige Abrechnung nach § 28 Abs. 3 WEG für das abgelaufene Wirtschaftsjahr noch nicht aufgestellt, so widerspricht es den Grundsätzen ordnungsgemäßer Verwaltung, wenn die Wohnungseigentümer dem Verwalter gleichwohl mehrheitlich Entlastung für dieses Wirtschaftsjahr erteilen (KG, Beschluß v. 15.10.1986 – 24 W 910/86; KG WE 1988, 167). Der sich daraus ergebende Fehler des Entlastungsbeschlusses wird nicht dadurch geheilt, daß der Verwalter eine vollständige Jahresabrechnung im Laufe des gerichtlichen Anfechtungsverfahrens ergänzt (so auch für den Fall, in dem eine unvollständige Jahresabrechnung nachgereicht wurde (KG, Beschluß v. 15.10.1986 – 24 W 910/86). Stets ist über die nunmehr vorgelegte Jahresabrechnung zunächst die Eigentümerversammlung zu hören und zur Beschlußfassung aufzufordern. Andernfalls würden die Rechte der Eigentümerversammlung als autonomes Beschlußorgan beschnitten.

XII. Anfechtung der Beschlußfassung

1. Anfechtung des Wirtschaftsplans

Der Beschluß über den Wirtschaftsplan kann, wie alle anderen Beschlüsse auch, innerhalb eines Monats seit der Beschlußfassung gerichtlich angefochten werden, § 23 Abs. 4 WEG. Die Frist beginnt ohne Rücksicht auf die Kenntnis des einzelnen Wohnungseigentümers vom Inhalt des Beschlusses mit dem Tag der Eigentümerversammlung (BayObLGZ 72, 246). Das Rechtsschutzbedürfnis, gerichtlich die Ungültigkeit eines Beschlusses über den Wirtschaftsplan feststellen zu lassen, erlischt auch nicht durch Ablauf des zugrundegelegten Rechnungsjahres (OLG Hamm OLGZ 1971, 96, 100). Das OLG Hamm stellt in dieser Entscheidung fest, daß dem Antragsteller nicht das Verfahrensrisiko eines über das Abrechnungsjahr hinaus dauernden Prozesses anzulasten ist. Der Antragsteller hat keinen Einfluß auf die Dauer des gerichtlichen Verfahrens, so daß sein Rechtsschutzinteresse auch hierdurch nicht beeinträchtigt werden kann.
Anderes gilt jedoch, wenn die Jahresabrechnung für das Abrechnungsjahr bereits vorgelegt und beschlossen wurde. Dann ist hinsichtlich des Wirtschaftsplans das Beschlußanfechtungsverfahren in der Hauptsache erledigt (BayObLG WE 1989, 218).

Kommt ein Wirtschaftsplan nicht zustande, so kann ein einzelner Wohnungseigentümer gerichtlichen Antrag auf Erlaß eines Wirtschaftsplans stellen und dies durch eine einstweilige Anordnung unterstützen lassen (KG NJW-RR 1991, 463; KG WE 1993, 221). Fraglich ist hierbei, ob der gerichtliche Antrag auf Erlaß eines Wirtschaftsplans sich durch Ablauf der Wirtschaftsperiode erledigt, weil dann bereits die Jahresabrechnung fällig werden würde. Das Kammergericht hat in den vorzitierten Entscheidungen die Meinung vertreten, daß bis zum Ablauf des letzten Tages der Wirtschaftsperiode das Gericht selbständig einen Wirtschaftsplan aufstellen könne. Nach Ablauf der Wirtschaftsperiode sei dies nicht mehr zulässig. Dieser Meinung ist insoweit zu folgen, als auch am letzten Tag der Wirtschaftsperiode das Interesse des Wohnungseigentümers an der Feststellung eines Wirtschaftsplans nicht geringer geworden ist. Durch den Wirtschaftsplan sollen die Vorschüsse der Wohnungseigentümer festgelegt und die ordnungsgemäße Bewirtschaftung der Wohnungseigentumsanlage sichergestellt werden. Entgegen der Auffassung des Kammergerichts besteht dieses Interesse aber über den Ablauf

1 Einstweilige Anordnung

der Wirtschaftsperiode hinaus. Auch wenn nach Ablauf der Wirtschaftsperiode die Jahresabrechnung fällig wird, so ist doch nicht zu verkennen, daß die notwendigen Daten zur Erstellung einer Jahresabrechnung häufig erst Wochen oder Monate später eintreffen. Dies gilt insbesondere für die zu erstellende Heizkostenabrechnung, deren Verbrauchswerte erst durch die Heizkostenverteilungsfirma ermittelt und verteilt werden müssen. Für diesen Zeitraum macht es wenig Sinn, ein wirtschaftliches Vakuum entstehen zu lassen. Die Jahresabrechnung ist noch nicht fertiggestellt und nach Auffassung des Kammergerichts wäre der Wirtschaftsplan mit Ablauf der Wirtschaftsperiode nicht mehr zu erstellen. Es bestünde dann überhaupt keine Zahlungsverpflichtung der Eigentümer gegenüber der Eigentümergemeinschaft, was keinen sachlichen Grund erkennen läßt.

2 Wenn das Gericht ersatzweise für die Eigentümergemeinschaft den Wirtschaftsplan aufgestellt hat, kann es die voraussichtlich erforderlichen Bewirtschaftungskosten nach den Angaben der Beteiligten schätzen (KG NJW-RR 1990, 463, 465). Der beschlossene Wirtschaftsplan ist bis zur Rechtskraft des Anfechtungsbeschlusses gültig und für den Verwalter durchführbar (OLG Frankfurt DWE 1984, 126).

Wird ein Wohnungseigentümer von der Eigentümergemeinschaft gerichtlich auf Zahlung von Wohngeldvorschüssen in Anspruch genommen und hat dieser parallel dazu in einem anderen Verfahren den Beschluß über den Wirtschaftsplan angefochten, so ist keines der beiden Verfahren vorgreiflich und keines der beiden Verfahren bis zum Abschluß des anderen Verfahrens auszusetzen (OLG Karlsruhe NJW-RR 1992, 1494). Bis zur rechtskräftigen Aufhebung des Beschlusses über den Wirtschaftsplan hat der Wohnungseigentümer das festgelegte Wohngeld zu zahlen. Wird dann später durch gerichtliche Entscheidung der Wirtschaftsplan aufgehoben, so kommen Bereicherungsansprüche gegenüber der Eigentümergemeinschaft in Betracht.

3 Im Fall der Anhängigkeit eines Wohnungseigentumsverfahrens oder der Wahrscheinlichkeit des Bevorstehens eines solchen Verfahrens entspricht es ordnungsgemäßer Verwaltung, wenn der Verwalter zugleich mit dem Wirtschaftsplan eine Sonderumlage zur Bestreitung von Verfahrenskosten zur Abstimmung stellt (BayObLG WM 1994, 295, 296).

2. Anfechtung der Jahresabrechnung

4 **Umfang der Anfechtung**

Bei der Anfechtung der Jahresabrechnung ist zu erwägen, ob die Jahresabrechnung insgesamt oder nur teilweise angefochten wird. Dies hat Konsequenzen für den Gegenstandswert des gerichtlichen Verfahrens und somit für die entstehenden

Kosten einerseits und für den Umfang der Rechtskraft des Beschlusses andererseits.
Der Wohnungseigentümer kann die Anfechtung der Jahresabrechnung auf einzelne Positionen beschränken (BayObLG NJW-RR 1993, 1039). Beanstandet ein Wohnungseigentümer bei der Anfechtung eines Eigentümerbeschlusses über die Jahresabrechnung nur bestimmte selbständige Abrechnungsposten, kann er nach Ablauf der Anfechtungsfrist seine Anfechtung nicht auf weitere Posten erstrecken (BayObLG WM 1992, 395). Im Fall der Beschränkung der Beschlußanfechtung auf einzelne Positionen einer durch Eigentümerbeschluß gebilligten Jahresabrechnung sind nur diese Einzelpositionen Gegenstand des Verfahrens mit der Konsequenz, daß ggfs. auch der Eigentümerbeschluß nur insoweit für ungültig zu erklären ist (BayObLG WM 1993, 481).

Entsprechend ist der Gerichtsbeschluß über eine Anfechtung **5** der Jahresabrechnung insgesamt in den Teilen zurückzuweisen, in denen die Abrechnung richtig ist. Der Gerichtsbeschluß hat sich im Rahmen der Anfechtung nur auf die Fehler der Abrechnung zu beschränken. Soweit aus den fehlerfreien Positionen der Jahresabrechnung bereits eine Zahlungspflicht des anfechtenden Eigentümers folgt, hat das Gericht insoweit die Zahlungspflicht festzustellen (so wohl auch BayObLG WM 1992, 395). Ist hingegen die Abrechnung nur unvollständig, so ist Antrag auf Vervollständigung der Jahresabrechnung zu stellen, mit der Konsequenz, daß der bisher unvollständige, aber in sich nicht fehlerhafte Teil der Jahresabrechnung bestandskräftig wird.

Umstritten ist die Frage der Geschäftswertfestsetzung bei der **6** Anfechtung der Abrechnung. Die Anfechtungserklärung be- **Geschäftswert** zieht sich nicht nur auf die Einzelabrechnung, sondern stets auch auf die Gesamtabrechnung. Dies gilt selbst dann, wenn der Antragsteller ausdrücklich seinen Anfechtungsantrag auf eine Einzelposition beschränkt hat (so auch Deckert, a. a. O. 630; a. A. bei BayObLG WM 1989, 44). Die Anfechtung einer einzelnen Abrechnungsposition hat Auswirkungen auf das gesamte Zahlenwerk, so daß die gesamte Abrechnung der Überprüfung zu unterziehen ist. Die Anfechtung der Einzelabrechnung berührt auch die Gesamtabrechnung und führt bei erfolgreichem Verfahrensabschluß zur Aufhebung auch der Abrechnungen der Miteigentümer. Hat somit die Gesamtabrechnung Bedeutung für das Anfechtungsverfahren, so werden hierdurch möglicherweise erhebliche Gegenstandswerte berührt. Das hiermit verbundene Kostenrisiko könnte zu der Folge führen, daß die Wohnungseigentümer vor einer Anfechtung des Beschlusses zurückschrecken und damit indirekt ihr Anspruch auf rechtliches Gehör eingeschränkt wird. Aus diesem Grund hat das Bundesverfassungsgericht (BVerfG NJW

1992, 1673) entschieden, daß es mit der aus dem Rechtsstaatsprinzip folgenden Justizbewährungspflicht nicht vereinbar sei, den Rechtssuchenden durch Vorschriften über die Gerichts- und Anwaltsgebühren mit einem Kostenrisiko zu belasten, das außer Verhältnis zu seinem Interesse an dem Verfahren steht und die Anrufung des Gerichts bei vernünftiger Abwägung als wirtschaftlich nicht mehr sinnvoll erscheinen läßt.

7 Dieser Gefahr der Einschränkung des Rechtsstaatsprinzips haben die Gerichte durch eine Einschränkung des Gegenstandswertes begegnen wollen. Bei der Anfechtung der Jahresabrechnung oder des Wirtschaftsplans sind daher nur 25 % des Gesamtvolumens zzgl. der konkreten beanstandeten Einzelposition anzusetzen (BayObLGZ 1979, 315; BayObLG WE 1989, 210). Die Addition des Einzelinteresses zzgl. 25 % des Gesamtwertes der Jahresabrechnung oder des Wirtschaftsplans führt zu sachgerechteren Ergebnissen als der vom Kammergericht gewählte Geschäftswert des 5-fachen des wirtschaftlichen Eigeninteresses des anfechtenden Eigentümers (KG NJW-RR 1988, 14). Bei dieser Festsetzung des Geschäftswertes würde das Gemeinschaftsinteresse an der Richtigkeit der Jahresabrechnung oder des Wirtschaftsplans nicht ausreichend berücksichtigt. Die Geschäftswertfestsetzung des Kammergerichts führt bei Eigentümergemeinschaften bis zu 20 Miteigentümern möglicherweise zu höheren Werten und bei Eigentümergemeinschaften mit mehr als 20 Miteigentümern zu niedrigeren Geschäftswerten als es nach der Formel des BayObLG der Fall wäre.

8 **Kostenentscheidung**

Wird der Anfechtungsantrag zurückgenommen, so ist ebenfalls über die Gerichtskosten gem. § 47 Satz 1 WEG nach billigem Ermessen zu entscheiden. § 269 Abs. 3 Satz 2 ZPO, wonach zwingend der Kläger verpflichtet ist, die Kosten des Rechtsstreits bei Klagerücknahme zu tragen, findet keine Anwendung (BayObLGZ 1973, 30). Dennoch sind für den Regelfall auch im Wohnungseigentumsverfahren dem Antragsteller die Gerichtskosten aufzuerlegen, wenn er seinen Antrag zurücknimmt. Das Gericht hat bei Antragsrücknahme summarisch die Erfolgsaussichten des Antrags zu würdigen und unter besonderer Berücksichtigung der Antragsrücknahme die Kostenentscheidung zu treffen (BayObLGZ 1973, 30).

9 **Verteilung außergerichtlicher Kosten**

Zu unbefriedigenden Ergebnissen führt auch der Grundsatz, daß jeder Beteiligte seine außergerichtlichen Kosten selbst zu tragen hat, wenn sich einige Miteigentümer bei einer Beschlußanfechtung nicht vertreten lassen und auch nicht am Verfahren aktiv teilnehmen. Wenn auf der Antragsgegnerseite einzelne Eigentümer sich anwaltlich vertreten lassen und sich beispielsweise gegen eine querulantische Anfechtung eines Miteigentümers wehren, werden diese gewissermaßen bestraft, indem sie ihre eigenen Anwaltskosten tragen müssen.

Den nichtvertretenen Wohnungseigentümern kommt die gerichtliche Entscheidung zugute, ohne daß sie eigene Kosten aufwenden mußten. Dem kann nur dadurch begegnet werden, daß der Verwalter bevollmächtigt wird, im Falle einer Beschlußanfechtung durch einen Miteigentümer einen Rechtsanwalt für alle Antragsgegner bestellen zu dürfen.

Diese Bevollmächtigungsmöglichkeit umfaßt auch die Befugnis des Verwalters, einen Rechtsanwalt in den gerichtlichen Verfahren für die Gemeinschaft einzuschalten, in denen die Jahresabrechnung und die Entlastung des Verwalters angefochten wurden (BayObLG WE 1992, 144).

Wird die Entlastung des Verwalters angefochten und ist inzwischen der betreffende Verwalter nicht mehr Verwalter, so ist er dennoch am gerichtlichen Verfahren zu beteiligen, da ihm andernfalls sein Anspruch auf rechtliches Gehör abgeschnitten würde.

Ist die Beschlußanfechtung erfolgreich, weil der Verwalter grobfahrlässig fehlerhafte Beschlüsse herbeigeführt hat, kann er sich insoweit schadenersatzpflichtig hinsichtlich der entstandenen gerichtlichen und außergerichtlichen Verfahrenskosten machen.

Die Beschlußanfechtung kann auch durch einen einzelnen Wohnungseigentümer erfolgen. In prozessualer Hinsicht bilden aber mehrere zur gleichen Zeit in derselben Instanz anhängige Anfechtungsanträge ein einziges gerichtliches Verfahren (KG Berlin WM 1993, 93).

Die Anfechtung eines Eigentümerbeschlusses über die Jahresabrechnung durch einen Wohnungseigentümer entbindet diesen, solange der Beschluß nicht rechtskräftig für ungültig erklärt worden ist, nicht von der sofortigen Zahlung des Wohngeldes (BayObLG WE 1994, 118; WM 1995, 54). Bis zur Aufhebung eines Eigentümerbeschlusses durch rechtskräftigen Gerichtsentscheid gelten Beschlüsse als gültig (§ 23 Abs. 4 Satz 1 WEG).

Hat ein Wohnungseigentümer nach dem Ergebnis der Jahresabrechnung ein Guthaben zu beanspruchen und wird ihm dieses vom Verwalter pflichtwidrig nicht ausgezahlt, so steht ihm dennoch kein Anspruch gegen einzelne andere Wohnungseigentümer zur persönlichen Zahlung dieses Guthabens zu, selbst wenn der in Anspruch genommene Miteigentümer gem. Jahresabrechnung Nachzahlungsbeträge schuldet (KG WE 1993, 51). Die Ansprüche des einzelnen Eigentümers auf Auszahlung seines Guthabens richten sich immer gegen die Gemeinschaft insgesamt. Diese sind aus den Gemeinschaftsmitteln zu bedienen. Reicht die Liquiditätslage der Eigentümergemeinschaft hierzu nicht aus, weil andere Wohnungseigentümer ihre Nachzahlungsbeträge noch nicht ausgeglichen haben, so sind erst diese Beträge zu vollstrecken, ehe die Auszahlung des Guthabens zu leisten ist.

XIII. Beitreibung rückständiger Wohngelder

1. Prozessuale Voraussetzungen

Zahlungsansprüche der Wohnungseigentümer gegen einen Miteigentümer können im Verfahren der freiwilligen Gerichtsbarkeit gem. § 43 Abs. 1 Nr. 1 WEG geltend gemacht werden. 1 **Zulässigkeit des Mahnverfahrens**

Dies gilt auch für Zahlungsansprüche der Wohnungseigentümer gegen Erben eines Wohnungseigentümers, auch wenn diese noch nicht im Grundbuch als neue Eigentümer der Wohnung eingetragen sind (BayObLG WE 1994, 153).

In der Praxis werden Zahlungsansprüche der Gemeinschaft häufig auch im **Mahnverfahren** gemäß §§ 688 ff. ZPO geltend gemacht. Die Zulässigkeit des Mahnverfahrens war für WEG-rechtliche Zahlungsansprüche lange umstritten (zulassend Bärmann/Merle, Vor § 43 Anm. 42; AG Brühl Rpfleger 80, 27; a. A. OLG Stuttgart, OLGZ 1979, 34; Bassenge, S. 54). Diese Frage ist durch das Rechtspflege-Vereinfachungsgesetz vom 17. 12. 1990 geklärt worden. Hierdurch wurde die Vorschrift des § 46 a WEG neu eingeführt, der jetzt das Mahnverfahren für Zahlungsansprüche ausdrücklich vorsieht. Ausschließlich zuständig ist hierfür gem. § 46 a Abs. 1 Ziff. 3 WEG das Amtsgericht der freiwilligen Gerichtsbarkeit, in dessen Bezirk das Grundstück liegt. Ist allerdings gem. § 689 Abs. 3 ZPO ein zentrales Mahngericht für den Bezirk mehrerer Amtsgerichte ermittelt worden, das die Mahnverfahren EDV-mäßig bearbeitet, geht dessen Zuständigkeit vor.

Werden jedoch Zahlungsansprüche gegen einen ausgeschiedenen Wohnungseigentümer gerichtlich geltend gemacht, so ist hierfür das Prozeßgericht und nicht das Gericht der freiwilligen Gerichtsbarkeit zuständig (so auch BayObLG WM 1987, 333). Liegen die Voraussetzungen der §§ 688 ff. ZPO vor, hat der Rechtspfleger den Mahnbescheid zu erlassen. Wird Widerspruch gegen den erlassenen Mahnbescheid oder Einspruch gegen einen Vollstreckungsbescheid eingelegt, geht das Mahnverfahren in das streitige Verfahren über.

Der Verwalter bedarf zur gerichtlichen Geltendmachung von rückständigen Wohngeldbeträgen nach § 27 Abs. 2 Nr. 5 WEG eines entsprechenden Beschlusses (OLG Zweibrücken DWE 1987, 137) oder einer besonderen Vollmacht in der Gemeinschaftsordnung. Die Bevollmächtigung des Verwalters im Verwaltervertrag ist ebenfalls ausreichend (BayObLG WM 1988, 412). Eine Vollmacht sollte sinnvollerweise dem Verwalter in der Praxis eingeräumt werden, da er nur so die Zahlungsfähig- 2 **Vollmacht des Verwalters** keit der Gemeinschaft aufrecht erhalten bzw. bei säumigen Wohnungseigentümern die notwendigen Maßnahmen unmittelbar veranlassen kann. Andernfalls könnten säumige Wohnungseigentümer bis zur nächsten Eigentümerversammlung ohne Prozeßrisiko fällige Wohngeldbeträge zurückhalten. Mit der Fertigung eines Mahnschreibens wären andererseits die Möglichkeiten des Verwalters in einer solchen Situation erschöpft. Gerade bei größeren Wohnungseigentümergemeinschaften ist es oft unzumutbar und zur Herstellung der dauernden Zahlungsfähigkeit der Gemeinschaft auch nicht sinnvoll, den Verwalter auf wiederholte Mahnschreiben zu verweisen. Da die monatlichen Wohngeldbeträge regelmäßig zu bestimmten Fristen fällig werden, bedarf es für den Verzug des Wohnungseigentümers keiner Mahnung. Trotzdem sollte aus dem Gebot der Höflichkeit der Verwalter zur einmaligen Mahnung verpflichtet werden. Nach fruchtlosem Ablauf der in diesem Schreiben zu setzenden Frist sollte der Verwalter ohne weiteres befugt sein, einen Mahnbescheid zu beantragen. Für den Verwalter stellt das Mahnverfahren unter Umständen eine mißliche Situation dar, leitet er doch ein Gerichtsverfahren gegen einen seiner Auftraggeber ein, von dem er unter Umständen auf der nächsten Eigentümerversammlung die Wiederwahl wünscht.

Die Bevollmächtigung des Verwalters, rückständige Wohngelder gerichtlich geltend machen zu können, umfaßt auch die Berechtigung und Verpflichtung, die Lasten- und Kostenbeiträge des Zeitraums vor seiner Bestellung anzufordern (a. A. AG Aachen WM 1985, 359f.). Ein Risiko entsteht für den neuen Verwalter hierdurch nicht, wenn er nur Beträge für die Vergangenheit anfordert, die bestandskräftig beschlossen wurden.

3 **Verfahrensbevollmächtigung**

Erteilt der Verwalter auftragsgemäß einem Anwalt einen Verfahrensauftrag für die gerichtliche Geltendmachung von Ansprüchen der Gemeinschaft, so hat der Verfahrensbevollmächtigte einen Anspruch auf die Erhöhungsgebühren für mehrere Auftraggeber gem. § 6 BRAGO (BGH Urteil vom 12.02.1987 – III ZR 255/85 –; a. A.: OLG Koblenz WM 1985, 360f.). Dies gilt sogar dann, wenn die Eigentümergemeinschaft gegenüber dem Rechtsanwalt durch den Verwalter vertreten wird.

4 Auch jeder Wohnungseigentümer ist befugt, den Anspruch auf Zahlung rückständiger Wohngeldbeträge gegen den säumigen Wohnungseigentümer gerichtlich geltend zu machen (bejaht vom BayObLG Rpfleger 1979, 217; BayObLG WE 1988, 27; LG Bochum Rpfleger 1981, 145; Müller, DWE 1988, 9ff.; verneint vom KG WM 1984, 303). Allerdings ist die Zahlung an die Eigentümergemeinschaft zu beantragen. Die Verfahrensbefugnis des einzelnen Wohnungseigentümers ergibt sich schon aus § 43 Abs. 1 Nr. 1 WEG, wonach jeder Wohnungseigentümer antragsberechtigt für Fragen der sich aus der Ge-

meinschaft der Wohnungseigentümer und aus der Verwaltung des gemeinschaftlichen Eigentums ergebenden Rechte und Pflichten ist. Danach verlangt der BGH zuvor eine Bevollmächtigung des Eigentümers durch Beschluß, um unkoordiniertes Vorgehen zu vermeiden oder beachtliche Gründe der Gemeinschaft, von einer Rechtsverfolgung abzusehen, nicht zu übergehen (BGH WE 1990, 202; a. A.: KG NJW-RR 1990, 395). Zur Begründetheit ist stets ein wirksamer Gemeinschaftsbeschluß, der die Zahlungsverpflichtung festgelegt hat, notwendig (BGH DWE 1985, 26). Die Lasten- und Kostenbeiträge sind Ansprüche der Gemeinschaft und als eine unteilbare Leistung im Sinne des § 432 BGB anzusehen (BayObLG Rpfl. 1979, 217). Somit kann der einzelne Wohnungseigentümer nur eine Leistung an alle Wohnungseigentümer verlangen (OLG Karlsruhe NJW 1969, 1968).

Die Wohnungseigentümer können den Verwalter auch ermächtigen, die Zahlungsansprüche im eigenen Namen geltend zu machen, sog. gewillkürte **Verfahrensstandschaft** (BayObLGZ 1971, 313; BayObLG WE 1986, 27). Liegt ein Fall der sog. gewillkürten Verfahrensstandschaft vor, so ist der Verwalter auch nach seinem Ausscheiden als Verwalter als ermächtigt anzusehen, ein anhängiges Verfahren bis zum Abschluß fortzuführen, sofern die Wohnungseigentümer die Ermächtigung nicht ausdrücklich widerrufen (BayObLG WM 1993, 764). **5** **Verfahrensstandschaft**

Führt der Verwalter in Ausübung seiner Vollmacht ein gerichtliches Verfahren durch, darf er sich von der Gemeinschaft eine Sondervergütung i. H. d. Honorarsätze der BRAGO zusagen lassen (BGH WE 1993, 308). Nach einer Entscheidung des BGH (WE 1990, 84) brauchen die einzelnen Namen der Wohnungseigentümer im Verfahrensantrag nicht aufgeführt zu werden. Es genügt eine Kurzbezeichnung, aus der sich zweifelsfrei erkennen läßt, welche Eigentümer einer bestimmten Wohnanlage Verfahrenspartei sind (z. B. Wohnungseigentümer des Hauses Hauptstraße 110).

Der aufgrund eines rechtswirksam beschlossenen Wirtschaftsplans gerichtlich zur Zahlung rückständigen Wohngelds verpflichtete Eigentümer hat sämtliche gerichtlichen und außergerichtlichen Kosten des Verfahrens zu tragen. Eine solche Kostenentscheidung entspricht der Billigkeit nach § 43 Abs. 1 WEG (LG Düsseldorf DWE 1989, 71; DWE 1992, 76). **6** **Verfahrenskosten**

2. Materielle Voraussetzungen

a) Vorliegen eines wirksamen Beschlusses

Materiellrechtlich dringen die Ansprüche durch, wenn die Wohngeldvorauszahlungen durch einen bestandskräftigen Wirtschaftsplan bzw. die Nachzahlungen in einer bestandskräftigen Jahresabrechnung festgestellt wurden. Der prozes- **7** sualen Rechtsverfolgung muß die verbindliche Festlegung der Abrechnungsgrundlage durch Beschlußfassung vorausgehen. Fehlt eine Abrechnung schlechthin, so kann ein Zahlungsantrag nur verbunden mit dem Antrag auf ordnungsgemäße Verwaltung durch Aufstellung und Beschlußfassung über den Wirtschaftsplan bzw. die Jahresabrechnung gestellt werden (Palandt/Bassenge, § 16 WEG Anm. 3c, bb) Steht ein Wohnungseigentum mehreren Eigentümern gesamthänderisch zu, so haften sie für die Beiträge gesamtschuldnerisch (OLG Stuttgart OLGZ 69, 232).

Ist über eine Jahresabrechnung rechtswirksam beschlossen worden, so können Zahlungsansprüche aus dem bereits abgerechneten Zeitraum nicht mehr auf den Wirtschaftsplan gestützt werden (AG Hamburg DWE 1989, 77). Ein bereits anhängiger Zahlungsanspruch wegen rückständiger Wohngeldbeträge ist sachdienlich auf Zahlung des Abrechnungsergebnisses zu ändern.

b) Einreden des Zahlungspflichtigen

8 Aufrechnung

Die Aufrechnung mit Gegenforderungen gegen die Gemeinschaft ist nur eingeschränkt zulässig. Sie setzt entweder eine anerkannte Gegenforderung oder Ansprüche aus Notgeschäftsführung (§ 21 Abs. 2 WEG) voraus (BayObLG WEM 1979, 173; 1980, 129; OLG Stuttgart NJW-RR 1989, 841). Die **Aufrechnung** eines Wohnungseigentümers mit Schadensersatzansprüchen gegen den Verwalter ist unzulässig (AG Aachen WM 1985, 359), da es insoweit an der gemäß § 387 BGB geforderten Gegenseitigkeit der Forderungen fehlt. Die Rechtsprechung schließt ebenfalls die Aufrechnung mit abgetretenen Forderungen des Verwalters gegen die Gemeinschaft aus (BayObLG Rpfl. 1976, 422). Der Verwalter kann somit seine eigenen Ansprüche aus seinem Verwaltervertrag im Streitfalle nur im Klageweg geltend machen. Eine Befriedigung seiner Ansprüche im Rahmen eines Forderungsverkaufs an einen Wohnungseigentümer, damit dieser mit Wohngeldlasten aufrechnet, ist danach nicht anzuerkennen.

9 Zurückbehaltungsrecht

Die Geltendmachung eines **Zurückbehaltungsrechts** gegenüber der laufenden Wohngeldlast ist ebenfalls ausgeschlossen (BayObLG Rpfl. 1976, 422). Nach Weitnauer muß gleiches auch gegenüber dem endgültigen Kostenbeitrag gelten, weil die Treuepflicht der Gemeinschaftsmitglieder es gebietet, der Gemeinschaft die erforderlichen Mittel zur Verfügung zu stellen (Weitnauer, § 16 Rdn. 17j). Die Durchsetzung rückständiger Wohngeldbeiträge ist materiellrechtlich ebenfalls dann ausgeschlossen, wenn diese Ansprüche verjährt sind. Bis zur Beitreibung der Rückstände ist der Anteil an den Kosten des betreffenden Wohnungseigentümers auf die anderen verhältnismäßig umzulegen.

c) Umfang des Anspruchs

Der Eigentümergemeinschaft steht bei Verzug eines Wohnungseigentümers neben dem Anspruch auf das rückständige Wohngeld ein Anspruch auf Ersatz des Verzugsschadens und auf Zahlung von Verzugszinsen zu, §§ 286, 288 BGB. Der übliche Verzugszins beträgt gemäß § 288 BGB 4 %. Ein höherer Zinsanspruch kann der Gemeinschaft zustehen, wenn sie Bankkredit mit höheren Zinsen in Anspruch nimmt. Umstritten ist, ob die Wohnungseigentümer die Erhebung eines pauschalierten Schadensersatzes beschließen können (bejahend BayObLG WE 1987, 46; Weitnauer § 16 WEG, Rdn. 24; ablehnend KG WE 1989, 135). **10**

Nach Auffassung des BayObLG (BayObLG NJW-RR 1988, 847) können die Wohnungseigentümer höhere Verzugszinsen im Rahmen der Verhältnismäßigkeit beschließen (z. B. 15 %). Der BGH hat demgegenüber entschieden, daß ein solcher Beschluß anfechtbar ist, da er eine Pauschalleistung ohne Rücksicht auf Entstehung und Höhe des Schadens festlege. Letzterer Auffassung ist zu folgen, da jeder Wohnungseigentümer gem. § 16 Abs. 2 WEG verpflichtet ist, die Lasten und Kosten des gemeinschaftlichen Eigentums zu tragen. Danach sind nur die konkreten und nicht die pauschalen Zinsschäden Kosten im Sinne dieser Vorschrift (so auch KG WE 1991, 132).

11 Zurückbehaltungsrecht

In der Rechtsprechung wird in einigen neueren Entscheidungen eine Befugnis der Eigentümergemeinschaft angenommen, einen mit erheblichen Wohngeldrückständen im Verzug befindlichen Wohnungseigentümer von der Belieferung mit Wasser und Heizenergie auszuschließen (so OLG Celle NJW-RR 1991, 1118; BayObLG WM 1992, 207; OLG Hamm WE 1994, 84). Vor Ausübung dieses Zurückbehaltungsrechts ist ein Beschluß der Wohnungseigentümergemeinschaft nach § 23 Abs. 1 WEG herbeizuführen. In der Praxis kann das Zurückbehaltungsrecht etwa durch Einbau von Absperrventilen ausgeführt werden. Bei einem derartigen Vorgehen der Eigentümergemeinschaft ist stets der Verhältnismäßigkeitsgrundsatz zu beachten.

Den oben dargestellten Entscheidungen läßt sich weiterhin entnehmen, daß es sich bei der Vorschrift des § 18 Abs. 2 Nr. 2 WEG nicht um eine gegenüber dem Zurückbehaltungsrecht nach § 273 BGB abschließende Spezialregelung handelt. Wäre nämlich der säumige Wohnungseigentümer in der Lage, seine Wohnung derart zu belasten, daß sich im Fall eines Zwangsversteigerungsverfahrens kein Erwerber finden würde, liefe die Vorschrift des § 18 Abs. 2 Nr. 2 WEG leer. Den übrigen Wohnungseigentümern würde damit die Verpflichtung auferlegt, zeitlich unbegrenzt einen Teil der Lebenshaltungskosten für jemanden zu übernehmen, für den ihnen keinerlei Fürsorgepflichten obliegen. Für eine derartige

Verpflichtung ist keine gesetzliche Grundlage ersichtlich. Insbesondere spricht hiergegen auch die Tatsache, daß hierdurch möglicherweise für die übrigen Wohnungseigentümer finanzielle Engpässe entstehen könnten. Der Ansicht der Rechtsprechung ist aus diesen Gründen zu folgen.

3. Durchsetzung des Zahlungsanspruchs im Wege der Zwangsvollstreckung

12 Ist die Forderung der Eigentümergemeinschaft tituliert und zahlt der betroffene Eigentümer daraufhin immer noch nicht, kommt die **Zwangsvollstreckung** in Betracht. Neben der Vollstreckung in das bewegliche Vermögen des Schuldners kommt auch eine Vollstreckung in das Wohnungseigentum in Betracht. Die Vollstreckungsmöglichkeiten sind grundsätzlich vielfältig. Zunächst kann die Eigentümergemeinschaft den Gerichtsvollzieher mit der Pfändung in das bewegliche Vermögen des Eigentümers beauftragen. Daneben kommt die Pfändung von Lohn, Gehaltsansprüchen und Forderungen in Betracht. Inwieweit solche Vollstreckungsmöglichkeiten bestehen, ist für die Eigentümergemeinschaft meist nur schwer zu erkennen. Erfahrungsgemäß wird sich daher in der Praxis die Vollstreckung auf das Immobilieneigentum des Schuldners konzentrieren. Hierbei kommen die allgemeinen Vollstreckungsmöglichkeiten in das unbewegliche Vermögen, Zwangsversteigerung, Zwangsverwaltung und Zwangshypothek in Betracht. Während die Zwangsversteigerung der Realisierung des Substanzwertes des Grundstücks dient, stellt die Eintragung einer Zwangshypothek lediglich eine dingliche Sicherheit für die bestehende Forderung der Eigentümergemeinschaft gegen den einzelnen Eigentümer dar. Als dritte Vollstreckungsmöglichkeit bietet die Zwangsverwaltung für den Gläubiger die Möglichkeit, sich aus den laufenden Erträgen des Grundstücks zu befriedigen. Welche der drei Möglichkeiten am ehesten dazu geeignet ist, die Forderungen der Eigentümergemeinschaft zu befriedigen, ist der Einzelfallentscheidung vorbehalten. Voraussetzung für jede Zwangsvollstreckung ist zunächst, daß der Titel mit einer vollstreckbaren Klausel versehen wird. Da sich die Urschrift des Vollstreckungstitels in den Gerichts- oder Notarakten befindet, benötigt der Gläubiger zur Durchführung der Zwangsvollstreckung eine beglaubigte Abschrift, die in der Regel mit der Vollstreckungsklausel versehen sein muß. Die Vollstreckungsklausel enthält den amtlichen Vermerk, daß die Titelausfertigung zum Zwecke der Zwangsvollstreckung erteilt wird.

Führt die Zwangsvollstreckung nicht zum Erfolg, sind die Ausfälle nebst den Verfahrenskosten nach den allgemeinen

Verteilungsschlüsseln von den anderen Wohnungseigentümern zu tragen (OLG Stuttgart OLGZ 1983, 172).

a) Zwangsversteigerung

Zunächst kommt die **Zwangsversteigerung** in Betracht. Hierbei ist jedoch zu bedenken, daß sich im Zwangsversteigerungsverfahren die üblichen Verkehrswerte in der Regel nicht realisieren lassen. Erhebliche Abschläge sind in Kauf zu nehmen. Die im Grundbuch eingetragenen Hypotheken und Grundschulden gehen bei der Zwangsversteigerung dem Befriedigungsrecht der Eigentümergemeinschaft vor (§ 10 ZVG). Eine Zwangsversteigerung hat demnach nur dann Sinn, wenn der Zuschlagerlös voraussichtlich so hoch sein wird, daß die im Rang vorgehenden Forderungen von Drittgläubigern, die Kosten des Verfahrens und die eigenen Ansprüche befriedigt werden können. Auch haftet der Ersteher in der Zwangsversteigerung nicht für Hausgeldrückstände des bisherigen Wohnungseigentümers (BGH NJW 1987, 1638; BayObLG Rpfleger 1979, 352; BGH NJW 1985, 2717). Eine andere Auffassung wäre nicht mit dem Wortlaut des § 56 S. 2 ZVG vereinbar. Danach trägt der Erwerber die Lasten von dem Zuschlag an (vgl. im einzelnen Rdn. 150). Dies gilt selbst dann, wenn in der Gemeinschaftsordnung vorgesehen ist, daß der Ersteher für Wohngeldrückstände haftet. Eine solche Vereinbarung wäre nichtig (BGH WM 1987, 326; vgl. zu dieser Problematik i. ü. meine Ausführungen unter Rdn. VII 99 ff.). Gemäß § 10 Abs. 2 WEG können Vereinbarungen in Abänderung oder Aufhebung von Vorschriften des Wohnungseigentumsgesetzes getroffen werden. Abänderungen oder Aufhebungen anderer Gesetze und somit konkret eine Durchbrechung von § 56 S. 2 ZVG sind aber nach dem Wortlaut des § 10 Abs. 2 WEG nicht vorgesehen. Deckert schlägt aus diesem Grunde vor, daß die Eigentümer vor der Versteigerung die Auflösung der Instandhaltungsrücklage beschließen sollen, um dann den Anteil mit den Rückständen des Schuldners zu verrechnen. Nach der Versteigerung können dann die Wohnungseigentümer die Bildung einer neuen Rücklage beschließen, an der sich auch der Ersteher beteiligen muß (Deckert, PiG 21, 223). **13**

b) Zwangshypothek

Bei der in der Praxis häufig vorkommenden Eintragung einer **Zwangshypothek** muß die Eigentümergemeinschaft bedenken, daß diese die Forderung lediglich sichert und noch keine Befriedigung gewährt. Dies dürfte meistens nicht im Interesse der Eigentümergemeinschaft sein, da es dieser nicht darum geht, die festgestellten Ansprüche aus Wirtschaftsplan oder Jahresabrechnung zu sichern, sondern Zahlungen zu erhalten. Nur durch eine Zahlung könne die Liquidität der Gemein- **14** **Eintragung** schaft und die der laufenden Bewirtschaftungskosten sichergestellt werden. Zu bedenken ist auch, daß gemäß § 866 Abs. 3 ZPO eine Zwangshypothek nur für einen Betrag von mehr als 500,– DM eingetragen werden darf. Dieses Vollstreckungsmittel kommt daher für Kleinbeträge nicht in Betracht. Für eine Zwangshypothek zugunsten der Wohnungseigentümer ist die Eintragung aller anderen Wohnungseigentümer als Gläubiger erforderlich (BayObLGZ 1984, 239). Dies gilt unabhängig von der Frage, wer die festgestellten Ansprüche geltend gemacht hat. Auch wenn der Verwalter in Verfahrensstandschaft gehandelt hat, sind alle Wohnungseigentümer als Gläubiger einzutragen (LG Bochum DWE 1985, 59).

c) Zwangsverwaltung

15 Die sinnvollste Vollstreckungsmaßnahme stellt die Zwangsverwaltung nach §§ 146 ff. ZVG dar. Die Zwangsverwaltung ermöglicht den Vollstreckungszugriff auf die laufenden Erträge des Grundstücks. Für die Eigentümergemeinschaft bedeutet dies, daß sie das laufende Wohngeld aus den Mieteinnahmen für die betreffende Wohnung erhalten kann.

16 **Pflichtverletzung des Verwalters**

Ist der Verwalter im Besitz einer Unpfändbarkeitsbescheinigung und unterläßt er es dennoch, die Zwangsverwaltung zu betreiben, kann hierin möglicherweise eine zum Schadenersatz verpflichtende Verletzung der Pflichten aus dem Geschäftsbesorgungsverhältnis gesehen werden (so OLG Hamburg DWE 1993, 104; WE 1993, 166). Dies gilt selbst dann, wenn er sich um die Abgabe der eidesstattlichen Versicherung durch den Schuldner gem. §§ 807, 899 ff. ZPO bemüht hat, da hiervon nicht mit Sicherheit und jedenfalls nicht alsbald Erfolg zu erwarten ist. Hingegen bietet die Titulierung der Hausgeldrückstände in Anbetracht der Vermietung der Eigentumswohnung die Möglichkeit rascher Sicherstellung des lfd. Hausgelds durch Erwirkung der Zwangsverwaltung.

17 **Durchführung der Zwangsverwaltung**

Zur Durchführung der Zwangsverwaltung bestellt das Gericht einen Zwangsverwalter, auf den die Verwaltung der Eigentumswohnung übergeht (§§ 148, 152 ZVG). Nach § 155 ZVG hat der Zwangsverwalter die Ausgaben der Verwaltung vorweg zu bestreiten. Dies bedeutet, daß er von den Mieteinnahmen zunächst die Wohngeldforderungen der Eigentümergemeinschaft vorrangig vor anderen Forderungen zu befriedigen hat, da es sich hierbei um Kosten der Verwaltung handelt (Zeller/Stöber § 155 Rdn. 4). Für die Wohngeldforderungen, die aus der Zeit nach Wirksamwerden der Beschlagnahme stammen, ist dies unproblematisch, zumal hierdurch der Erhalt des Zwangsverwaltungsobjekts gewährleistet werden soll. Nach heute herrschender Auffassung der an der Fälligkeitstheorie orientierten Rechtsprechung (AG Gelsenkirchen WM 1989, 345; OLG Karlsruhe DWE 1990, 106; OLG Düsseldorf NJW-RR 1991, 723, 724; OLG Köln WM 1993, 702, 703) sollen aber auch diejenigen Wohngeldrückstände vom Verwalter nachzuzahlen sein, die noch aus der Zeit vor Wirksamwerden der Beschlagnahme stammen. Ebenso hat der Zwangsverwalter nach dieser Ansicht Abrechnungsfehlbeträge auszugleichen, wenn die betreffende Jahresabrechnung einen Zeitraum vor seiner Bestellung betrifft und der Beschluß über diese Abrechnung erst nach seiner Bestellung gefaßt wird. Auch diese Kosten seien Kosten der Verwaltung und somit vorrangig zu befriedigen. Die Rechtsprechung wird damit begründet, daß durch den Beschluß der Eigentümerversammlung eine völlig neue selbständige Forderung entstehe.

Die Problematik unterscheidet sich hier wesentlich von der des Kostenübergangs bei Wohnungsveräußerung oder Zwangsversteigerung. Bei der Zwangsverwaltung ist nämlich Schuldner der Kosten gem. § 16 Abs. 2 WEG weiterhin der betreffende Wohnungseigentümer. Es tritt keine Rechtsnachfolge ein. Auch besteht nicht die Gefahr, daß jemand mit von ihm nicht verursachten Kosten belastet wird. Anders als bei § 56 Satz 2 ZVG steht bei § 155 Abs. 1 ZVG auch nicht der Wortlaut der Norm entgegen. Danach hat der Verwalter die Kosten der Verwaltung zu tragen. Zu den Kosten der Verwaltung zählen sowohl die Wohngeldverpflichtungen lt. Wirtschaftsplan, als auch die Abrechnungsergebnisse. Hier handelt es sich um ein einheitliches Beitragswesen, das sich rechtlich nicht unterschiedlich entwickeln kann.

Dennoch kann hieraus nicht die Notwendigkeit einer Abweichung von der Aufteilungstheorie gefolgert werden. Die Aufteilungstheorie trennt nämlich zwischen Kosten vor und nach Wirksamwerden der Beschlagnahme und ermöglicht insofern die Trennung zwischen dem Vermögen, das dem Gläubigerzugriff eröffnet ist und dem, auf das der Gläubiger keinen Anspruch hat. Für die bei Anwendung der Fälligkeitstheorie entstehende Besserstellung des Gläubigers im Fall der verspäteten Beschlußfassung sind keine Gründe ersichtlich. Im übrigen besteht hierdurch die Gefahr, daß künftig die Beschlußfassung über die Jahresabrechnung hinausgezögert wird, um die Stellung der übrigen Wohnungseigentümer, die andernfalls für das fehlende Wohngeld des Schuldners aufkommen müßten, zu verbessern. Die Möglichkeit der Anfechtung einer derart hinausgezögerten Jahresabrechnung mit dem Einwand der unzulässigen Rechtsausübung (so BayObLG WE 1992, 180) steht der hier vertretenen Ansicht angesichts des damit verbundenen Risikos des Unterliegens im gerichtlichen Verfahren nicht entgegen.

18 Sonderumlage

Auch im Bereich der Ausfalldeckung gehen Rechtsprechung und Literatur (OLG Düsseldorf WM 1990, 458; Zeller/Stöber § 152 Rdn. 16) davon aus, daß der Zwangsverwalter verpflich-

tet ist, diese zu erstatten, sofern der Beschluß der Wohnungseigentümergemeinschaft über die Sonderumlage nach der Beschlagnahme gefaßt wurde. Dieser Ansicht kann aber nicht gefolgt werden. Wenn eine Jahresabrechnung bereits vor Bestellung des Zwangsverwalters beschlossen wurde und jetzt die Wohnungseigentümer nach Bestellung des Zwangsverwalters eine Sonderumlage beschließen, um rückständiges Wohngeld auszugleichen, ist entgegen der Rechtsprechung (OLG Düsseldorf WM 1990, 458) der Zwangsverwalter nicht verpflichtet, sich an dieser Sonderumlage zu beteiligen.
Was bereits beschlossen war, kann durch erneuten Beschluß keinen anderen Rechtscharakter bekommen. Andernfalls wäre zu fragen, ob durch den Beschluß über die Sonderumlage der Schuldner von seinen bisherigen Rückständen befreit würde. Auch würde ein solches Verfahren dazu führen, daß andere Gläubiger benachteiligt würden. Der Eigentümer einer zwangsverwalteten Eigentumswohnung bleibt jedoch weiterhin Schuldner des rückständigen Wohngeldes und kann gleichzeitig neben dem Zwangsverwalter auf Zahlung des Hausgeldes in Anspruch genommen werden (OLG Köln DWE 1989, 30f.).

4. Konkurs des Zahlungspflichtigen

19 Bei Konkurs eines Wohnungseigentümers ist wiederum zwischen den laufenden Wohngeldlasten seit Konkurseröffnung und solchen Beträgen, die bereits vor Konkurseröffnung fällig waren, zu differenzieren. Die laufenden Lasten und Kosten seit Konkurseröffnung stellen Massekosten gemäß § 58 Nr. 2 KO dar (Röll, NJW 76, 1473, 1475; OLG Düsseldorf NJW 1970, 1138 offenlassend, ob Massekosten oder Masseschulden; OLG Karlsruhe DWE 1988, 67 geht von Masseschulden aus), so daß sie bevorrechtigt zu befriedigen sind. Die **Forderungen** der **Gemeinschaft**, die bereits vor Konkurseröffnung bestanden haben, stellen nur gewöhnliche Konkursforderungen dar (LG Frankfurt DWE 1987, 140; BGH WE 1994, 210). In den weitaus meisten Fällen der konkursrechtlichen Praxis fallen einfache Konkursforderungen weitgehend aus. In der Praxis wurde bereits häufiger in diesen Fällen versucht, die vor Konkurseröffnung entstandenen Forderungen nach der Konkurseröffnung in einer Eigentümerversammlung auf alle Wohnungseigentümer zu verteilen, indem diese zu Nachzahlungen zur Deckung des Forderungsausfalls verpflichtet wurden mit dem Zweck, aus den meist wenig erfolgversprechenden Konkursforderungen Massekosten zu machen (Ein solcher Sachverhalt liegt auch der Entscheidung des KG Berlin WM 1993, 763 zugrunde.). Ein solcher Beschluß kann nicht dazu führen, daß nunmehr der Konkursverwalter, da dieser Beschluß nach

Konkurseröffnung gefällt wird, sich anteilmäßig an diesen Forderungen beteiligen muß. Dies würde zu einer Umgehung der bestehenden Konkursregeln führen und es der Gestaltung der Eigentümergemeinschaft überlassen, durch einen solchen Beschluß Konkursforderungen in Massekosten umzuwandeln (so auch OLG Stuttgart, OLGZ 80, 70; a. A. BayObLG WM 1990, 89). Der Rechtscharakter einer Zahlungsverpflichtung kann sich nicht dadurch verändern, daß über das, was bereits beschlossen war, nochmals beschlossen wird.
Im Fall der Konkursverwaltung kann somit nichts anderes gelten als im Fall der Zwangsverwaltung.

5. Das Entziehungsverfahren

Neben den genannten Vollstreckungsmöglichkeiten bietet das Wohnungseigentumsgesetz noch eine spezielle Möglichkeit für die Eigentümergemeinschaft, den säumigen Wohnungseigentümer aus der Gemeinschaft hinauszudrängen. Das sogenannte **Entziehungsverfahren** des § 18 WEG ist von der oben beschriebenen Zwangsversteigerung wesentlich zu unterscheiden. Das Entziehungsverfahren führt zur Verpflichtung des Wohnungseigentümers, seine Wohnung zu verkaufen. Ein Zuschlag an den Meistbietenden wie in der Zwangsversteigerung findet nicht statt. Wesentlich ist auch, daß eine Befriedigung der Eigentümergemeinschaft aus dem Veräußerungserlös nicht unmittelbar stattfindet. Zahlt der säumige Wohnungseigentümer seine Rückstände auch nicht aus den Veräußerungserlösen freiwillig, muß sich die Eigentümergemeinschaft weiterhin einen Vollstreckungstitel besorgen und die oben beschriebenen Wege gehen. Daher dürfte es in der Praxis meist sinnvoll sein, bei erheblichen Rückständen eines Wohnungseigentümers sowohl die **Forderung** gerichtlich feststellen zu lassen als auch parallel hierzu das **Entziehungsverfahren** zu beschreiten. **20**
Das Entziehungsverfahren nach § 18 WEG setzt bei dem hier relevanten Bereich voraus, daß der Wohnungseigentümer mit der Erfüllung seiner Verpflichtungen zur Lasten- und Kostentragung in Höhe eines Betrages, der 3 % des Einheitswertes seines Wohnungseigentums übersteigt, länger als 3 Monate in Verzug ist. In der Regel wird zur Feststellung des Verzuges eine Mahnung des Verwalters an den Wohnungseigentümer nicht erforderlich sein, da sowohl für die laufenden Wohngeldzahlungen als auch für Unterdeckungen aus der Jahresabrechnung eine kalendermäßige Leistungszeit bestimmt sein dürfte. Die laufenden Wohngeldbeträge sind in der Praxis meist monatlich fällig. Somit dürfte Verzug zumindest nach Ablauf des jeweiligen Monats eintreten. Hinsichtlich etwaiger Unterdeckungen aus der Jahresabrechnung ist es tunlich, daß

die Eigentümergemeinschaft in der Eigentümerversammlung ein Zahlungsziel festlegt. Dann ist für den Verwalter eine weitere Zahlungsaufforderung entbehrlich.

21 Das **Entziehungsverfahren** setzt weiterhin voraus, daß die Rückstände 3 % des Einheitswertes der jeweiligen Wohnung übersteigen. Zur Vorbereitung eines entsprechenden Beschlusses muß der Verwalter daher den steuerlichen Einheitswert abfragen. Nach § 18 Abs. 3 WEG bedarf es für die Entziehung des Wohnungseigentums eines Beschlusses der Eigentümerversammlung mit einer Mehrheit von mehr als der Hälfte der stimmberechtigten Wohnungseigentümer. Diese qualifizierte Mehrheit bezieht sich nicht auf die anwesenden Wohnungseigentümer. Wenn somit im Einzelfall die Beschlußfähigkeit nach den Voraussetzungen des § 25 Abs. 3 WEG gerade erreicht ist, wird hieraus faktisch ein Einstimmigkeitserfordernis der anwesenden Wohnungseigentümer resultieren können.

Der Beschluß führt nicht selbst zur Entziehung des Wohnungseigentums. Er stellt genaugenommen nur die Abstimmung und mögliche Beauftragung des Verwalters dar, die gerichtliche Entziehung aussprechen zu lassen. Es ist somit stets Sache des Gerichts, die Voraussetzungen einer Wohnungsentziehung zu prüfen und die Entziehung selbst auszusprechen.

22 Der Klageantrag geht auf Veräußerung des Wohnungseigentums schlechthin, nicht an eine bestimmte Person (Bärmann/Pick, § 18 Rdn. 46). Nach § 16 Abs. 4 WEG gehen die Kosten des Entziehungsverfahrens zu Lasten der Gemeinschaft.

Die Entziehung des Wohnungseigentums nach § 18 WEG setzt ein nicht nur vorübergehendes Zahlungsunvermögen voraus (Bärmann/Pick, § 16 Rdn. 113). Die in der Literatur umstrittene Frage, ob die Entziehung ein Verschulden des betroffenen Eigentümers hinsichtlich seiner Pflichtverletzung voraussetzt, kann im vorliegenden Zusammenhang dahingestellt bleiben. Erbringt ein Wohnungseigentümer die festgestellten Zahlungsverpflichtungen nicht, kann das Verschulden unterstellt werden, da grundsätzlich jeder für seine eigene Zahlungsunfähigkeit einzustehen hat. Insoweit unterscheiden sich möglicherweise die Anforderungen an eine Entziehung nach § 18 Abs. 2 Nr. 2 WEG von denen des § 18 Abs. 2 Nr. 1 WEG.

XIV. Anhang

Anlage 1

1. Beispiel eines Objekterfassungsbogens für die Erstbegehung

Objekt:

Zählerstände:

Strom	a) allgemein	Nr.	Stand:
	b) Heizung	Nr.	Stand:
Wasser		Nr.	Stand:
Gas		Nr.	Stand:

Wärmeverbrauchserfassungssystem
Hersteller-Marke
Typ a) Verdunster
b) Wärmezähler

Warmwasserverbrauch

1) a) Warmwasseraufbereitung über Heizung
   b) Warmwasseraufbereitung über Durchlauferhitzer
2) a) Verbrauchserfassung über Warmwassermengenzähler
   b) Verdunster
   c) keine Vorrichtung

Kaltwasserverbrauch:

a) Wassermengenzähler
b) keine Vorrichtung

Heizungssystem:
a) Ölheizung
b) Gasheizung
c) Koksheizung
Besonderheit: z. B. Fußbodenheizung

Aufzug: (bei mehreren Treppenhäusern auch genaue Anzahl und Lage, falls einzelne Treppenhäuser ohne Fahrstuhl ausgerüstet sind)

Besondere Einrichtungen: z. B.
Gemeinschaftswaschmaschinen
Sauna
Schwimmbad etc.

Anlage 2

2. Kontenplan

Kontengruppe I

1. Bankkonten
2. Abgrenzungskonto
3. Heizölbestand
4. Rücklagen

Kontengruppe II

1. Grundsteuer
2. Versicherung
   a) Leitungswasserversicherung
   b) Gebäudeversicherung
   c) Haftpflichtversicherung
   d) Glasversicherung
3. Müllabfuhr, Kanalgebühren, Wasserkosten
4. Strom allgemein
5. Kaminkehrer
6. Heizungsstrom/Energieverbrauch (Gas, Öl, etc.)
7. Heizkesselreinigung
8. Heizungswartung
9. Immissionsmessung
10. Sonstige umlagefähige Heizkosten
11. Fahrstuhlwartung
12. Fahrstuhlstrom
13. Garagenkosten allgemein
14. Garagenstrom
15. Schwimmbad, Sauna etc.
16. Treppenhausreinigung
17. Gartenpflege
18. Hausmeister/Hauswart
19. Gemeinschaftsantenne
20. Heizkostenfremdabrechnung

Kontengruppe III

1. Verwaltergebühr
2. Rechtsberatungskosten
3. Nebenkosten/Geldverkehr
4. Waschmaschinenkosten
5. Instandhaltung/Reparaturen allgemein
6. Instandhaltung Fahrstuhl
7. Instandhaltung Garagen
8. Instandhaltung Schwimmbad etc.
9. Allgemeine Verwaltungskosten

Kontengruppe IV

1. Wohngeld
2. Einnahmen Einzelbelastungen Wohnungseigentümer

Anlage 3

Wirtschaftsplan 1994/95

Nr.	Bezeichnung	Gesamtbetrag	Schlüssel	Ihr Anteil
	Ausgaben			
1	Müllabfuhr	4710.00	1	121.39
2	Straßenreinigung	1475.00	1	38.01
3	Kanalgebühren	10000.00	1	257.72
4	Versicherungen	12150.00	1	313.13
5	Strom	13500.00	1	347.92
6	Kaminkehrer	450.00	1	11.60
7	Wartung Aufzug	5600.00	1	144.32
8	Hausmeister	17350.00	1	447.15
9	Treppenhausr./Fenster	2200.00	1	56.70
10	Garagenkosten	1000.00	1	25.77
11	Heizung/Wasser	54000.00	4	1027.70
12	Instandhaltung/Gebäude	15000.00	2	367.50
13	Instandhaltung/Garage	1000.00	2	24.50
14	Verwaltergebühr	14800.00	3	344.19
15	Kosten Eigentümerversammlung	50.00	2	1.22
16	Abrechnung Kaltwasser	200.00	2	4.90
17	Beiratsvergütung	800.00	2	19.60
18	Zinsen/Geldverkehr	400.00	2	9.80
19	Zuführung z. Inst.-Rücklage	7000.00	2	171.50
	Ausgaben:	161685.00		3734.62
	Ihr Gesamtanteil (Jahressumme)			3734.62
	Ihre neue monatliche Vorauszahlung		gerundet	312.00

Schlüssel-Tabelle

Sch.	Bezeichnung	Einzel / Gesamtanteil
1	brutto-qm (incl. Balkon)	96.2200 / 3,733.5000
2	Miteigentumsanteile	245.0000 / 10,000.0000
3	Anzahl Wohnungen	1.0000 / 43.0000
4	lt. Vorjahresabrechnung der Heizkostenverteilungsfirma	971.7500 / 51,060.0400

Anlage 4

Jahresabrechnung 1.1. 1994–31.12. 1994

Nr.	Bezeichnung	Gesamtbetrag	Schlüssel	Ihr Anteil
	Ausgaben			
1	Müllabfuhr	4022.40	1	103.67
2	Straßenreinigung	1341.87	1	34.58
3	Kanalgebühren	8649.41	1	222.91
4	Versicherungen	11504.00	1	296.48
5	Strom	12097.96	1	311.79
6	Kaminkehrer	426.28	1	10.99
7	Wartung Aufzug	5305.61	1	136.74
8	Hausmeister	17296.86	1	445.78
9	Treppenhausr./Fenster	2106.72	1	54.29
10	Garagenkosten	766.99	1	19.77
11	Heizung/Wasser	51060.19	4	971.75
12	Instandhaltung/Gebäude	9029.26	2	221.22
13	Instandhaltung/Garage	1137.61	2	27.87
14	Verwaltergebühr	14706.00	3	342.00
15	Abrechnung Kaltwasser	189.92	2	4.65
16	Beiratsvergütung	300.00	2	7.35
17	Zinsen/Geldverkehr	450.45	2	11.04
18	Notarskosten	47.54	2	1.16
19	Zuführung z. Inst.-Rücklage	7000.00	2	171.50
		147439.07		3395.54
	Einnahmen			
1	Ihre Zahlungen			4191.12
	Ihr Guthaben			795.58

Schlüssel-Tabelle

Sch.	Bezeichnung	Einzel / Gesamtanteil
1	brutto-qm (incl. Balkon)	96.2200 / 3733.5000
2	Miteigentumsanteile	245.0000 / 10000.0000
3	Anzahl Wohnungen	1.0000 / 43.0000
4	lt. -Abrechnung der Heizkostenverteilungsfirma	971.7500 / 51060.0400

Status

Bankbestand lf. Konto per 1.1. 1994	34872,41 DM
zzgl. Gesamteinnahmen Wohngeld	153968,31 DM
abzgl. Guthabenausschüttung Abrechnung 1993	5487,10 DM
abzgl. Gesamtausgaben 1994 lt. Abrechnung	147439,07 DM
abzgl. Abgrenzungsposten 1993	41112,63 DM
zzgl. Abgrenzungsposten 1995	26408,79 DM
Bankbestand lf. Konto per 31.12. 1994	21210,71 DM

Entwicklung der Instandhaltungsrücklage

Stand Rücklage per 1.1. 1994	31123,96 DM
zzgl. Zuführung 1994	7000,00 DM
zzgl. Zinserträge 1994	2160,46 DM
Stand Rücklage per 31.12. 1994	40284,42 DM

EINZELABRECHNUNG

Bei Rückfragen wenden Sie sich bitte an:

LIEGENSCHAFT:

ista Liegenschafts-Nr.:

Abrechnung erstellt am: 8.04.94
Abrechnungszeitraum: 1.01.93 - 31.12.93

Bei Nutzerwechseln beachten Sie bitte die Hinweise auf der Rückseite!
Wie im einzelnen Verfahren wurde, entnehmen Sie bitte der Verteilung der Gesamtkosten.

AUFSTELLUNG DER GESAMTKOSTEN

Brennstoffkosten	Datum	m³	Betrag	Kostenart	Datum	Betrag	Betrag
Rechnung		13408	5197,28	Brennstoffkosten Übertrag			33219,60
Rechnung		7172	2877,98	Heiznebenkosten			7632,65
Rechnung		9997	3919,24	Wartungskosten	19.12.93	570,00	
Rechnung		6664	2932,81	Emissionsmessung	11.09.93	120,16	
Rechnung		4786	2148,54	Geb. Verbrauchserfass		6942,49	
Rechnung		3026	1427,58	Kosten Heizanlage			40852,25
Rechnung		2519	1230,13	Zusatzkosten Warmwasser			1280,66
Rechnung		2273	1126,90	Miet/Wart. Geräte WW		1280,66	
Rechnung		4344	1963,24				
Rechnung		5711	2249,84	Hausnebenkosten (s. Ziff. 2)			8927,20
Rechnung		9484	3617,24				
Rechnung		11909	4528,82				
Brennstoffkosten Summe		81293	33219,60	Gesamtkosen der Liegenschaft			51060,19

IHRE ABRECHNUNG

Aufteilung der Gesamtkosten von	Gesamtbetrag 51060,19	: Gesamteinheiten	= Betrag/Einheit	× Ihre Einh.	= Ihre Kosten
1. Heiz- und Warmwasserkosten					
Heizkosten	34397,59				
davon					
50% Grundkosten Heizung	= 17198,80	: 3261.21 m² Wohnfläche	= 5.2737	× 89,55 m²	= 472,26
50% Verbrauchsk. Heizung	= 17198,79	: 355389.00 kWh	= 0.0483	× 5108,00 kWh	= 247,20
Warmwasserkosten	7735,32				
davon					
50% Grundk. Warmwasser	= 3867,66	: 3261.21 m² Wohnfläche	= 1.1859	× 89,55 m²	= 106,20
50% Verbrauchsk. Heizung	= 3867,66	: 1076.20 m³ Warmwasser	= 3.5935	× 10,19 m³	= 36,62
Warmwasserkostenermittlung: Erwärmung auf 60 Grad C lt. Formel § 9 Heizkostenverordnung					
2,5×1076,2 m³×160°C-10) / 10,50 = 12813 m³					
= 15,8% des Verbrauchs. 15,8% der Kosten Heizanlage von 40852,25 DM	= 6454,66 DM				
+ Zusatzkosten Warmwasser	+ 1280,66 DM				
= Warmwasserkosten	= 7735,32 DM				
2. Hausnebenkosten	8927,28				
Kaltwasser lt. Re. 31.12.93	= 7580,97	: 3107.71 m³ Wasser K+W	= 2.4394	× 34,21 m³	= 83,45
Gebühr Kaltwasserz.	= 1118,99	: 43.00 St. Wohneinheit	= 26.0230	× 1,00 WE	= 26,02
Sonderk. einz. Nutzer	= 227,32				

Ihre Gesamtkosten = 971,75

Erläuterung zur Jahresabrechnung 1994

Die Jahresabrechnung 1.1. bis 31.12. 1994 schließt mit einem Gesamtkostenaufwand in Höhe von 147 439,07 DM. Die Kostenpositionen 1 bis einschließlich 11 sind hierbei nach dem Gesetz grundsätzlich umlagefähig, wobei jedoch zu beachten ist, daß mietvertragliche Abweichungen vorgehen.

Zu den Kostenpositionen im einzelnen

Neben einigen geringen Kostensteigerungen, bedingt durch allgemeine Gebührenanhebungen, sowie eine Kostensteigerung im Bereich der Verwaltergebühren (Position 14) gemäß dem Beschluß der Eigentümerversammlung 1993, erläutern wir folgende einzelne Kostenpositionen:

a) Position 3 Kanalgebühren

Der den Kanalgebühren 1994 zugrundeliegende Frischwasserbezug 1992 hat sich im Vergleich zum Vorjahreszeitraum zwar geringfügig verringert. Der Hebesatz wurde jedoch von 1,43 DM je cbm auf 1,68 DM je cbm angeboten.

b) Position 5 Strom

Hier hat zum 1.7. 1994 eine Tarifumstellung stattgefunden. Es erfolgte eine Senkung des Preises je KWH, andererseits wurden jedoch die Grundpreise angehoben. Bis zum 1.7. 1994 betrug der Grundpreis pro Jahr und Zähler 58,20 DM, ab dem 1.7. 1994 beträgt dieser Grundpreis auf Grund der Tarifänderung 405,00 DM je Zähler und Jahr. Von den Gesamtkosten für Strom in Höhe von 12 097,96 DM wurden 50 % der Einnahmen aus den Waschmünzen – gleich 652,00 DM – in Abzug gebracht.

c) Position 7 Wartung Aufzug

Es besteht ein Vollwartungsvertrag. Von den hierbei entstandenen Kosten in Höhe von 11 790,24 DM wurde – entsprechend dem Vorjahr – ein Anteil von 55 % – gleich 6484,63 DM – als Reparaturaufwand auf die Position „Instandhaltung“ umgebucht. Eine TÜV-Prüfung hat im vorliegenden Abrechnungszeitraum nicht stattgefunden und wird erst wieder im laufenden Abrechnungsjahr erfolgen.

d) Position 10 Garagenkosten

Diese Position beinhaltet die Wartungskosten für die Lüftungsanlage in der Tiefgarage und ist grundsätzlich in voller Höhe umlagefähig.

e) Position 12 Instandhaltung/Gebäude

Im Rahmen der Instandhaltung fielen neben mehreren Kleinrechnungen für Schlösser, Anschaffung von Lampen und dergleichen in Höhe von jeweils bis zu 150,00 DM folgende weitere Positionen an:

1. Anteil Reparaturen von Aufzug	6484,63 DM
2. div. Heizungsreparaturen insgesamt	1568,64 DM
3. sowie Lieferung von Außenleuchten	291,84 DM

Außerdem wurden der Position Instandhaltung 50 % der Einnahmen/Waschmünzen – gleich 652,– DM – gutgeschrieben.

f) Position 13 Instandhaltung/Garage

Die hier entstandenen Kosten in Höhe von 1137,61 DM setzen sich wie folgt zusammen:

1. Reparatur der Lichtschranke	85,50 DM
2. Reparatur der elektrischen Anlage des Garagentores	336,19 DM
3. sowie Anbringung einer Außenleuchte in der Tiefgarageneinfahrt	715,92 DM

g) Position 20 Leasinggebühren

Da der Leasingvertrag im Laufe 1993 ausgelaufen ist, entfielen erstmalig diese Gebühren im vorliegenden Abrechnungsjahr.

Auf Seite zwei der Abrechnung finden Sie die Entwicklung des laufenden Bankkontos sowie die Entwicklung der Instandhaltungsrücklage, die zum Stichtag 31.12. 1994 40 284,42 DM betrug. Neben der Zuführung gemäß dem Wirtschaftsplan wurden auch die Zinserträge aus dem Festgeldkonto (Anlage der Instandhaltungsrücklage) in Höhe von 2160,46 DM der Rücklage zugeführt.

Das bestehende Festgeldkonto wies per 31. 12. 1994 einen Bestand von 36 462,15 DM auf. In 1995 wurde es um 3822,27 DM auf den Gesamtbetrag der Instandhaltungsrücklage aufgefüllt.

Stichwortregister

(Die römischen Zahlen bezeichnen das Kapitel, die arabischen Zahlen bezeichnen die Randnummern.)

Buchanzeige

Wangemann

Die Eigentümerversammlung nach WEG

Vorbereitung und Ablauf
Von Richard Wangemann, Richter am Amtsgericht a. D.
1994. XVII, 297 Seiten. Kartoniert DM 58,–
ISBN 3-406-37973-7

Dieses Arbeitsbuch

behandelt die rechtmäßige und die rechtswidrige Willensbildung in der Versammlung der Wohnungseigentümer. Es erörtert u. a. umfassend die Auswirkungen einer fehlerhaften Beschlußfassung sowie einer mangelhaften Protokollierung. Dabei liegt stets die höchstrichterliche Rechtsprechung zugrunde.
Das Buch beantwortet vor allem auch solche Fragen, die anderswo nicht oder nur am Rande erörtert werden.

Wer braucht das Werk?

Richter, Rechtsanwälte und WEG-Verwalter sowie Wohnungs- und Teileigentümer, die sich über den rechtmäßigen Verlauf einer Eigentümerversammlung schnell, zuverlässig und vor allem gut verständlich informieren wollen.

Der Autor

Richard Wangemann war aufgrund seiner Tätigkeit als WEG-Richter mehr als ein Jahrzehnt mit Entscheidungen des Wohnungseigentumsrechts befaßt. Seine große Erfahrung gibt er mit diesem Buch weiter.

Aus dem Inhalt:

- Entscheidungszuständigkeit der Eigentümerversammlung
- Einberufung der Eigentümerversammlung
- Ort und Zeitpunkt der Versammlung
- Zugang der Ladung mit der Bezeichnung der Beschlußgegenstände
- Einberufungsmängel
- Entscheidungen zur allgemeinen und zur speziellen Beschlußfähigkeit
- Zweitversammlung
- Reihenfolge und Form der Beschlußfassung
- Beurkundungs-Erfordernisse u. v. m.

Verlag C.H.Beck · 80791 München

